Canmol *Meddylfryd ar gyfer TGAU*

Mae *Meddylfryd ar gyfer TGAU* yn llyfr rhagorol sy'n cynnwys ystod eang mae'r awduron wedi hel casgliad helaeth a chydlynol o ddulliau defnyddiol at ei gilydd. Wrth wneud hynny, maen nhw wedi llunio canllaw cynhwysfawr i athrawon wrth iddyn nhw geisio cefnogi disgyblion i lwyddo yn academaidd.

Dr Steve Bull, Seicolegydd Perfformiad a Hyfforddwr Gweithredol, GamePlanCoach

Mae *Meddylfryd ar gyfer TGAU* yn datblygu'n fedrus ddarnau gorau ei ragflaenydd, *The A Level Mindset*, a oedd yn boblogaidd iawn ymysg penaethiaid chweched dosbarth. Mae'r dyfnder a'r manylder yn gryfder a hefyd yn her, oherwydd bydd angen i staff prysur Cyfnod Allweddol 4 gymryd amser i'w ddeall. Ond os ydyn nhw'n awyddus i wella canlyniadau a meithrin sgiliau, byddan nhw a'u disgyblion yn cael eu gwobrwyo â chynllun tiwtora cefnogol dros ben a fydd yn effeithio ar ganlyniadau arholiadau.

Mae galw mawr wedi bod am *Meddylfryd ar gyfer TGAU* ar gyfer gwasanaethau boreol blwyddyn 10 ac 11, yn ogystal ag ar gyfer amser tiwtorial. Nid chwiw yw'r deunydd hwn ac mae yma i aros am gryn amser. Mae syniadau ac ehangder strategaethau ymarferol y llyfr wedi deillio o gyfoeth ymchwil a dawn dau ymarferwr profiadol, Steve Oakes a Martin Griffin. Mynnwch gopi – chewch chi mo'ch siomi!

Michael Senior, Prif Weithredwr, netsixthform.co.uk

Ym *Meddylfryd ar gyfer TGAU* mae Steve Oakes a Martin Griffin yn gofyn 'Sut mae rhoi'r ddamcaniaeth ar waith?' ac mewn modd hygyrch, maen nhw'n dangos yn union sut i wneud hynny.

Kevin Green, Pennaeth, Academi Iechyd Manceinion

Rydw i wedi gweithio gyda sawl chweched dosbarth, dros ugain ohonyn nhw, i gyflwyno rhai o'r syniadau sydd y tu ôl i *The A Level Mindset*. Erbyn hyn rydyn ni nawr yn dechrau gweld y gweithgareddau a'r ymagweddau yn talu ar eu canfed, felly roeddwn i wedi edrych ymlaen yn fawr at ddarllen *Meddylfryd ar gyfer TGAU* ac ystyried ffyrdd o ddefnyddio'r dulliau blaenorol gyda disgyblion Cyfnod Allweddol 4. Yn y llyfr hwn, mae Steve Oakes a Martin Griffin yn esbonio'r ymchwil mewn meysydd fel meta-wybyddiaeth a meddylfryd twf ac yn llunio ymagwedd ymarferol a di-lol o gefnogi disgyblion i ddysgu drwy'r blynyddoedd TGAU.

Fel y mae'r awduron yn ei nodi, mae disgyblion mewn gormod o ysgolion wedi troi'n 'ddysgwyr goddefol' mewn modd sy'n amharu ar eu cynnydd. O ganlyniad, mae ysgolion yn aml yn methu datblygu'r sgiliau a'r meddylfryd y bydd eu hangen ar ddisgyblion yn y dyfodol, yn academaidd ac mewn gwaith. Ffocws *Meddylfryd ar gyfer TGAU*, yn syml iawn, yw ateb y cwestiwn, 'Sut mae gwneud dysgwyr gwell?' ac mae'r awduron yn gwneud ymgais drwyadl a diddorol iawn i fynd i'r afael â'r mater.

O dan y system *VESPA* gall ysgolion ystyried sut maen nhw'n cefnogi disgyblion i ddysgu. Yn hytrach na bod athrawon yn gwthio disgyblion, bydd y disgyblion yn datblygu eu hymagwedd eu hunain i ddod drwy eu blynyddoedd TGAU. Mae'r awduron yn darparu llu o weithgareddau cryno ac ymarferol i ddatblygu systemau dysgu effeithiol, yn cynnig sgaffaldiau i osod nodau ystyrlon tymor byr a thymor hir, ac yn dangos sut olwg sydd ar ymarfer ac adolygu effeithiol mewn gwirionedd. Un peth sy'n wahanol i ddulliau *The A Level Mindset* yw ymdrin â'r flwyddyn TGAU fesul mis, gan addasu gweithgareddau i heriau a gofynion penodol yn ystod y cyfnod. Mae'n hawdd addasu hyn i brofiadau ysgolion, a'r nod yw cefnogi disgyblion i ddysgu yn fwy effeithiol. Felly yn y cyfnod cyn ffug arholiadau, er enghraifft, mae'r gwaith yn canolbwyntio ar ymarfer a gwydnwch.

Mae'r gweithgareddau eu hunain yn wych, yn hwyliog ac yn atyniadol: mae gan bob un bwrpas clir, mae'n hawdd addasu pob un at anghenion ysgolion unigol, a bydd pob un yn annog disgyblion i fyfyrio am eu dysgu eu hunain yn ogystal â darparu sgiliau hanfodol iddyn nhw i astudio TGAU.

Mae *Meddylfryd ar gyfer TGAU* yn llyfr amserol iawn a fydd yn helpu pob ysgol sy'n wynebu heriau asesu llinol TGAU a'r gofynion enfawr o ran y cynnwys sydd i'w ddysgu a nifer yr oriau angenrheidiol i ganolbwyntio ar arholiadau. Yn un peth, mae'n gorfodi pob ysgol i ofyn cwestiynau difrifol iawn am eu dull o ddarparu'r rhaglen TGAU i'w disgyblion. Hefyd, sut maen nhw'n meithrin y sgiliau gofynnol i lwyddo a'r strategaethau ymdopi angenrheidiol mewn diwylliant asesu sy'n achosi mwy o straen.

Mark Fuller, Ymgynghorydd Chweched Dosbarth, Girls' Day School Trust

Dyma adnodd amserol o ystyried y diddordeb cynyddol mewn sgiliau bywyd hanfodol a lles disgyblion. Mae'r llyfr hwn yn darparu amrywiaeth eang o weithgareddau buddiol i helpu disgyblion i wireddu eu holl botensial a datblygu galluoedd dysgu gydol oes.

Mae Steve Oakes a Martin Griffin wedi mynd ati'n ofalus i ddefnyddio tystiolaeth ymchwil a chyfuno hyn â'u gwybodaeth ymarferol eang i greu canllaw addysgiadol i athrawon, rhieni a disgyblion TGAU. Mae ein system addysg ar hyn o bryd yn heriol ac yn rhoi pobl ifanc dan bwysau, a rhaid i ni eu cefnogi nhw i ddatblygu gwydnwch a dycnwch, ac i reoli a threfnu eu dysgu yn effeithiol. Mae *Meddylfryd ar gyfer TGAU* yn cynnig man cychwyn rhagorol i gyflawni hyn.

Yr Athro Cathy Lewin, Prifysgol Fetropolitan Manceinion

Meddylfryd ar gyfer

TGAU

40 gweithgaredd i drawsffurfio ymroddiad, cymhelliant a chynhyrchedd disgyblion

Steve Oakes a Martin Griffin

Crown House Publishing Limited
www.crownhouse.co.uk

Meddylfryd ar gyfer TGAU

Addasiad Cymraeg o *GCSE Mindset* a gyhoeddwyd yn 2017 gan
Crown House Publishing
Crown Buildings, Bancyfelin, Caerfyrddin, SA33 5ND
www.crownhouse.co.uk
a
Crown House Publishing Company CAC
PO Box 2223, Williston, VT 05495, USA
www.crownhousepublishing.com

Ariennir yn Rhannol gan
Lywodraeth Cymru
Part Funded by
Welsh Government

Cyhoeddwyd dan nawdd Cynllun Adnoddau Addysgu a Dysgu CBAC

T. 5, Ffigur 0.1 © Jubilee Centre for Character and Virtues (2017). *A Framework for Character Education in Schools* (Birmingham: Jubilee Centre for Character and Virtues). Ar gael ar: https://www.jubileecentre.ac.uk/userfiles/jubileecentre/pdf/character-education/Framework%20for%20Character%20Education.pdf. Atgynhyrchwyd gyda chaniatâd. T. 12, Ffigur 0.4 © Farrington, C. A., Roderick, M., Allensworth, E., Nagaoka, J., Keyes, T. S., Johnson, D. W. a Beechum, N. O. (2012). *Teaching Adolescents to Become Learners: The Role of Non-Cognitive Factors on Shaping School Performance: A Critical Literature Review* (Chicago, Illinois: University of Chicago Consortium on Chicago School Research), t. 4. Atgynhyrchwyd gyda chaniatâd. T. 100, dyfyniad © Schwarzer, R. a Jerusalem, M. (1995). Generalized self-efficacy scale, yn J. Weinman, S. Wright ac M. Johnston (goln), *Measures in Health Psychology: A User's Portfolio. Causal and Control Beliefs* (Windsor: NFER-Nelson), tt. 35–37. Atgynhyrchwyd gyda chaniatâd. Tudalen 107, dyfyniad © Bull, S. (2006). *The Game Plan: Your Guide to Mental Toughness at Work* (Chichester: Capstone Publishing), t. 125. Defnyddiwyd gyda chaniatâd. T. 128, Ffigur © Max Landsberg, 2003. *The Tao of Coaching: Boost Your Effectiveness at Work by Inspiring and Developing Those Around You*, Ail argraffiad (Llundain: Profile Books). Defnyddiwyd gyda chaniatâd. TT. 142–143 © Jennifer McGahan. Defnyddiwyd gyda chaniatâd.

Data Catalogio Cyhoeddiadau y Llyfrgell Brydeinig
Mae cofnod catalog ar gyfer y llyfr hwn ar gael gan y Llyfrgell Brydeinig.

ISBN Print: 978-178583648-0
Argraffwyd a rhwymwyd yn y Deyrnas Unedig gan CMP, Poole, Dorset

Nodyn gan yr awduron

Mae addysg wedi bod yn faes brwydr syniadau erioed. Dilynwch ryw ddau gant o addysgwyr ar y cyfryngau cymdeithasol a chyn bo hir byddwch chi'n gweld dadleuon am bwrpas a phroses addysg. Pwy a ŵyr, efallai y byddwch hyd yn oed yn cyfrannu atyn nhw. Mae meintiau effaith 'i mewn'; mae meintiau effaith 'allan'. Gall cyfoedion ddyblygu ac adolygu astudiaethau; rai wythnosau'n ddiweddarach, mae hyn yn amhosibl. Roedd addysg cymeriad i mewn – nawr, 'sgiliau bywyd hanfodol' yw popeth. Mae addysgu ar sail tystiolaeth yn hollbwysig, felly mae synnwyr cyffredin greddfol a pherthynas dda rhwng athrawon a disgyblion yn allweddol. Mae Carol Dweck yn arwres, neu'n bendant ddim yn arwres. Weithiau, mae'n ymddangos mai'r unig beth gallwn gytuno arno yw dydy arddulliau dysgu ddim yn bodoli. (Ond – anadl ddofn – efallai eu bod nhw.) Mae'r safbwyntiau angerddol ac egwyddorol hyn, a'r drafodaeth y maen nhw yn ei hennyn, yn bwysig. Rydyn ni i gyd yn ceisio gwella ein gwaith ni a helpu disgyblion i wella eu gwaith nhw. Ond weithiau mae'r dadleuon hyn yn arwain at barlysu. Os gall pob damcaniaeth, ymagwedd ac astudiaeth yn y byd gael eu gwrthbrofi, bydd gormod o wybodaeth yn parlysu'r drafodaeth. Felly rydyn ni'n parhau fel o'r blaen nes bod rhywbeth sy'n amlwg yn well yn cyrraedd, a dydy hynny'n ddim help i neb.

Dydy'r adnoddau canlynol ddim yn ddadl unochrog sy'n rhwym wrth ffordd benodol o feddwl – rydyn ni wedi benthyca'n helaeth o gymaint o astudiaethau â phosibl. Dydy'r llyfr hwn ddim yn darparu ateb syml ychwaith. Ond mae'n ganlyniad 40 mlynedd o addysgu, tiwtora, hyfforddi, ymyrryd ac annog dysgwyr ifanc yn eu blaenau mewn saith sefydliad gwahanol. Ers hynny, rydyn ni wedi cyfarfod a sgwrsio â miloedd o bobl (staff a disgyblion), ac wedi rhoi cyflwyniadau iddyn nhw, gan weithio mewn cannoedd o ysgolion a cholegau ledled y Deyrnas Unedig. Mae hyn wedi dod i'n sylw ni: rydyn ni fel athrawon yn tueddu i greu mythau, bron, am heriau unigryw ein hysgolion a'n colegau. Ond ble bynnag yr awn ni, mae pobl ifanc yn wynebu'r un problemau a heriau personol, yn ymladd yr un brwydrau o ran ewyllys a disgyblaeth, ac yn cael profiadau tebyg iawn o fuddugoliaeth a methiant.

Gan gofio hyn i gyd, rydyn ni'n gobeithio y bydd gan y llyfr hwn rywbeth defnyddiol i chi. Anwybyddwch y deunydd nad yw'n gweithio i chi, canolbwyntiwch ar y pethau sydd yn gweithio. Gwnewch gymaint o newidiadau, addasiadau a gweddnewidiadau llwyr ag sy'n rhaid – a cheisiwch gadw draw o'r dadlau mawr ar Twitter hefyd!

Efallai mai ni yw'r bobl sydd wedi bod yn gweithio i roi'r geiriau hyn ar y dudalen, ond mae nifer o bobl wedi cyfrannu at y llyfr. Mae bron i ddeng mlynedd ers i ni ddechrau gweithio gyda'n gilydd. Ar ôl dechrau drwy gael cyfarfod cynnar dros goffi bob wythnos i drafod ein syniadau, rydyn ni wedi datblygu rhywbeth mwy o lawer nag y bydden ni byth wedi gallu ei ragweld. Rydyn ni wedi siarad â chymaint o bobl sydd wedi helpu i roi trefn ar ein syniadau. Diolch i Ben White am y sgyrsiau dysgedig a dadansoddol, am ddatblygu syniadau am ddangosyddion rhagfynegi ac ôl-fynegi drwy drafod, ac, wrth gwrs, am y cwrw. Diolch i Neil Dagnall ac Andrew

Denovan am gyfrannu Pennod 14: Defnyddio profion seicometrig i fesur meddylfryd. Diolch i Lucy Parsons am ei brwdfrydedd diddiwedd i gefnogi disgyblion ac am roi'r lle a'r amser i ni sôn am ein gwaith. Diolch i Jennifer McGahan am y gweithgaredd ymarfer Profwch eich Hun! Diolch hefyd i bawb yn Crown House, yn enwedig David Bowman am ei gefnogaeth gyson i'n holl syniadau, Rosalie Williams am ymdrin â negeseuon e-bost rhyfedd di-rif, a'r holl dîm cynhyrchu ardderchog sydd wedi gweithio'n ddiflino i gwblhau'r project hwn i'r safon uchaf!

Rydyn ni wedi gwneud ymdrech lew i gydnabod gwaith y bobl sydd wedi ysbrydoli nifer o'r syniadau a'r cysyniadau rydyn ni wedi'u defnyddio yn y llyfr hwn. Diolch, wrth gwrs, am waith Carol Dweck ac Angela Duckworth sydd wedi ein hysbrydoli ni i ddatblygu'r system hon. Hefyd i'r athrawon a'r disgyblion niferus sydd wedi gwrando, arbrofi, cynnig sylwadau a beirniadaeth a'n helpu ni i addasu'r dulliau rydyn ni wedi'u datblygu (ac i gael gwared ar ambell un yn llwyr!).

@VESPAmindset

www.VESPA.academy

Cynnwys

Cynnwys

Rhagarweiniad

Gallwn gyfeirio at sawl enghraifft o bobl ag IQ uchel sy'n methu llwyddo mewn bywyd oherwydd eu diffyg hunanddisgyblaeth, a phobl ag IQ isel sy'n llwyddo oherwydd dyfalbarhad, dibynadwyedd a hunanddisgyblaeth. Heckman a Rubinstein (2001b), t. 145

Er bod gallu gwybyddol (*cognitive*) yn adlewyrchu'r hyn mae unigolyn yn gallu ei wneud, ffactorau anwybyddol (*non-cognitive*) sy'n adlewyrchu beth bydd unigolyn yn ei wneud. McGeown et al. (2015), t. 12

Mae addysg cymeriad dda yn addysg dda ... mae angen i ni ystyried addysg cymeriad yr un mor ddifrifol ag addysg academaidd. Berkowitz a Bier (2005), t. 3

Perfformiad y gorffennol, perfformiad y dyfodol

Tua deng mlynedd yn ôl, fe gawson ni ryw fath o epiffani. Roedden ni'n gweithio gyda'n gilydd i arwain chweched dosbarth ysgol gyfun ar gyrion Manceinion ac yn awyddus iawn i wella perfformiad disgyblion a gwneud rhagor i gryfhau'r diwylliant dysgu roedden ni wedi'i etifeddu. Wrth ddadansoddi canlyniadau'r haf penodol hwnnw, daeth rhywbeth yn glir yn sydyn. Doedd dim cysylltiad uniongyrchol i'w weld rhwng llwyddiant ar ddiwedd un cyfnod allweddol a llwyddiant yn y nesaf. Wrth edrych ar y canlyniadau hynny fesul dysgwr, roedd yn amlwg bod rhai wedi cymryd camau enfawr rhwng 16 ac 18 oed, gan lamu o ganlyniadau eithaf cyffredin ar ddiwedd Cyfnod Allweddol 4 i ganlyniadau rhagorol yng Nghyfnod Allweddol 5, a bod eraill wedi mynd o berfformiad gwych yn 16 oed i gael graddau cyffredin ar ddiwedd eu cyrsiau Safon Uwch.

Pam, felly? Fe wnaethon ni restr o'r holl ffactorau roedden ni'n meddwl allai gyfrannu at y canlyniadau annisgwyl. Roedd rhai yn allanol (salwch, problemau teuluol, problemau iechyd meddwl), roedd rhai yn ymddygiadol (ymddieithrio, difaterwch, diffyg ymdrech) ac roedd rhai yn seicolegol (diffyg ffydd, pesimistiaeth ddwfn). Bydden ni wedi gallu gadael pethau yn y man hwnnw, ond yn ystod tymor yr hydref fe wnaethon ni ddechrau astudio beth oedd yn achosi i'r 'disgyblion nenfwd' beidio â gwneud cynnydd a beth oedd yn achosi i'r 'disgyblion torri drwodd' wella yn sydyn. Fe wnaethon ni ddewis grwpiau sampl, dosbarthu holiaduron, arsylwi plant yn ystod gwersi, gwerthuso perfformiad academaidd blaenorol a chymryd rhan mewn grwpiau ffocws. Fe wnaethon ni gyfarfod â'r disgyblion yn rheolaidd a sôn am eu hymagweddau at astudio.

Yn syml, roedden ni ar ddamwain wedi darganfod rôl ffactorau anwybyddol (*non-cognitive*) o ran dysgu llwyddiannus: y ffaith *nad oedd perfformiad yn y gorffennol yn rhoi sicrwydd o berfformiad yn y dyfodol*. Roedd hyn yn mynd yn groes i'r hyn roedd rhai o'n cyd-weithwyr yn ei ddweud wrthyn ni, ac yn wir yr hyn roedden ni wedi'i feddwl ein hunain ar wahanol adegau yn ystod ein gyrfaoedd. Gwrandewch ar esboniadau am ddisgyblion yn tanberfformio yn eich gweithle, ac mae'n siŵr y bydd y rhain yn esboniadau gwybyddol sydd wedi'u cysylltu yn aml yn anorfod â pherfformiad blaenorol, yn seiliedig ar deimlad ei bod hi'n anochel bod y gorffennol yn gyfartal â'r dyfodol. Efallai y byddwch chi'n clywed bod y disgybl 'wastad wedi bod yn wan', wedi dod o 'set is', 'ddim wedi'i deall hi', y byddai ei gyrsiau TGAU yn 'rhy anodd' iddo, nad ydy e 'erioed wedi bod yn wyddonydd naturiol', 'ddylen ni ddim disgwyl gormod ganddo' a'i fod 'wastad wedi cael anhawster gydag ieithoedd'.

Mae esboniadau cyffredinol fel y rhain yn cyfiawnhau perfformiad disgyblion yn allanol – maen nhw'n cael eu graddau am resymau sydd y tu hwnt i reolaeth athrawon. Mae fel petai eu bod nhw, i ni beth bynnag, yn dileu'r cyfrifoldeb o annog rhagor o gynnydd. 'Rhowch blant da i mi', meddai un aelod staff wrthyn ni unwaith, 'ac fe ro' i ganlyniadau da i chi'.

Ond roedden ni'n gweld rhywbeth gwahanol iawn. Roedden ni'n gweld amrywiaeth o agweddau, gwerthoedd a modelau meddyliol yn cronni i ffurfio cyfres o ymddygiadau a oedd, yn eu tro, yn pennu sut roedd disgyblion yn mynd ati i astudio.

Dyma un astudiaeth i'w hystyried – mae sawl un arall i ddod. Mae Mike Treadaway o'r grŵp ymchwil Education Datalab wedi cwblhau astudiaeth hynod o ddiddorol ar gynnydd disgyblion ar draws cyfnodau allweddol gwahanol. Mae ei ganfyddiadau yn syfrdanol i ddechrau ond, ar ôl ystyried, yn hawdd eu rhagweld. 'Mae gennym system o atebolrwydd sydd wedi annog ysgolion i wirio bod plant yn gwneud nifer penodol o is-lefelau cynnydd bob blwyddyn,' dechreua Treadaway yn ei bapur, 'Pam mae angen defnyddio mwy na llinell syth i fesur cynnydd disgyblion'. Mae'n esbonio: 'Cymerwch gyrhaeddiad plentyn yng Nghyfnod Allweddol 1 (7 oed) ac edrychwch ar gyrhaeddiad cyfartalog plant ar yr un lefel erbyn Cyfnod Allweddol 2 (11 oed). Tynnwch linell syth rhwng y ddau gan dybio y bydd y plentyn yn gwneud cynnydd llinol ym mhob un o'r blynyddoedd yn y canol.' Mae'r un peth yn digwydd rhwng Cyfnodau Allweddol 3 a 4, wrth gwrs, ac yna 4 a 5 – mae'r gorffennol yn gyfartal â'r dyfodol. Mae Treadaway yn gofyn, 'ydy taith dysgu plant mor ddidrafferth â hynny fel arfer, wrth i blant ddod i wybod am bwnc a'i ddeall, ag y mae ein system atebolrwydd yn ei dybio? Ydy hi'n rhesymol dweud bod plant "ar y trywydd iawn" neu "angen ymyriad" gan ddefnyddio'r ymagwedd hon?'

Mae'r canfyddiadau yn frawychus. Mae Treadaway yn nodi, 'Drwy adolygu'r data, rydyn ni'n gweld mai dim ond 9% o ddisgyblion sy'n dilyn y llwybrau disgwyliedig drwy lefelau Cyfnod Allweddol 2, Cyfnod Allweddol 3 a Chyfnod Allweddol 4'. Mae llai nag un disgybl o bob deg yn dilyn y llinell rydyn ni'n ei defnyddio i ragweld a mesur eu cynnydd. Efallai y byddwch chi'n tybio bod hynny ar draws tri chyfnod allweddol – a thros gyfnod byrrach, byddai niferoedd enfawr o blant ar y llinell. Wel, ydy, mae'r ffigur yn cynyddu. Ond ddim hanner cymaint ag y byddech chi'n ei ddisgwyl. Dydy perfformiad da ym mhwynt A – ble bynnag rydych chi'n dewis rhoi hwnnw – ddim yn rhoi sicrwydd o berfformiad da ym mhwynt B, yn union fel roedden ni wedi'i weld.

Felly ble *mae'r* 91% o ddisgyblion a ddylai fod ar y llinell? A pham nad ydyn nhw arni hi? Wel, mae rhai uwchben y llinell a rhai oddi tani hi, yn union fel ein trosiad ar y dechrau am y disgyblion 'nenfwd' a'r disgyblion 'torri drwodd'. O ran pam – ar ôl i ni roi'r gorau i ddefnyddio perfformiad blaenorol fel dangosydd ar gyfer llwyddiant tebygol yn y dyfodol a dadansoddi arferion, agweddau ac ymagweddau astudio ein disgyblion nenfwd yn lle hynny, dyna pryd daeth patrymau i'r amlwg. Dyma rai enghreifftiau o'r math o batrymau a welwyd. Roedd cymryd nodiadau manwl fel petai yn un o nodweddion y rhai a oedd yn mynd uwchben y llinell. Roedd cadw adnoddau dysgu yn daclus ac yn drefnus fel petai'n bwysig hefyd, yn ogystal â chydnabod gwendidau a gweithio arnyn nhw. Roedd ymrwymo i astudio'n annibynnol yn allweddol. Roedd agwedd gadarnhaol, brwdfrydedd ac anelu at darged i gyd yn nodweddion ac ymddygiadau ymysg disgyblion torri drwodd, ond nid ymysg disgyblion nenfwd.

Yn ein profiad ni, *sgiliau*, *strategaethau* ac *ymddygiadau cyson* oedd yn pennu llwyddiant academaidd, ac sy'n parhau i wneud hynny. Gall y rhain newid, ac o ganlyniad i hynny gall disgyblion adael y llinell. Mae'n bosib sefydlu agweddau a chredoau niweidiol, mae lefelau ymdrech yn gallu amrywio, mae ymrwymiad yn gwanhau ac mae systemau trefn yn chwalu o dan bwysau cyfnod allweddol newydd.

Rhinweddau perfformiad

Mae'r drafodaeth am ddatblygu sgiliau anwybyddol disgyblion wedi parhau i fod yn bwysig i ymarferwyr, arweinwyr ysgolion a llywodraethau. Ond mae bron yn amhosibl ceisio datblygu'r sgiliau a'r arferion anwybyddol hyn heb wybod beth yn union ydyn nhw. Felly sut rydyn ni'n categoreiddio'r nodweddion hyn ac yn eu diffinio nhw? Pa iaith rydyn ni'n ei defnyddio wrth geisio gwneud hynny?

Efallai mai un o'r datblygiadau mwyaf arwyddocaol yn y blynyddoedd diwethaf yw gwaith Canolfan Cymeriad a Rhinweddau Jubilee (Jubilee Centre for Character and Virtues) ym Mhrifysgol Birmingham. (Bydden ni'n argymell yn gryf i bob darllenydd ymweld ag www.jubileecentre.ac.uk a manteisio ar yr holl adnoddau y mae'n eu cynnig – mae'n drysorfa ardderchog.) Mae'r Ganolfan Jubilee yn diffinio'r rhinweddau anwybyddol hyn fel 'cyfres o nodweddion a chymeriadau sy'n cynhyrchu emosiynau moesol penodol,

yn rhoi sail i gymhelliant ac yn arwain ymddygiad' (Jubilee Centre for Character and Virtues, 2017, t. 2), ac mae eu hymchwil yn enwi pedwar categori y maen nhw yn eu galw yn 'rhinweddau':

» Rhinweddau deallusol fel chwilfrydedd a meddwl yn feirniadol.

» Rhinweddau moesol fel dewrder, gonestrwydd, gwyleidd-dra, empathi a diolchgarwch.

» Rhinweddau dinesig fel gwasanaethu a gwirfoddoli.

» Rhinweddau perfformiad fel gwydnwch, ymroddiad a hunanreoleiddio.

Rydyn ni'n credu bod y fframwaith hwn yn rhoi man cychwyn defnyddiol iawn wrth ystyried y rhinweddau a'r nodweddion yr hoffai unrhyw ysgol eu datblygu yn ei disgyblion. Dadl rymus y Ganolfan Jubilee yw y dylai ysgolion ystyried rhinweddau deallusol, moesol, dinesig a pherfformiad wrth ystyried y math o ddinasyddion yr hoffen nhw eu datblygu (Ffigur 0.1).

Roedden ni'n lwcus. Wrth ddechrau'r gwaith hwn, roedden ni'n gweithio mewn ysgol â systemau a strwythurau bugeiliol addas i ddarparu rhinweddau moesol a dinesig rhagorol. Ac, fel y mae Ffigur 0.2 yn ei ddangos, mae cysylltiad cryf rhwng rhinweddau dinesig a moesol a pherfformiad academaidd. Maen nhw'n datblygu ymddygiad academaidd sy'n bwysig yn yr ystafell ddosbarth. Roedd gennym ni fantais.

O wybod bod yr ysgol yn llwyddo'n eithriadol o ran datblygu rhinweddau dinesig a moesol,

Ffigur 0.1. Rhinweddau anwybyddol: y blociau adeiladu

Blociau adeiladu cymeriad

Rhinweddau deallusol

Nodweddion cymeriad angenrheidiol ar gyfer craffter, gwneud y peth iawn a cheisio gwybodaeth, gwirionedd a dealltwriaeth.

Enghreifftiau: ymreolaeth, meddwl beirniadol, chwilfrydedd, beirniadaeth, rhesymu, myfyrio, dyfeisgarwch

Rhinweddau moesol

Nodweddion cymeriad sydd yn ein galluogi ni i ymddwyn yn dda mewn sefyllfaoedd lle mae angen ymateb moesegol.

Enghreifftiau: tosturi, dewrder, diolchgarwch, gonestrwydd, gwyleidd-dra, uniondeb, cyfiawnder, parch

Rhinweddau dinesig

Nodweddion cymeriad angenrheidiol i ymgysylltu fel dinesydd cyfrifol a chyfrannu er lles pawb.

Enghreifftiau: dinasyddiaeth, cwrteisi, ymwybyddiaeth gymunedol, bod yn gymdogol, gwasanaeth, gwirfoddoli

Rhinweddau perfformiad

Nodweddion cymeriad sy'n werthfawr er mwyn galluogi'r rhinweddau deallusol, moesol a dinesig.

Enghreifftiau: hyder, bod yn benderfynol, cymhelliant, dyfalbarhad, gwydnwch, gwaith tîm

Doethineb ymarferol yw'r rhinwedd sy'n cyfuno'r rhain i gyd. Mae'n cael ei ddatblygu drwy brofiad a myfyrio beirniadol, sydd yn ein galluogi ni i ddirnad, gwybod, dymuno a gweithredu â synnwyr da. Mae hyn yn cynnwys gweithredu'n ddeallus ac yn bwyllog mewn sefyllfaoedd lle bydd rhinweddau yn gwrthdaro.

Unigolion a chymdeithas yn ffynnu

Ffynhonnell: Jubilee Centre for Character and Virtues (2017), t. 5.

a'n bod ni'n siŵr o fod yn profi sgileffaith gadarnhaol o'r math sydd wedi'i ddangos yma, fe wnaethon ni ganolbwyntio ar *rinweddau perfformiad* – sef gwneud disgyblion yn well dysgwyr. Roedd ein cyd-destun a'n hamgylchiadau wedi dylanwadu ar y dewis hwn. Doedden ni ddim yn gwybod hyn ar y pryd, ond mae'r ddadl o blaid datblygu rhinweddau perfformiad disgyblion wedi parhau i ennill momentwm (gweler adolygiad Gutman a Schoon, 2013).

Ffigur 0.2. Cysylltu rhinweddau â pherfformiad academaidd

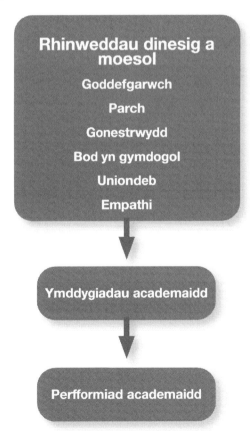

Rhinweddau dinesig a moesol

Goddefgarwch

Parch

Gonestrwydd

Bod yn gymdogol

Uniondeb

Empathi

Ymddygiadau academaidd

Perfformiad academaidd

Sgiliau anwybyddol a saith cysyniad hanfodol

Dydy profion cyflawniad ddim yn gwneud digon i gofnodi sgiliau meddal – nodweddion personoliaeth, nodau, cymelliannau a hoff ddewisiadau – sy'n cael eu gwerthfawrogi yn y farchnad lafur, yn yr ysgol, ac mewn sawl maes arall. Heckman a Kautz (2012), t. 451

Mae'r termau sy'n cael eu defnyddio – iaith rhinweddau perfformiad, os mynnwch chi – yn parhau i ennyn llawer o drafod. Os oes gennych chi ddiddordeb mewn gwneud rhagor o ymchwil a darllen, efallai y gwelwch chi rinweddau perfformiad yn cael eu disgrifio fel sgiliau anwybyddol, sgiliau meddal, sgiliau'r unfed ganrif ar hugain, sgiliau cymeriad, a sgiliau dysgu cymdeithasol ac emosiynol.

Mae gan y termau hyn i gyd eu manteision a'u hanfanteision, ond yr hawsaf i'w ddychmygu a'i ystyried, i ni, yw 'sgiliau anwybyddol'. Beth bynnag yw eich hoff ddewis neu duedd chi, y peth pwysicaf, wrth gwrs, yw bod pob term yn defnyddio'r term 'sgiliau', sy'n awgrymu cyfres o ymagweddau, strategaethau a dulliau y gall rhywun eu dysgu.

Felly beth yn union yw'r sgiliau hanfodol hyn? A pha rai y dylen ni eu blaenoriaethu?

Fel y gallech chi ddisgwyl, mae cryn dipyn o drafod wedi bod ynglŷn â hyn. Os ewch chi i chwilio am ddull cyffredinol o fesur sgiliau anwybyddol, fe gewch eich siomi.

Yn lle hynny, fe welwch chi ystod eang o fodelau neu gysyniadau sy'n cael eu defnyddio i ddisgrifio ac esbonio sgiliau anwybyddol, wedi'u cynnig gan nifer enfawr o academyddion ac ymchwilwyr o amrediad eang o sefydliadau. Mae llawer o drafod ar y mater.

Rydyn ni wedi astudio bron bob un ac wedi ceisio crisialu'r gorau ohonyn nhw i chi. Meddyliwch am y rhan hon o'r llyfr fel math o gwrs carlam ar rôl sgiliau anwybyddol mewn perfformiad academaidd, a byddwch chi'n ddigon agos i'ch lle. Rydyn ni wedi enwi saith cysyniad (gweler Ffigur 0.3) sy'n allweddol i lwyddiant disgyblion, yn ein barn ni. Byddwn

ni'n sôn am y rhain yn y penodau wedyn, felly mae'n werth eu hesbonio nhw yma. Bydd rhai ohonyn nhw yn gyfarwydd – ymddiheuriadau am fynd dros y rhain eto; bydd eraill, gobeithio, yn llai cyfarwydd.

Ffigur 0.3. Saith cysyniad anwybyddol pwysig ym maes addysg

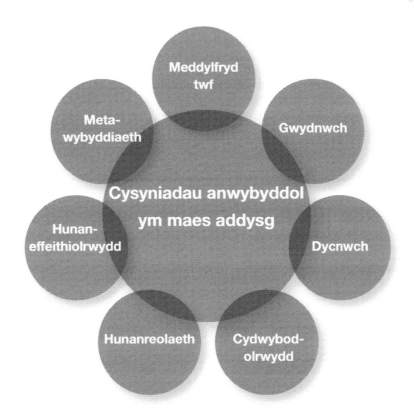

Meddylfryd twf

Mae'r rhan fwyaf o athrawon yn gyfarwydd â gwaith Carol Dweck erbyn hyn (2017). Os nad ydych chi, darllenwch ei llyfr, *Mindset: Changing the way you think to fulfil your potential*. Mae ei hymchwil yn awgrymu bod credoau am allu a deallusrwydd yn amrywio'n fawr, a bod y credoau y mae person ifanc yn eu dewis yn gallu effeithio'n sylweddol ar eu cyflawniadau. Mae hi'n dadlau bod 'meddylfryd' penodol gan unigolion am eu gallu, a bod y meddylfryd hwn yn beth hyblyg a newidiol. Ar un pen i'r continwwm, mae pobl sy'n credu bod ganddyn nhw feddylfryd 'sefydlog'. Mae'r unigolion hyn yn tybio bod eu deallusrwydd wedi'i gyfyngu i bwynt penodol ac, felly, yn osgoi sefyllfaoedd heriol oherwydd eu bod nhw'n ofni methu. Maen nhw'n gwneud llai o ymdrech yn ystod tasgau anodd i amddiffyn yr ego.

Ar y pen arall i'r continwwm, mae pobl â meddylfryd 'twf'. Mae'r rhain yn credu bod deallusrwydd yn hawdd ei drin a'ch bod yn gallu gwella lefel eich gallu drwy weithio'n galed. Maen nhw'n eu rhoi eu hunain mewn sefyllfaoedd heriol ac yn gweithio eu ffordd drwyddyn nhw, gan wrando ar adborth a gweithredu arno. Maen nhw'n gweld methiant fel cyfle i dyfu ac, felly, yn ymddwyn mewn ffordd wahanol iawn mewn amgylchedd dysgu. Hynny yw, mae'r ddau fath o ddisgybl yn gweithio'n wahanol, yn astudio'n wahanol ac yn meddwl yn wahanol.

Mae Dweck yn mynd ymlaen i ddweud bod ein meddylfryd yn newid fel ymateb i her, twf neu amgylchiadau. 'Does gan neb feddylfryd twf ym mhopeth drwy'r amser,' meddai Dweck. 'Mae pawb yn gymysgedd o feddylfryd sefydlog a meddylfryd twf. Efallai fod gennych chi feddylfryd twf yn bennaf mewn un maes, ond gallai rhai pethau ddal i'ch sbarduno chi i ddangos meddylfryd sefydlog' (gweler Gross-Loh, 2016).

Mae gwaith Dweck wedi bod yn werthfawr iawn i ni, ac mae'n sicr wedi helpu i siapio ein meddwl. Gallwn fesur meddylfryd disgybl – ciplun, o leiaf ar feddylfryd hyblyg – gan ddefnyddio holiadur hwn: https://www.positivityguides.net/test-your-mindset-quiz. Mae rhywfaint o dystiolaeth o gysylltiad rhwng meddylfryd twf disgybl a pherfformiad academaidd a bod modd ei ddatblygu (Yeager et al., 2013).

Dycnwch

Mae gwaith Angela Duckworth ar ddycnwch wedi cael llawer o sylw yn y cyfryngau ers ei chyflwyniad TED yn 2013 (mae'n werth ei wylio os yw dycnwch yn newydd i chi). Mae Duckworth (2016) yn diffinio dycnwch fel angerdd a dyfalbarhad unigolyn tuag at dargedau tymor hir. Y gwahaniaeth rhwng dycnwch a rhai o'r cysyniadau eraill sy'n cael eu trafod yma yw ei fod yn cyfeirio at dargedau tymor hir. Mae Duckworth yn dadlau mai cynnal ymdrech a diddordeb dros y blynyddoedd, er gwaethaf unrhyw rwystrau, yw prif nodweddion yr unigolyn dygn.

Rydyn ni'n credu bod angen i ddisgyblion TGAU fod yn ddygn. Gallwn fesur dycnwch gan ddefnyddio'r raddfa dycnwch a ddatblygwyd gan Duckworth a'i chyd-weithwyr (2007). Rydyn ni wedi cynnwys hon fel un o'r dulliau ym Mhennod 4. Yn ddiweddar, mae Duckworth wedi sefydlu labordy i ganolbwyntio ar sut i feithrin dycnwch yn fwriadol. Mae ei gwefan (https://characterlab.org/playbooks/grit) yn cynnig ystod o ddulliau i'w defnyddio gyda disgyblion.

Hunaneffeithiolrwydd

Hunaneffeithiolrwydd yw cred unigolyn bod ganddo'r gallu i lwyddo wrth wneud tasg benodol. Bydd y rhan fwyaf o athrawon wedi cael profiad o weithio gyda disgyblion sydd wedi methu lawer gwaith ac sydd â hunaneffeithiolrwydd isel o ganlyniad i hynny. Mae'n amlwg y dylai hyder a chymhelliant y disgyblion hyn gynyddu pe baen nhw'n llwyddo i gyflawni rhywbeth (hyd yn oed ar raddfa fach).

Mae cryn dipyn o dystiolaeth ar gael i ddangos bod disgyblion hunaneffeithiol iawn yn gweithio'n galetach ac yn dyfalbarhau mwy (Multon et al., 1991) a thystiolaeth gadarn ei fod yn ffordd ddefnyddiol o ragweld llwyddiant academaidd (Bandura, 1997). Rydyn ni'n defnyddio nifer o raddfeydd i fesur hunaneffeithiolrwydd – er enghraifft, mae'r Holiadur Strategaethau ar gyfer Dysgu Cymelledig (*MSLQ: Motivated Strategies for Learning Questionnaire*) yn dangos tystiolaeth o lefelau uchel o ddibynadwyedd a dilysrwydd.* Mae rhai astudiaethau wedi ceisio datblygu hunaneffeithiolrwydd disgyblion (e.e. Schunk, 1981); fodd bynnag, yr unig beth a ddangosodd y rhan fwyaf o'r astudiaethau

yw cydberthyniad rhwng y cysyniad a pherfformiad academaidd.

Cydwybodolrwydd

Mae cydwybodolrwydd yn rhan o fodel personoliaeth y 'pump mawr' (model enwog a ddatblygwyd dros ganrif yn ôl – cafodd y term ei fathu gan Lewis Goldberg fel rhan o'i gyfraniad yn yr 1980au) sy'n awgrymu bod pum dimensiwn yn fras gan bersonoliaeth: bod yn agored i brofiad, cydwybodolrwydd, allblygedd, hawddgarwch a niwrotiaeth. Cydwybodolrwydd yw'r mesur personoliaeth mae'n bosibl ei ragfynegi fwyaf, o'r mesurau sy'n cael eu defnyddio'n gyffredin. Mae wedi'i gysylltu â pherfformiad academaidd ar bob lefel o addysg (Poropat, 2009) ac mae astudiaethau yn dangos ei fod yn rhagfynegi 'cyrhaeddiad addysgol, iechyd, a chanlyniadau yn y farchnad lafur lawn cystal â mesurau gallu gwybyddol' (Heckman a Kautz, 2012, t. 452).

Mae rhestri o nodweddion personoliaeth yn diffinio amrywiaeth ohonyn nhw ar lefelau is na chydwybodolrwydd; fodd bynnag (dyna syndod!), mae pa nodweddion yn union yw'r rhain yn achosi anghytuno. Y ddau fwyaf cyffredin yw trefnusrwydd a diwydrwydd. Bod yn drefnus yw ystyr trefnusrwydd, mae'n amlwg, ac mae diwydrwydd yn disgrifio tuedd rhywun i weithio'n galed a dyfalbarhau (Ivcevic a Brackett, 2014).

Mae nifer o fesurau yn cael eu defnyddio i werthuso 'pump mawr' nodweddion personoliaeth (e.e. Rhestr y Pump Mawr sydd

---

* Gweler http://stelar.edc.org/instruments/motivated-strategies-learning-questionnaire-mslq.

i'w chael ar-lein*). Fel hunaneffeithiolrwydd, mae'r rhan fwyaf o astudiaethau ar gydwybodolrwydd yn gydberthynol. Hyd yn hyn, ychydig iawn o ymchwil sydd wedi bod i geisio datblygu cydwybodolrwydd mewn disgyblion, yn rhannol oherwydd bod y cysyniad cydberthynol hwn mor gymhleth.

Hunanreolaeth

Diffiniad cyffredinol hunanreolaeth yw 'y gallu i wrthsefyll chwiwiau tymor byr er mwyn blaenoriaethu targedau tymor hirach' (Gutman a Schoon, 2013, t. 20). Rydyn ni'n ei ystyried yn nodwedd neu'n agwedd cydwybodolrwydd ar lefel is.

Efallai mai'r astudiaeth enwocaf i brofi hunanreolaeth yw'r 'arbrawf malws melys (*marshmallow*)', gan Mischel et al. (1972) ym Mhrifysgol Stanford. Ers hynny mae hon wedi dod yn glasur mewn gwasanaethau ysgol. Mae'r rhan fwyaf o athrawon a disgyblion erbyn hyn wedi gwylio'r clipiau fideo o blant ifanc yn cael malws melys ac yna'n cael cynnig gwobr os gallan nhw ohirio'r boddhad. Mewn astudiaethau dilynol, gwelwyd bod disgyblion a oedd yn gallu aros (tua chwarter awr) yn gwneud yn well yn academaidd ac yn cael canlyniadau gwell mewn bywyd.

Heblaw am y prawf malws melys mewn dosbarth, mae'n debygol mai'r raddfa hunanreolaeth a ddatblygwyd gan Tangney a'i gyd-weithwyr (2004) yw'r un sy'n cael ei defnyddio amlaf (mae'n siŵr y byddai'n well gan ddisgyblion y fersiwn 13 eitem na'r 93 eitem!). Er bod tystiolaeth gydberthynol gref yn awgrymu bod hunanreolaeth yn rhagfynegi canlyniadau academaidd, ychydig o astudiaethau sydd wedi ceisio datblygu hunanreolaeth ar ei ben ei hun. Rydyn ni wedi gweld, fel llawer ohonoch chi, bod dangos fideos sy'n ymwneud â'r arbrawf malws melys yn gallu cynhyrchu trafodaethau diddorol gyda disgyblion, ond mae cynllunio dulliau penodol i ddatblygu'r nodwedd benodol hon wedi bod yn anodd (er bod Nawr yn erbyn yr Angen Mwyaf (Gweithgaredd 36) yn rhoi cynnig go dda arni).

Gwydnwch a sioncrwydd

Rydyn ni'n clywed y term gwydnwch yn aml ar ein hymweliadau ag ysgolion. Fel arfer, mae gwydnwch wedi cael ei nodweddu 'yn nhermau trallodion "llym" a "chronig" sy'n cael eu hystyried yn "ymosodiadau mawr" ar y prosesau datblygu' (Martin a Marsh, 2008, t. 53).

Mae'n well gennym ni'r term a awgrymodd Martin a Marsh, sef 'sioncrwydd academaidd' (*academic buoyancy*). Yn yr ystafell ddosbarth, mae'n ymwneud mwy â dod dros siomau a rhwystrau bach yn hytrach na thrallodion llym neu gronig. Rydyn ni'n deall bod digwyddiadau fel hyn ym mywydau disgyblion a bod angen gwydnwch arnyn nhw, ond dydy hyn ddim yn wir am y mwyafrif.

Mae nifer o sefydliadau'n defnyddio fframwaith gwydnwch i gefnogi datblygiad pobl ifanc. Mae'n debyg mai'r Athro Angie Hart ym Mhrifysgol Brighton sy'n arwain y maes hwn yn y Deyrnas Unedig. Mae ei

---

* Gweler http://personality-testing.info/tests/IPIP-BFFM

gwefan (www.boingboing.org.uk) yn rhoi golwg gyffredinol ar y fframwaith ac esboniad mwy trwyadl o lawer o wydnwch na'r un rydyn ni wedi'i roi yma.

Meta-wybyddiaeth

Yn olaf, Flavell (1979) a ddatblygodd y term meta-wybyddiaeth gyntaf. Roedd yn galw hyn yn 'feddwl am feddwl'. Rydyn ni wedi cadw'r term hwn tan y diwedd oherwydd, i ni, mae meta-wybyddiaeth yn cynnwys elfennau o'r holl gysyniadau rydyn ni wedi'u trafod eisoes. Erbyn hyn mae'r term wedi'i ehangu'n eithaf sylweddol ac yn cael ei ddefnyddio'n rheolaidd. Mae'r Sefydliad Gwaddol Addysg (*EEF: Education Endowment Foundation*), er enghraifft, yn awgrymu ei fod yn golygu helpu 'dysgwyr i feddwl am eu dysgu mewn modd mwy penodol. Mae hyn fel rheol drwy addysgu strategaethau penodol i ddisgyblion i osod targedau, a monitro a gwerthuso eu datblygiad academaidd eu hunain.'*

Mae nifer o restri/holiaduron yn cael eu defnyddio i fesur meta-wybyddiaeth (gan gynnwys ein holiadur ni ym Mhennod 13). Hefyd mae amrywiaeth o brojectau ymchwil diddorol yn cael eu darparu yn y Deyrnas Unedig ar hyn o bryd sy'n defnyddio strategaethau meta-wybyddol i gefnogi perfformiad disgyblion a'i wella. Mae'n werth mynd i wefan yr EEF i ddilyn eu cynnydd; byddwn ni'n gwneud hynny.

Fel y gwelwch chi, mae'n fyd cymhleth o ymchwilio, dyfalu ac arbrofi!

Mae sgiliau anwybyddol yn cyfrannu'n sylweddol at berfformiad disgyblion, heb os nac oni bai ac mae'r sail dystiolaeth ar gyfer hyn yn argyhoeddi ac yn tyfu'n sylweddol (e.e. Khine ac Areepattamannil, 2016). Mae'n werth nodi, wrth i gyrsiau golli eu helfennau modiwlaidd, bod sgiliau anwybyddol yn dod yn bwysicach fyth. Daw dycnwch, hunan-gred, hunanreolaeth a gwydnwch disgybl yn ffactorau pwysig wrth i'r cyfnod paratoi cyn arholiad fynd yn hirach, ac un arholiad terfynol yn barnu perfformiad. Mae'r cipluniau tymor byr ar sgorau profion misol, er enghraifft, yn dweud un peth wrthyn ni; mae'r arholiad terfynol yn dweud rhywbeth gwahanol iawn. Mae Farrington et al. (2012) yn arddangos hyn yn dda ac yn rhoi crynodeb gweledol defnyddiol o safle ffactorau anwybyddol mewn cymhwyster dwy flynedd (Ffigur 0.4).

* Gweler https://educationendowmentfoundation.org.uk/resources/teaching-learning-toolkit/meta-cognition-and-self-regulation

Ffigur 0.4. Ffactorau wedi'u mesur yn ôl sgorau profion yn erbyn graddau

Ffynhonnell: Farrington et al. (2012), t. 4.

(Mae'n werth nodi nad oes dim tystiolaeth bendant hyd yn hyn ynglŷn â dosbarthiad canrannol y ffactorau hyn.)

Rydyn ni'n gobeithio eich bod chi, fel ni, yn dechrau dod i ddeall y cydrannau posibl mae angen i ni eu cryfhau a'u datblygu yn ein disgyblion. Nesaf, mae'n bryd i ni droi ein sylw at weddill y llyfr: y 'sut'.

Dulliau a strategaethau ymarferol – 'sut' datblygu sgiliau anwybyddol

> Er yr holl drafod am ffactorau anwybyddol dros y blynyddoedd diwethaf, does dim llawer o gytuno pendant wedi bod am y ffordd orau o helpu pobl ifanc i'w datblygu nhw. Tough (2016), t. 5

Mae ymwybyddiaeth o ffactorau anwybyddol a'u pwysigrwydd wedi bod gyda ni ers amser maith. Roedd Alfred Binet a'i gyd-weithiwr, Theodore Simon – y seicolegwyr o Ffrainc a oedd yn gyfrifol am ddyfeisio'r prawf IQ – yn ystyried ffactorau anwybyddol yn 1916, ac awgrymodd y ddau: '[Mae llwyddiant yn yr ysgol] … yn dibynnu ar bethau eraill heblaw deallusrwydd; i lwyddo wrth astudio, mae angen rhinweddau sy'n dibynnu ar sylw, ewyllys, a chymeriad; er enghraifft, rhywfaint o natur ddof, arferion rheolaidd, ac ymdrech barhaus, yn enwedig. Fydd plentyn deallus, hyd yn oed, ddim yn dysgu llawer mewn dosbarth os nad yw byth yn gwrando, os yw'n treulio ei amser yn chwarae triciau, yn chwerthin, yn absennol' (Binet a Simon, 1916, t. 254).

O'r safbwynt hwn, mae cynnydd yn y byd academaidd o ran datblygu sgiliau anwybyddol mewn dysgwyr ifanc wedi bod yn rhwystredig o araf. Petai Binet a Simon yn gallu ein gweld ni nawr, gan mlynedd yn ddiweddarach, mae'n siŵr y bydden nhw yn siomedig iawn oherwydd diffyg cynnydd addysg yn y maes hwn.

Felly, pam mae gwneud cynnydd wedi bod mor anodd?

Dau reswm, yn ein barn ni. Yn gyntaf, mae llawer o'r ymchwil yn gwrthdaro rhwng sawl un o'r modelau a'r cysyniadau damcaniaethol (gan ddefnyddio amrywiaeth o restri), sydd wedi drysu pawb braidd. Mae cymaint ohono ar gael, heb un ddamcaniaeth i uno'r cyfan. (Gweler y Nodyn gan yr awduron ar ddechrau'r llyfr am grynodeb byr o ormod o wybodaeth a pharlysu.)

Oherwydd bod y rhan fwyaf o'r ymchwil yn gallu bod yn eithaf anhygyrch i athrawon, ar lefel ymarferol ac academaidd, mae hyn hefyd wedi achosi rhwystredigaeth. Ychydig iawn o'r papurau academaidd rydyn ni wedi bod yn eu trafod sy'n cynnig unrhyw awgrymiadau ymarferol go iawn i'r proffesiwn. (Rydyn ni'n rhannu teimladau'r *British Medical Journal*, sydd bellach wedi gwahardd y frawddeg 'mae angen rhagor o ymchwil'! Mae angen rhagor o ymchwil bob amser, ond ar ryw adeg mae'n rhaid i ni edrych ar sut i roi'r ddamcaniaeth ar waith.) Rydyn ni wedi gweld bod llawer o arweinwyr ysgolion ac athrawon yn ansicr ynghylch sut i neidio o ddamcaniaeth i ymarfer – y tu hwnt i ddweud wrth ddisgyblion am yr astudiaethau, hynny yw – ac yn ansicr sut i ddatblygu'r sgiliau pwysig hyn gyda'u disgyblion mewn amgylchedd hyfforddi (coetsio – *coaching*) neu ystafell ddosbarth. Y perygl yw, oherwydd yr anawsterau hyn, y caiff manteision amlwg addysgu sgiliau anwybyddol eu hanwybyddu.

Wrth i ni deithio i fyny ac i lawr Prydain yn ymweld ag ysgolion a cholegau i ddarparu hyfforddiant am y model *VESPA* (rhagor am hwn yn nes ymlaen) mae athrawon wedi bod yn gofyn i ni, 'Sut gallwn ni ddarparu hyn i ddisgyblion TGAU?' Maen nhw wedi gofyn yn gyson i ni am ddulliau a strategaethau ymarferol a allai wneud gwahaniaeth i ddisgyblion Cyfnod Allweddol 4.

Felly mae gweddill y llyfr hwn yn ymdrin â 'sut' i ddatblygu sgiliau anwybyddol – troi'r ddamcaniaeth yn ymarfer cadarn. Yn hytrach na dilyn unrhyw un model neu luniad yn rhy agos, rydyn ni wedi ceisio ymgorffori'r cysyniadau mwyaf perthnasol a defnyddiol o'r holl ymchwil rydyn ni wedi'i ddarllen i greu un fframwaith syml y gellir ei ddefnyddio'n ymarferol gydag athrawon a disgyblion. Fe rannwn ni hynny â chi yn y bennod nesaf.*

Wrth ddatblygu ein model a'n dulliau, rydyn ni wedi ceisio deall yr ymchwil a datblygu ymagweddau ymarferol y bydd athrawon, gobeithio, yn gallu eu defnyddio yn eu hystafelloedd dosbarth i gael effaith ar berfformiad eu disgyblion, gan ddatblygu strategaethau, arferion a sgiliau a fydd yn ddefnyddiol y tu hwnt i'r ystafell ddosbarth.

Dyma ein hymgais ni i roi rhywfaint o drefn ar yr anhrefn.

---

* Rydyn ni'n ymwybodol o'r eironi yma. Y broblem yw gormod o fodelau, felly ein datrysiad ni yw model arall. Hurt, ynte? Ond rydyn ni'n gobeithio bod hon, yn hytrach na set o gynigion a damcaniaethau newydd ar gyfer sgiliau anwybyddol, yn fwy o ddamcaniaeth i uno'r ymchwil presennol a'i drefnu mewn ffordd hygyrch a defnyddiol.

1. Y Model *VESPA*

Rhagarweiniad i *VESPA*

Mae ein gwaith gyda Chyfnodau Allweddol 4 a 5 dros yr wyth mlynedd diwethaf, yn awgrymu bod model pum rhan yn ganolog i ddatblygu sgiliau anwybyddol a llwyddiant academaidd. Mae pob rhan yr un mor bwysig â'i gilydd.

Mae disgyblion llwyddiannus yn cael sgorau uchel yn y rhinweddau canlynol:

» **Gweledigaeth (*V*ision)**– maen nhw'n gwybod beth maen nhw eisiau ei gyflawni.

» **Ymdrech (*E*ffort)**– maen nhw'n gweithio'n galed ac yn astudio'n annibynnol a rhagweithiol am lawer o oriau.

» **Systemau (*S*ystems)**– maen nhw'n trefnu eu hadnoddau dysgu a'u hamser.

» **Ymarfer (*P*ractice)**– maen nhw'n defnyddio ymarfer bwriadol ac yn datblygu eu sgiliau.

» **Agwedd (*A*ttitude)**– mae ganddyn nhw feddylfryd twf ac maen nhw'n ymateb yn adeiladol i rwystrau.

Pam y pum rhinwedd hyn – *VESPA*?

Y Model *VESPA*

I ni, y model *VESPA* yw'r ffordd orau o esbonio'r amrywiaeth o agweddau anwybyddol roedden ni'n ceisio'u deall wrth i ni siarad â disgyblion, cynllunio ymyriadau, adeiladu rhaglenni bugeiliol a darllen ymchwil academaidd. Wnaethon ni ddim dechrau â'r ymagwedd draddodiadol o edrych ar yr ymchwil a cheisio addasu ein data i fodel a oedd wedi'i sefydlu eisoes. Wnaethon ni ddim defnyddio unrhyw fesurau seicometrig ychwaith. Yr unig beth wnaethon ni oedd casglu data ar ein disgyblion ein hunain drwy arsylwi mewn gwersi, grwpiau ffocws, holiaduron a sgyrsiau hyfforddi; llawer iawn o ddata meintiol ac ansoddol gyda dadansoddiadau. (Dim ond wedyn wnaethon ni ddarganfod ein bod ni wedi defnyddio dull mae academyddion yn ei alw'n 'ymagwedd damcaniaeth seiliedig (*ground theory approach*)'. Cafodd y dull hwn ei gyhoeddi gyntaf yn *The Discovery of Grounded Theory* gan Glaser a Strauss (1967). Mae'n awgrymu eich bod chi'n casglu data ac yna'n ceisio'u deall drwy gategoreiddio'r canfyddiadau eich hunan, yn hytrach na dechrau â'r deunydd darllen ac addasu'r data i'r model sydd wedi'i sefydlu eisoes. Fe wnaethon ni adolygu'r deunydd darllen ar ôl cynllunio'r model, yn hytrach nag i'r gwrthwyneb.)

Yn fuan ar ôl adeiladu'r model *VESPA*, daeth hi'n eithaf amlwg i ni nad oedden ni wedi taro ar ddim byd newydd, dim ond datblygu 'ymbarél' amlochrog (Ffigur 1.1b). Roedd hwn fel petai'n ymgorffori llawer o'r cysyniadau a oedd yn cael eu trafod. Ein bwriad oedd creu rhywbeth defnyddiol ac ymarferol – crynodeb syml, gweledol o'r ffactorau anwybyddol roedden ni'n bwriadu canolbwyntio arnyn nhw, a chyfres o ddulliau i gryfhau'r rhinweddau hynny. Drwy gyd-ddigwyddiad, fe wnaethon ni ddarganfod wedyn ein bod ni'n ategu barn y Sefydliad Gwaddol Addysg, 'Mae cysylltiad rhwng llawer o'r ffactorau anwybyddol, ond mae'r rhan fwyaf o astudiaethau yn archwilio sgiliau anwybyddol unigol. Does dim tystiolaeth bendant ynglŷn â pha un o'r gwahanol nodweddion yw'r ateb syml hanfodol i wella neu hwyluso cyrhaeddiad ar draws pob parth, ac mae'n annhebygol y gellir dod o hyd i nodwedd o'r fath.' (Gutman a Schoon, 2013, t. 4)

Does gennym ni ddim tystiolaeth gadarn i ategu'r union drefniadaeth hierarchaidd hon (fel y mae'r Sefydliad Gwaddol Addysg yn ei awgrymu, does dim tystiolaeth o ateb syml). Heb os, mae'r berthynas rhwng y ffactorau hyn yn fwy cymhleth o lawer nag rydyn ni wedi'i awgrymu. Wedi dweud hynny, i ni, mae gweledigaeth yn allweddol. Yn gyntaf, mae'n rhaid i chi wybod pam rydych chi'n gwneud rhywbeth. Nesaf, rhaid cael yr agwedd gywir at y dasg. Gellir defnyddio ymdrech, systemau ac ymarfer mewn cysylltiad â'r weledigaeth.

Dros y blynyddoedd o brofi, arbrofi a defnyddio, rydyn ni wedi helpu miloedd o ddisgyblion i wneud yn well yn ystod Cyfnodau Allweddol 4 a 5 fel a ganlyn:

» Creu rhaglenni bugeiliol sy'n canolbwyntio'n benodol ar ddatblygu'r sgiliau anwybyddol hyn.

» Cynllunio fframwaith hyfforddi sy'n canolbwyntio ar *VESPA*.

Ffigur 1.1a. Y Model *VESPA*

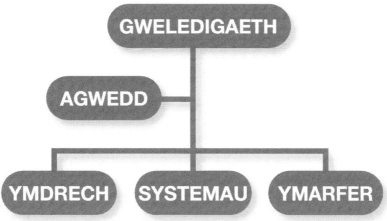

Ffigur 1.1b. Yr ymbarél *VESPA*

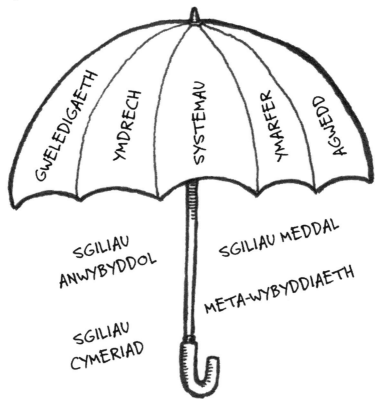

Y Model *VESPA*

Gweledigaeth

←————————————————————————————→

Gallen nhw gasáu gosod nodau a thargedau	Hoffi gosod nodau a thargedau
Annhebygol o osod nodau iddyn nhw eu hunain	Yn aml yn gosod goreuon personol i fesur eu hunain yn eu herbyn
Dim gwir bwrpas	Pwrpas clir mewn bywyd

Ymdrech

←————————————————————————————→

Yn osgoi gwaith caled	Gwybod beth yw gwaith caled
Cymharu eu hymdrech â disgyblion ymdrech isel eraill	Amgylchynu eu hunain â disgyblion eraill sy'n gweithio'n galed
Hawdd tynnu eu sylw	Canolbwyntio'n llwyr wrth weithio

Systemau

←————————————————————————————→

Llyfrau a nodiadau hollol anhrefnus (os oes ganddyn nhw rai o gwbl!)	Llyfrau a nodiadau trefnus
Dim cofnod o dasgau na gwaith cartref	Cofnodi gwaith cartref mewn cynlluniwr neu ddyddiadur
Gweithio yn ymatebol ar ôl argyfwng	Cynllunio eu gwaith yn briodol

Ymarfer

←————————————————————————————→

Dibynnu ar ddarllen nodiadau ac amlygwyr i adolygu	Defnyddio amrywiaeth o dechnegau wrth adolygu
Treulio'r rhan fwyaf o'u hamser ar waith maen nhw yn ei wybod yn barod	Chwilio am gyfleoedd i weithio y tu allan i'w man cysurus
Yn osgoi adborth	Bob amser yn chwilio am adborth ar berfformiad

Agwedd

←————————————————————————————→

Yn credu bod deallusrwydd yn sefydlog	Yn credu y gallwch wella eich gallu drwy weithio'n galed
Yn ymateb yn wael i adborth	Yn credu y bydd adborth yn eu gwella
Lefelau hunanreolaeth isel	Aros yn ddigynnwrf dan bwysau
Diffyg hyder	Lefelau uchel o hunan-gred

» Cynllunio rhaglenni ymyrraeth sy'n targedu diffygion mewn sgiliau anwybyddol drwy gyfrwng *VESPA*, yn hytrach na thybio bod problem â dealltwriaeth neu amgyffrediad.

Gallai fod yn werth ystyried y model o'ch safbwynt a'ch cyd-destun eich hun, drwy ystyried grwpiau penodol o ddisgyblion sy'n tanberfformio neu'n perfformio'n dda, a mynd drwy restr wirio feddyliol yn erbyn y continwa rydyn ni wedi'u cynhyrchu ar dudalen 18. Er mwyn pwysleisio a chyferbynnu, rydyn ni wedi defnyddio disgrifyddion sy'n gysylltiedig â'r safleoedd mwyaf eithafol ar naill ben y sbectrwm. Y gobaith yw y bydd y rhain yn egluro beth rydyn ni'n ei olygu ym mhob maes sgìl ac yn eich helpu chi i ddechrau archwilio'r mathau o nodweddion sy'n gysylltiedig â sgorau uchel neu isel ar gyfer gweledigaeth, ymdrech, systemau, ymarfer neu agwedd.

Un peth arall. Mae'n werth dweud – fel y mae Dweck ei hun wedi'i nodi – bod meddylfryd yn beth hyblyg. Ceisiwch osgoi'r fagl o benderfynu bod gan ddisgybl 'weledigaeth dda' a thybio bod hynny'n gyflwr parhaol sy'n methu newid. Mae ein meddylfryd yn newid fel ymateb i ddatblygiadau mewn amgylchiadau allanol a mewnol.

Ymchwil i ategu'r model *VESPA*

Yn ffodus i ni, mae rhai o'r ymchwilwyr mwyaf cynhyrchiol ym meysydd seicoleg ac addysg wedi gwneud ymchwil graenus o dan bob elfen o'r model *VESPA*. Gallai fod yn anodd i unrhyw athro/athrawes neu arweinydd sy'n gweithio oriau hir heb lawer o gyfle i bori drwy gyfnodolion a phapurau academaidd wybod ble i ddechrau, felly dyma rai mannau cychwyn defnyddiol.

Gweledigaeth

Mae gweledigaeth yn golygu bod â nod clir; mae'n fater o weld y cysylltiad rhwng y gwaith rydych chi'n ei wneud a'r rheswm dros ei wneud. Mae hefyd yn golygu pennu targedau i chi'ch hun ar gyfer gwella. Yn syml, mae'n fater o wybod pa ganlyniadau yr hoffech chi eu cyflawni. Mae Duckworth (2016) yn pwysleisio'r 'gallu i lynu' at nod tymor hir, ond rydyn ni wedi gweld bod gosod nodau tymor byrrach yn gweithio'n dda i ddisgyblion â diffyg gweledigaeth. Os nad ydyn nhw yn gallu dweud wrthych chi ble hoffen nhw fod pan fyddan nhw'n 18 oed, er enghraifft, rhowch gynnig ar, 'Mae eich adroddiad nesaf yn mynd adref mewn pedair wythnos. Pa raddau hoffech chi eu gweld ar yr adroddiad hwnnw? Sut gallwn ni fynd ati i sicrhau bod hynny'n digwydd?'

Wrth gwrs, dydy gosod targedau yn unig ddim o reidrwydd yn gwella cyflawniad (Schunk, 2003). O na fyddai mor syml â hynny! Mae tair rhan i weledigaeth.

Cam 1 yw penderfynu beth hoffech chi ei gyflawni. Does dim rhaid i hyn olygu dewis llwybr gyrfa penodol, fel y byddwn ni'n ei drafod yn nes ymlaen (gweler Pennod 3). I rai disgyblion, mae'n gallu cynnwys asesu ffactorau cymell ac ysgogi, ystyried problemau a materion yr hoffen nhw helpu i'w datrys neu rywbeth mor syml â phenderfynu ar rai o'r canlyniadau yr hoffen nhw eu cael.

Cam 2 yw'r broses o osod y nod er mwyn cyflawni'r weledigaeth. Mae'r rhan fwyaf o osod nodau yn dod i ben ar gam 1. Bydd disgyblion yn ysgrifennu eu nodau ond heb wneud cynllun penodol wedyn i wneud iddyn nhw ddigwydd. Mae Duckworth (2016, t. 62) yn awgrymu ein bod ni'n ystyried hierarchaeth o nodau lefel isel, canolig ac uchel (Ffigur 1.2).

Y nod uchaf yw'r prif darged. Dim ond rhestr o dasgau mae angen eu cwblhau er mwyn cyflawni'r nod hwnnw yw'r nodau canolig ac isel. Er enghraifft, efallai mai nod pennaf y disgybl fyddai 'cyfrannu at wella gofal iechyd yn y Deyrnas Unedig'. O dan hwnnw, mae nifer o nodau lefelau canolig ac isel i'w helpu i gyflawni hynny. Gallai ymweld â phrifysgol bosibl fod yn nod lefel ganolig, ond er mwyn i hynny ddigwydd gallai fod angen cwblhau llawer o nodau lefel isel. Mae hon yn broses effeithiol iawn o osod nodau, ac mae'n rhoi rhestr wirio barod i'r disgybl sydd â chryn botensial fel dull gweledol i osod nodau.

Cam 3 yw cadw at y cynllun – dycnwch yw gair Duckworth (2016) am hyn. Dyma'r rhan sy'n gallu bod yn anodd. Mae angen meddwl am y cynnydd tuag at gyflawni nodau a gwneud unrhyw addasiadau gofynnol. Fel rydyn ni wedi'i drafod eisoes, mae dycnwch yn fater o gadw'r nod lefel uchaf am gyfnod

Ffigur 1.2. Nodau lefel isel, canolig ac uchaf

Ffynhonnell: Wedi'i addasu o Duckworth (2016), t. 62.

Ffigur 1.3. Y broses o osod nodau

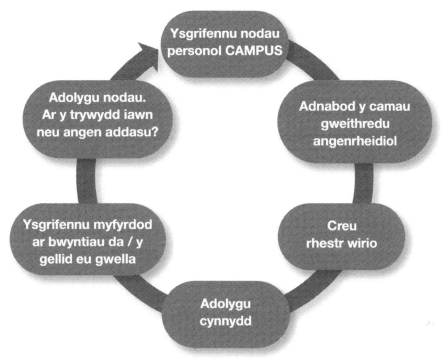

hir. Mae Ffigur 1.3 yn dangos y broses gyflawn.

Yna, gellir gwneud y nod yn un CAMPUS. Mae'r rhan fwyaf o athrawon nawr yn gyfarwydd â'r acronym sy'n disgrifio proses gosod nodau: dylid gosod nodau *cyraeddadwy*, *amserol*, *mesuradwy*, *perthnasol*, *uchelgeisiol* a *synhwyrol*.

Mae nifer o astudiaethau yn dangos bod gosod nodau yn gwella cyflawniad (Moriarty et al., 2001). Mae'r astudiaethau hyn wedi cynnwys nodau tymor hir a thymor byr. Mae tystiolaeth hefyd i ddangos y dylid cynnwys disgyblion yn y broses o osod eu nodau eu hunain (Azevedo et al., 2002). Dydy nodau sydd wedi'u gosod yn allanol ddim yn dda iawn i gymhelliant (gofynnwch i'r rhan fwyaf o athrawon sut maen nhw'n teimlo pan fydd rhywun yn rhoi targedau iddyn nhw).

Yn y gorffennol, rydyn ni wedi sôn am nodau 'gwthio' a 'thynnu'. Mae nod gwthio yn cael ei osod yn allanol a'i ddefnyddio i'ch gwthio chi tuag at amcan. Fel rheol, fydd nodau gwthio yn ddim cryfach na'r unigolyn sy'n gwneud y gwthio, ac os oes rhywbeth yn eu gwrthwynebu nhw maen nhw'n aml yn methu. Mae nod tynnu yn cael ei osod gan yr unigolyn ei hun ac felly (yn ddamcaniaethol) mae'n ei gwneud hi'n fwy tebygol y bydd gan yr unigolyn gymhelliant i wneud y gwaith. Yn ôl Ymddiriedolaeth y Tywysog, gellir dadlau ein bod ni'n euog o wneud gormod o wthio drwy'r blynyddoedd TGAU a bod hyn yn atal disgyblion rhag meddwl am y dyfodol ac yn gwneud iddyn nhw deimlo diffyg rheolaeth dros eu bywydau.*

Drwy'r llyfr i gyd, mae'r gweithgareddau gweledigaeth wedi'u cynllunio i helpu i gefnogi disgyblion yn yr elfen hon. Dylai pob ysgol wybod pwy yw eu disgyblion â diffyg gweledigaeth a pharatoi cynllun gweithredu i helpu i'w symud nhw ar hyd y raddfa hon gan ddechrau ym mis Medi.

Ymdrech

Mae elfen ymdrech (sydd weithiau'n cael ei galw yn ddyfalbarhad academaidd) y model *VESPA* yn cyfeirio at faint o waith caled rydych chi'n ei wneud; mae perfformiad yn y rhan fwyaf o dasgau yn dibynnu ar ymdrech (Heckman a Kautz, 2012). Mae'n siŵr ei bod hi'n deg dweud bod diffyg ymdrech bron yn sicrhau methiant; fodd bynnag, dydy rhagor o ymdrech yn unig ddim yn sicrhau llwyddiant! Yn amlwg, mae'n rhaid i chi ymarfer yn y ffordd iawn (mwy am hyn yn nes ymlaen).

Mae'r mater hwn wedi achosi cryn dipyn o ddadlau yn ddiweddar oherwydd honiadau Malcolm Gladwell yn ei lyfr *Outliers* (2008)

ynglŷn â'r rheol 10,000 awr. Mae Gladwell yn awgrymu y bydd y perfformwyr o'r radd flaenaf fel rheol wedi gwneud 10,000 awr o waith er mwyn codi i frig unrhyw faes. Fodd bynnag, mae Anders Ericsson a Robert Pool (2016), a wnaeth yr ymchwil cychwynnol gafodd ei ddefnyddio yn llyfr Gladwell, yn honni bod Gladwell wedi camddehongli'r ymchwil mewn nifer o ffyrdd. Yn gyntaf, mae ymdrech yn amrywio o faes i faes. Ym maes cerddoriaeth, er enghraifft, mae llawer o'r cerddorion gorau yn gwneud llawer mwy na'r nifer hwn o oriau, ond fe ddysgodd Ericsson y gallech chi ddod yn bencampwr cof y byd mewn nifer llawer llai o oriau. Yn ail, defnyddiodd Gladwell nifer cyfartalog yr oriau o ymarfer roedd chwaraewyr feiolin wedi'u gwneud erbyn eu bod yn 20 oed, ond mae Ericsson yn honni nad oedd y rhan fwyaf ohonyn nhw ymysg y goreuon erbyn yr oed hwn. Fodd bynnag, yr un peth mae Gladwell ac Ericsson yn cytuno arno yw: 'i berffeithio unrhyw faes lle mae'r hanes am bobl yn gweithio i fod yn arbenigwyr wedi hen ennill ei blwy, mae angen gwneud ymdrech aruthrol dros lawer o flynyddoedd. Efallai na fydd yn 10,000, ond bydd angen llawer o oriau.' (Ericsson a Pool, 2016, t. 112).

Efallai mai Angela Duckworth a gyflwynodd un o'r ffyrdd mwyaf defnyddiol o feddwl am bwysigrwydd ymdrech (2016, t. 42). Mae hi wedi darparu hafaliad sy'n ddefnyddiol wrth feddwl am ymdrech ac i'w rannu â'ch disgyblion! Mae hi yn awgrymu'r canlynol:

---

* Gweler https://www.princes-trust.org.uk/about-the-trust/research-policies-reports/research a chwiliwch am adroddiad 2017.

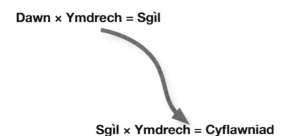

Dawn × Ymdrech = Sgìl

Sgìl × Ymdrech = Cyflawniad

Mae hi'n honni mai dawn yw pa mor gyflym y mae eich sgiliau yn gwella wrth i chi wneud ymdrech. Cyflawniad yw defnyddio'r sgiliau rydych chi wedi'u datblygu. Y peth mwyaf diddorol am yr hafaliad hwn yw bod ymdrech yn ffactor ddwywaith yn yr hafaliad!

Fe welodd ein hymchwil ni gysylltiad rhwng ymdrech a chyflawniad. Rydyn ni wedi cyflwyno'r raddfa 1–10 ac mae hi'n allweddol i esbonio ymdrech i'ch disgyblion. Er mwyn mesur, annog a modelu lefelau ymdrech uchel yn effeithiol, yn gyntaf mae'n rhaid i chi ei fesur mewn ffordd sy'n uno meddyliau pawb ac mewn ffordd y gall pawb ei deall. Rydyn ni wedi gweithio gyda llawer o ysgolion sy'n rhoi adroddiadau i rieni am ymdrech eu disgyblion, ond pan fydd angen i athrawon fesur hyn, maen nhw fel rheol yn rhoi atebion gwahanol iawn. Mae'r neges sy'n cael ei rhoi

i ddisgyblion am ymdrech yn gallu achosi dryswch. Yn ein hymchwil, fe wnaethon ni ddechrau drwy ofyn i ddisgyblion pa mor galed roedden nhw'n meddwl eu bod nhw'n gweithio ar raddfa 1–10. Fe wnaethon ni ddefnyddio'r canllawiau canlynol i helpu disgyblion i feddwl am hyn:

» **1** – Dim neu brin ddim ymdrech

» **5** – Rhywfaint o ymdrech – rydych chi'n gweithio yn eithaf caled

» **10** – Lefelau ymdrech uchel – y caletaf rydych chi wedi gweithio

Mae'n siŵr y gallwch ddyfalu beth oedd yr ymateb nodweddiadol: dywedodd y rhan fwyaf o ddisgyblion, 'Tua 6, Syr'. Fe wnaethon ni sylwi'n gyflym bod hyn yn ddiwerth; bydd sgôr disgybl i'w ymdrech ei hun yn aml yn dibynnu ar duedd gyfeirio'r disgybl (Duckworth ac Yeager, 2015). Mae 'ffrâm gyfeirio' yn golygu bod unigolion yn tueddu i farnu eu perfformiad yn ôl y bobl sydd o'u cwmpas nhw. Y prif broblemau sy'n gysylltiedig â thuedd gyfeirio yw:

» Mae'r rhifau yn golygu pethau gwahanol i bobl wahanol.

Ar raddfa o un i ddeg

1 2 3 4 5 6 7 8 9 10

» Mae disgyblion yn tueddu i'w hamgylchynu eu hunain â chyfoedion sy'n gwneud tua'r un faint o waith â nhw, neu lai. Mae hyn yn golygu eu bod nhw'n 'normaleiddio' faint o waith maen nhw yn ei wneud, a hyd yn oed yn teimlo'n dda amdano, gan eu bod nhw yn gallu pwyntio at rywun sy'n gwneud llai na nhw.

» Does gan ddisgyblion ddim syniad clir o beth mae'r disgyblion sy'n gweithio galetaf yn ei wneud.

» All neb wybod beth mae disgyblion yn ei wneud mewn ysgolion eraill.

Fe wnaethon ni benderfynu casglu data am faint o ymdrech (oriau o waith annibynnol) roedd disgyblion yn ei gwneud ar adegau penodol yn y flwyddyn. Roedden ni'n ymchwilio i ymdrech disgyblion Blwyddyn 12. Fe wnaethon ni gasglu'r data drwy holiaduron dros rai blynyddoedd. Gwelson ni fod y disgyblion ar waelod y raddfa yn astudio'n annibynnol am tua 0–2 awr yr wythnos a bod y rhai ar frig y raddfa yn astudio'n annibynnol am tua 20 awr yr wythnos (o tua mis Mawrth ymlaen).

» **1:** 0–2 awr o astudio annibynnol yr wythnos

» **5:** 10 awr o astudio annibynnol yr wythnos

» **10:** 20 awr o astudio annibynnol yr wythnos

Roedd hyn yn rhoi pwynt cyfeirio defnyddiol i ni ac i'r disgyblion. Gallen ni fesur ymdrech, i ryw raddau. Daeth hi'n amlwg hefyd bod y disgyblion a oedd yn cael y graddau gorau yn gwneud mwy o ymdrech i astudio. Wrth gwrs, roedd rhai disgyblion yn gwneud yr ymdrech heb gael graddau da; yn eithaf aml, roedden nhw'n ymarfer yn y ffordd anghywir.

Ydych chi'n gwybod faint o oriau o waith annibynnol mae eich disgyblion TGAU gorau yn eu gwneud bob wythnos? Os nad ydych chi, gwnewch yr ymarfer hwn yn eich ysgol.

Mae mesur ymdrech yn gallu bod yn eithaf anodd. Mae ffyrdd eraill ar gael, fel mesur yr amser penodol mae disgyblion yn ei dreulio yn gweithio'n ddiwyd ar dasg mewn gwersi, neu edrych ar ansawdd gwaith cartref disgyblion a faint maen nhw yn ei wneud. Efallai mai un o'r negeseuon pwysicaf i'w rhoi i'ch disgyblion yw 'myth llwyddiant diymdrech'. Fydd disgyblion ddim yn deall hyn yn llawn nes eu bod nhw'n gweld ac yn clywed faint o ymdrech sydd ynghlwm wrth berfformiad llwyddiannus.

I grynhoi, mae ychydig o ymchwil wedi'i wneud i lefel ymdrech, neu faint o ymdrech, o ran perfformiad disgyblion mewn arholiadau (Jung et al., 2016). Mae rhai astudiaethau yn yr Unol Daleithiau wedi gweld bod perthynas gadarnhaol rhwng amser astudio bob wythnos a chyfartaledd pwyntiau gradd (Strauss a Volkwein, 2002). Yn ein hastudiaeth ni ar raddfa fach, roedd y berthynas rhwng ymdrech a pherfformiad academaidd yn glir iawn; fodd bynnag, rydyn ni'n deall ei bod yn well gan rai athrawon y term 'ymdrech effeithlon' (wedi'i ddatblygu gan Jung et al., 2016). Maen nhw'n awgrymu mai ymdrech effeithlon yw'r amser mae disgyblion yn ei dreulio ar dasg mewn ffordd sy'n gwneud y mwyaf o'u buddsoddiad. I ni, mae hyn yn golygu:

Ymdrech × Ymarfer = Enillion effeithlon ar fuddsoddiad

Systemau

Mae systemau yn ymwneud â dau beth: (1) system i drefnu dysgu er mwyn i ddisgyblion allu deall y cyfan a (2) system i drefnu eu hamser fel bod disgyblion yn gallu cwblhau tasgau allweddol o fewn terfynau amser. I ni, mae'r diffiniad hwn o systemau yn fwy defnyddiol o lawer na'r term niwlog 'sgiliau astudio'. Mae hwn yn anodd ei ddiffinio ac yn gwneud i'r holl broses ymddangos yn fwy cymhleth nag ydy hi.

Mae pwysigrwydd systemau da yn aml yn cael ei ddiystyru – mae Hassanbeigi a'i gyd-weithwyr (2011, t. 1418) hyd yn oed yn awgrymu, 'i lawer o ddisgyblion, mae heriau academaidd yn fwy o fater o ddiffyg trefn nag o ddiffyg gallu deallusol'. Roedd ymchwil Hassanbeigi yn edrych ar systemau mae myfyrwyr prifysgol yn eu defnyddio gyda'r hyn roedd yr ymchwilwyr yn ei alw yn Holiadur Asesu Sgiliau Astudio. Cafodd yr holiadur ei ddatblygu gan wasanaethau cynghori Prifysgol Houston, ac mae'n archwilio nifer o feysydd gan gynnwys: rheoli amser, llusgo traed a threfnu gwybodaeth a'i phrosesu. Roedd 179 o fyfyrwyr gwrywaidd yn eu sampl. Gwelwyd bod myfyrwyr â chyfartaledd pwyntiau gradd uwch hefyd yn uwch yn ystadegol yn yr holl sgiliau canlynol: cymryd nodiadau, trefnu gwybodaeth a rheoli amser.

Dim ond un astudiaeth yw hon, ond byddai'n ddiddorol edrych ar y berthynas rhwng graddau TGAU a systemau. Rydyn ni'n aml wedi dod o hyd i gysylltiad clir rhwng disgyblion sy'n tanberfformio a sgiliau gwael o ran trefnu projectau a'u rheoli. Mae budd yn dod o'r amser sy'n cael ei dreulio yn datblygu'r sgiliau hyn, felly rydyn ni wedi cynnwys nifer o ddulliau i helpu i wella'r arferion hyn mewn disgyblion TGAU.

Ymarfer

Rydyn ni'n gweld ymarfer fel rhywbeth gwahanol i ymdrech – mae'n cynrychioli beth mae dysgwyr yn ei wneud â'r amser maen nhw yn ei roi i astudio. Nid 'faint' o astudio, ond 'sut'.

Gwelodd Tom Stafford a Michael Dewar (2014) mai sut rydych chi'n ymarfer, nid pa mor aml, sy'n bwysig er mwyn dysgu'n gyflym. Fe wnaethon nhw ddadansoddi data o 854,064 o chwaraewyr gêm ar-lein gan edrych ar sut roedd ymarfer yn effeithio ar berfformiadau dilynol. Nid yw ymarfer yn arwain at berffeithrwydd; ymarfer bwriadol sy'n arwain at berffeithrwydd. Hynny yw, dydy ymdrech yn unig ddim yn ddigon i sicrhau llwyddiant. Mae sut rydych chi'n gweithio yr un mor bwysig ag am faint o amser rydych chi'n gweithio, o ran cynnydd academaidd. Mae disgyblion sy'n rhoi llawer iawn o amser ac ymdrech ond heb wneud cynnydd, yn aml iawn yn gweithio ar y pethau anghywir.

Mae'n anodd sôn am ymarfer heb roi sylw i waith Anders Ericsson. Mae Ericsson wedi treulio ei holl yrfa yn edrych ar y rhai sy'n gwneud orau mewn sawl maes. Ei gasgliad yw bod y goreuon yn ymarfer mewn ffordd benodol, nid dim ond yn ymarfer yn galed. Mae'n galw hyn yn 'ymarfer bwriadol' ac mae'n awgrymu bod angen rhai egwyddorion allweddol er mwyn dechrau'r math hwn o ymarfer:

1 Nod ymestyn wedi'i ddiffinio'n glir. Mae'n rhaid i hwn fod yn benodol iawn ac yn fesuradwy. Er enghraifft, pe bai disgybl yn gwneud hen bapur TGAU efallai y byddai'n dewis yr holl gwestiynau roedd yn eu gweld yn anodd ac yn ceisio gwneud y rhain o fewn amser penodol. Yr agwedd 'ymestyn' sy'n allweddol. Mae'n rhaid i chi ymarfer y tu hwnt i'ch man cysurus.

2 Canolbwyntio ac ymdrechu'n llawn. Mae Ericsson yn dadlau bod ymarfer bwriadol yn aml yn cael ei wneud yn unigol. Mae hyn yn atal pethau rhag tynnu eich sylw.

3 Adborth llawn gwybodaeth ar unwaith. Gall hyn fod yn anodd i ddisgyblion TGAU, ond dylen nhw geisio cael adborth mor agos â phosibl at eu perfformiad.

4 Mae ymarfer bwriadol yn gofyn am ailadrodd wrth ystyried a mireinio. Er enghraifft, cyn gynted â bod disgybl yn sylweddoli ei fod wedi gwneud camgymeriad (yn syth ar ôl cam 3), mae'n rhaid mynd yn ôl a chywiro'r gwaith.

Faint o ddisgyblion ydych chi'n eu hadnabod sy'n ymarfer fel hyn? Dydy'r rhan fwyaf o dechnegau adolygu mae disgyblion yn eu defnyddio byth yn mynd i mewn i ymarfer bwriadol. Dydy darllen drwy nodiadau ac amlygu termau allweddol ddim yn cyrraedd cam 1 hyd yn oed! Mae deall ymarfer yn allweddol i berfformiad disgyblion, yn ein barn ni, a byddwn ni'n rhannu'r holiadur adolygu â chi (Pennod 6) i'ch helpu chi i gael gwybod sut gallai disgyblion fod yn ymarfer.

Agwedd

Rydyn ni'n credu bod pedair elfen ar ddatblygu agwedd disgyblion (o ran rhinweddau cyflawniad). Y rhain yw hyder (yn enwedig hyder mewn galluoedd), rheolaeth emosiynol, sioncrwydd academaidd a meddylfryd twf (gweler Ffigur 1.4).

Mae hyder yn allweddol i lwyddiant academaidd (Stankov a Lee, 2014). Rydyn ni wedi ceisio cynnwys nifer o ddulliau yn y llyfr sy'n helpu i fagu hyder disgyblion. Mae'n gallu bod yn broses araf o gamau bach, ond y mwyaf rydyn ni'n dathlu cyflawniadau ac yn cydnabod pan fydd disgyblion yn gwneud

Ffigur 1.4. Agwedd *VESPA*

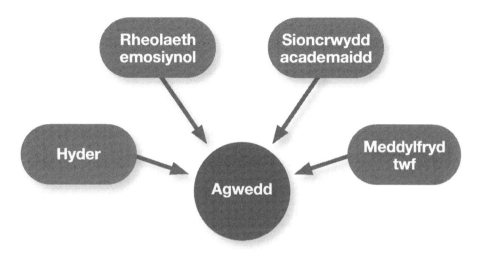

Tabl 1.1. Crynodeb o agwedd

Hyder	Teimlo'n hyderus wrth roi cynnig ar dasgau newydd neu anodd.
Rheolaeth emosiynol	Gallu rheoli ei emosiynau, hyd yn oed mewn sefyllfaoedd heriol.
Sioncrwydd academaidd	Ymateb yn gadarnhaol i adborth beirniadol.
Meddylfryd twf	Credu bod modd datblygu deallusrwydd drwy weithio'n galed.

cynnydd, y mwyaf hyderus y byddan nhw. Yn ôl Muijs a Reynolds (2011, t. 148), 'Mae effaith cyflawniad ar hunangysyniad yn gryfach nag effaith hunangysyniad ar gyflawniad.'

Gall rheolaeth emosiynol gael effaith negyddol ar ddisgyblion, yn enwedig yn ystod amser arholiadau. Waeth pa mor dda mae disgybl wedi paratoi, os na all reoli ei emosiynau wrth gerdded i mewn i ystafell arholiad, mae'n bosibl na fydd yn cael y graddau mae'n eu haeddu.

Mae sioncrwydd academaidd yn allweddol i'r blynyddoedd TGAU. Mae'n rhaid i ddisgyblion weld adborth beirniadol fel ffordd o wella. Os na all disgyblion daro'n ôl ar ôl un radd siomedig, gall eu hyder a'u rheolaeth emosiynol waethygu.

Tabl 1.2. Crynhoi'r cysylltiadau â chysyniadau eraill

	Gweled-igaeth	Ymdrech	Systemau	Ymarfer	Agwedd
Dycnwch	✓	✓			
Meddylfryd twf		✓			✓
Gwydnwch					✓
Meta-wybyddiaeth	✓	✓	✓	✓	✓
Hunaneffeithiolrwydd	✓				✓
Cydwybodolrwydd		✓	✓	✓	
Hunanreolaeth	✓	✓			✓

Ffigur 1.5. Dolen adborth *VESPA*

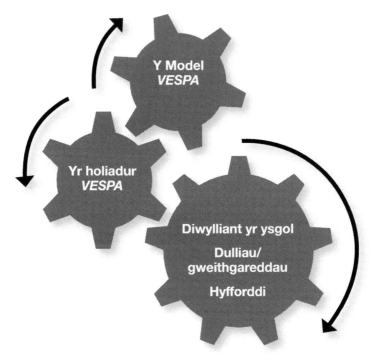

Yn olaf, fe wnaethon ni sôn yn y rhagarweiniad am bwysigrwydd meddylfryd twf. Mae'n rhaid i ddisgybl deimlo y gall wella os yw'n dal i weithio'n galed. Mae'r gred bod deallusrwydd yn sefydlog neu'n rhodd yn gallu cyfyngu ar y tair agwedd arall. Gyda'r agwedd iawn, mae'n eithaf sicr y bydd disgybl yn cyflawni hyd at eithaf ei allu.

Nid yw'r crynodeb hwn o ymchwil yn gynhwysfawr, ac mae bylchau sylweddol o hyd yn y sail dystiolaeth. Mae'n dal i fod yn gynnar ar y daith hon, ond rydyn ni'n bwyllog optimistaidd am addewid ymchwil yn y dyfodol.

Fel y gwnaethon ni ei drafod yn y rhagarweiniad, mae nifer o gysyniadau yn cael eu defnyddio o fewn addysg i esbonio cyflawniad academaidd. Yn Nhabl 1.2, rydyn ni wedi ceisio dangos sut mae'r cysyniadau yn gysylltiedig â'r model *VESPA*.

Cau'r ddolen adborth

Rydyn ni'n meddwl bod holiadur (sy'n cael ei drafod ym Mhennod 14) a dulliau'r model *VESPA* yn rhoi dolen adborth gyflawn i athrawon a disgyblion. Wrth esbonio strategaethau hunanreoleiddio, mae Zimmerman (2001, t. 5) yn cyfeirio at y math hwn o ddolen fel 'proses lle bydd disgyblion yn monitro effeithiolrwydd y dulliau neu'r strategaethau dysgu ac yn ymateb i'r adborth hwn mewn amrywiaeth o ffyrdd, o newidiadau cudd i'w hunanganfyddiad i newidiadau amlwg i'w hymddygiad, fel defnyddio un strategaeth ddysgu yn lle un arall'. Gallwn ddefnyddio'r model i ddangos y cysyniad yn eich meddwl gydag athrawon a disgyblion,

gallwn ddefnyddio'r dulliau i ddatblygu disgyblion ar y graddfeydd *VESPA* a gallwn ddefnyddio'r holiadur i weld pa feysydd mae angen eu datblygu ac i fesur effaith unrhyw ymyriad (gweler Ffigur 1.5).

O ddysgwyr goddefol i ddysgwyr gweithredol

I grynhoi, nod datblygu disgyblion ar y graddfeydd *VESPA* yw eu symud nhw o dderbyn cynnwys academaidd yn oddefol i fod yn ddysgwyr gweithredol sy'n gallu rheoli eu dysgu eu hunain. Yr uchelgais yw bod disgyblion yn gosod eu nodau eu hunain ac yn eu perchnogi, yn gwybod sut mae ymdrech yn edrych yn eu cyd-destun nhw, yn rheoli eu baich gwaith eu hunain gan ddefnyddio strategaethau amrywiol, yn deall pwysigrwydd ymarfer bwriadol ac yn datblygu meddylfryd twf.

Ar y llaw arall, rydyn ni'n gweld bod rhai ysgolion yn creu amgylcheddau lle mae eu dysgwyr yn oddefol dros ben yn y broses ddysgu, yn enwedig lle ceir diwylliant o ofn ymysg yr uwch-arweinwyr a'r athrawon. Mae microreoli'r staff a'r disgyblion yn aml yn ganlyniad diwylliant o ofn. Yn eu tro, mae unigolion yn cymryd llai o gyfrifoldeb ac yn teimlo mai ychydig iawn o reolaeth sydd ganddyn nhw dros eu canlyniadau. Mae hyn fel rheol yn gwneud i bobl fod yn oddefol – disgyblion a staff fel ei gilydd yn aros am y cyfarwyddiadau nesaf.

Bydden ni'n dadlau bod hyn yn effeithio'n niweidiol ar athrawon a disgyblion, ac nad yw'n gynaliadwy yn y pen draw. Rydyn ni'n credu bod *VESPA* a'r dulliau yn cynnig datrysiad sgaffaldio i ran o'r broblem hon. Dim ond un model sy'n seiliedig ar syniadau ac egwyddorion yw *VESPA*; mae sawl un arall ar gael. Fe allai cymryd agweddau ar wahanol fodelau a dewis y rhai sydd fwyaf addas i'ch cyd-destun chi fod yn ddefnyddiol.

2. Defnyddio'r Llyfr Hwn

Penodau 3–11: Siâp y flwyddyn

Wrth roi *The A Level Mindset* at ei gilydd, fe wnaethon ni benderfynu gwneud llyfr â phum adran wahanol – gweledigaeth, ymdrech, systemau, ymarfer ac agwedd – ac o dan y rhain, trefnu'r dulliau roedden ni wedi'u cynllunio a'u profi i wella'r sgiliau anwybyddol hyn gyda disgyblion. Popeth yn ddigon syml.

Roedden ni'n credu bod angen rhywbeth gwahanol ym *Meddylfryd ar gyfer TGAU*. Ar ôl dysgu cyrsiau TGAU am 40 mlynedd rhyngon ni – syniad brawychus! – roedden ni'n gwybod bod siâp Blwyddyn 11, a'r heriau a'r profiadau cythryblus penodol y mae'n eu hachosi, yn awgrymu trefnu'r dulliau yn nhrefn amser yn hytrach nag o ran thema. Felly dyma beth rydyn ni wedi'i wneud.

Mae penawdau'r penodau (Penodau 3–11) yn cyfeirio at fisoedd y flwyddyn academaidd, yn hytrach na sgiliau anwybyddol. Ar gyfer pob mis, rydyn ni'n amlinellu un o brif themâu a heriau'r mis hwnnw, yn ein barn ni. Efallai na fydd hyn yn cyd-fynd â'ch profiad chi o addysgu TGAU – mae'r pethau hyn yn oddrychol, yn y pen draw – ond rydyn ni'n gobeithio y bydd yn weddol debyg.

Fe wnaethon ni ddefnyddio'r Gromlin Newid ochr yn ochr â'n profiadau ein hunain o addysgu ym Mlwyddyn 10 ac 11 i benderfynu pa her ddylai fynd i ble. Mae'n bosibl iawn y byddwch chi'n gyfarwydd â hi, ond os nad ydych chi, mae'r Gromlin Newid yn seiliedig ar fodel a ddatblygwyd yn wreiddiol yn yr 1960au gan y seicolegydd Elisabeth Kübler-Ross i esbonio'r cyfnodau mae pobl yn mynd drwyddyn nhw yn ystod y broses o alaru (Ffigur 2.1). Cynigiodd Kübler-Ross y byddai claf â salwch angheuol yn mynd drwy gamau penodol o alar ar ôl cael gwybod am ei salwch. Heddiw, rydyn ni'n defnyddio'r gromlin i helpu pobl i ddeall eu hymatebion i newidiadau mawr yn eu bywydau.

Rydyn ni wedi gweld bod dechrau TGAU yn newid mawr ym mywyd unrhyw ddisgybl ac, fel unrhyw newid, mae'n debygol y bydd yn profi rhai o'r teimladau canlynol.

» **Gwrthod:** 'Dydw i ddim yn credu beth rydych chi yn ei ddweud wrtha' i am astudio TGAU. Mae'n edrych yn union yr un fath. Fe wna' i ddal ati fel arfer.'

» **Gwadu/lleihau:** 'Rydw i'n iawn. Bydd popeth yn iawn. Peidiwch â phoeni fi drwy'r amser am ba mor wahanol y mae e.'

» **Dicter:** 'A dweud y gwir, rydw i'n casáu hyn. Mae'r athrawon yn dda i ddim. Mae'r pynciau yn hollol wahanol i beth ddywedon nhw. Byddai'n well gen i fod yn ôl ym Mlwyddyn 7. Ydych chi'n cofio'r dyddiau hynny, cyn i'r athrawon fynd mor ddiamynedd a difrifol?'

» **Beio eu hunain:** 'Rydw i'n gweld nawr nad ydw i'n ddigon clyfar i wneud hyn.'

Ffigur 2.1. Y Gromlin Newid

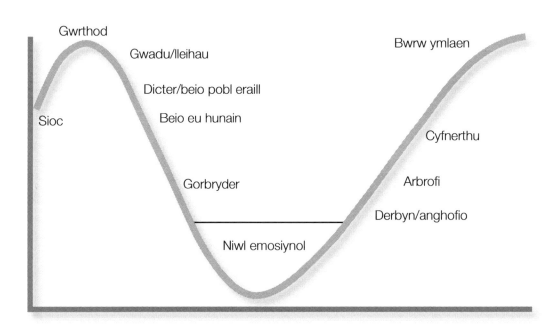

» **Gorbryder:** 'Mae pawb arall yn well na fi. Rydw i'n methu terfynau amser. Dydw i ddim yn cysgu'n dda. Dydw i ddim yn deall y gwaith. Dydw i ddim yn mwynhau'r her yma o gwbl. Mae ofn methu arna' i.'

» **Niwl emosiynol:** Peidio ag ymdrechu, rhoi'r ffidil yn y to.

» **Derbyn/anghofio:** 'Mae pethau'n wahanol nawr. Mae'n anodd, ond rydw i'n dechrau dod i'w ddeall.'

» **Arbrofi/cyfnerthu/bwrw ymlaen:** 'Rydw i'n dod yn well am wneud hyn. Dydy fy ngraddau ddim yn wych, ond maen nhw'n gwella. Rydw i'n hoffi rhai rhannau o'r cyrsiau hyn!'

Efallai yr hoffech chi ystyried calendr eich ysgol wrth ystyried ein dilyniant. Er enghraifft, mae ffug arholiadau Blwyddyn 11 yn digwydd ym mis Rhagfyr i ni, felly dyna ble mae nifer o weithgareddau ymarfer adolygu i'w cael. Gallai hyn fod yn wahanol i chi. Oes adegau penodol o'r flwyddyn pan fyddai'n rhaid i chi ystyried efallai ble i roi gweithgareddau penodol?

Wrth ddilyn amlinelliad y themâu a'r heriau, fe welwch chi bedwar neu bump o weithgareddau sydd, yn ein barn ni, yn addas iawn i'r mis hwnnw. Rai misoedd efallai y cewch chi weithgareddau gweledigaeth ac ymdrech, ond dim byd ar systemau nac ymarfer. Wrth i fisoedd yr arholiadau agosáu, fodd bynnag, efallai y gwelwch chi y pwyslais yn newid tuag at ymarfer, systemau ac agwedd, a llai am weledigaeth. Dydy hyn ddim yn wyddor fanwl, fodd bynnag, ac efallai y byddai'n

well gennych chi ddewis eich hun sut i ddefnyddio'r gweithgareddau. Rydyn ni'n teimlo bod cyfle i gynnal y gweithgareddau yn ystod Blwyddyn 11 neu eu gwasgaru nhw ar draws dwy flynedd Cyfnod Allweddol 4 – eich dewis chi yw hynny.

Defnyddio'r gweithgareddau

Mae pob gweithgaredd wedi'i gynllunio i gymryd 15–20 munud i'w gwblhau. Mae llawer ohonyn nhw yn hyblyg; gellir eu darparu nhw i unigolyn neu grŵp bach o ddisgyblion, grŵp tiwtor neu garfan gyfan.

Meddyliwch amdanyn nhw fel man cychwyn. Efallai y byddwch chi'n cael eich temtio i ychwanegu'r cyfan at eich cwricwlwm bugeiliol, ond mae'n werth profi a rhoi cynnig arnyn nhw i ddechrau. Mae gan bob un ohonon ni dîm gwahanol o gyd-weithwyr, grŵp gwahanol o uwch-arweinwyr, diwylliant gwahanol sy'n gosod y cyd-destun lle mae'n rhaid i bopeth arall weithio, cyfyngiadau gwahanol o ran amser a chyllideb, a disgyblion gwahanol.

Mae'n siŵr mai'r peth gorau yw dechrau ar raddfa fach – rhowch gynnig ar weithgaredd neu ddau gydag un grŵp tiwtor i weld ble mae'r mannau anodd. Defnyddiwch lond llaw fel rhan o grŵp ymyriadau neu sesiwn hyfforddi (coetsio) un-i-un. Rydyn ni'n aml yn gweithio gyda phenaethiaid adrannau sydd â digon o ddata manwl gywir i ddangos pa ddisgyblion sy'n tanberfformio, ond mae'n anodd iawn iddyn nhw gynllunio sesiynau ymyriadau sy'n cael unrhyw effaith ar eu cynnydd. Rydyn ni'n cofio bod ar y cam hwn hefyd – yn gweithio o safle a oedd yn tybio bod tanberfformio yn digwydd o ganlyniad i wybyddiaeth a chynllunio ymyriadau 'methu gwneud', fel ailddysgu rhan anodd o'r cwrs i'r disgyblion, trefnu sesiwn ar ôl ysgol lle byddai disgyblion yn cynllunio ac yn ysgrifennu ateb arholiad gyda'i gilydd, mynd dros gwestiwn anodd eto neu roi prawf arall i'r disgyblion. Felly, mae'n aml yn destun rhwystredigaeth go iawn pan fyddwn ni'n sylweddoli nad yw llawer o'r disgyblion sydd o dan y targed yn ein sesiwn ymyriad oherwydd eu bod nhw'n methu gwneud y gwaith. Yn wybyddol, maen nhw'n ddigon galluog, ond mae ganddyn nhw ddiffygion anwybyddol. Mae'r gweithgareddau hyn wedi'u cynllunio i'w hannog nhw i feddwl am y rhain.

Os nad yw rhai o'r gweithgareddau yn ymddangos yn berthnasol neu'n ddefnyddiol i chi, peidiwch â'u defnyddio nhw! Unwaith, fe wnaethon ni ofyn i dîm tiwtoriaid adolygu'r holl weithgareddau VESPA roedden ni wedi bod yn gweithio gyda nhw drwy gydol y flwyddyn. Roedd rhaid i'r tiwtoriaid eistedd mewn timau a dewis un gweithgaredd roedden nhw wastad yn teimlo'n fodlon yn ei arwain, ac un roedden nhw yn ei gasáu. Y cynllun, yn ddigon syml, oedd cael gwared ar y rhai nad oedd y staff yn eu hoffi. Ond roedden ni'n methu cytuno; roedd rhai staff yn osgoi gweithgareddau roedd eraill yn eu mwynhau. Mae'n beth personol.

Yn olaf, dydy'r gweithgareddau hyn ddim yn ryseitiau. Gallwch dincro, addasu, potsian neu newid yn llwyr yr hyn rydyn ni wedi'i roi i chi yma. Yn wir, y mwyaf y byddwch chi'n gwneud hyn, y mwyaf o berchnogaeth fydd gennych chi a'ch cyd-diwtoriaid dros

y rhaglen, a'r mwyaf tebygol yw hi o gael ei hymgorffori.

Gair am iaith y taflenni gweithgaredd: mae'r tasgau eu hunain wedi'u hysgrifennu â chynulleidfa o ddisgyblion mewn golwg, felly maen nhw yn llai ffurfiol a chaeth nag astudiaethau cyfeirio a chyfnodolion academaidd, ond byddwn ni'n rhoi'r manylion i chi yn y rhagarweiniad i bob adran.

Penodau 12, 13 ac 14: Hyfforddi a gweithredu

Mae pennod 12 yn ymwneud â hyfforddi. Rydyn ni wedi cynllunio'r dulliau i gyd i'w defnyddio gydag unigolyn neu grŵp. Mae'r bennod hon yn esbonio sut i ddefnyddio VESPA wrth hyfforddi disgybl.

Mae pennod 13 yn sôn am weithredu VESPA ac yn awgrymu sut gallech chi sefydlu meddylfryd ar gyfer TGAU yn eich ysgol.

Mae pennod 14 gan ein hawduron gwadd, Dr Neil Dagnall a Dr Andrew Denovan o Brifysgol Fetropolitan Manceinion. Maen nhw yn eich tywys chi drwy'r broses ymchwil sydd y tu ôl i'n holiadur VESPA. Ym myd addysg heddiw, lle mae cymaint o werth i ddata empirig, mae'n anodd argyhoeddi pobl i gymryd y sgiliau hyn o ddifrif os ydych chi'n methu eu mesur nhw. Gallwch ddefnyddio'r holiadur i fesur effaith ymyriadau ond, yn bwysicach, mae'n fan cychwyn defnyddiol ar gyfer sgwrs â'ch disgyblion. Llawer o ddiolch i Neil ac Andrew am gefnogi ein gwaith, ein helpu ni i gynllunio'r holiadur ac am gyfrannu at y llyfr hwn.

3. Mis Medi

Dechrau gyda'r Pam

Pam rydyn ni'n astudio hanes? Pam mae cwrs TGAU Ffrangeg ar gael? Pam llenyddiaeth Gymraeg ond nid, er enghraifft, hanes celfyddyd gain (adeg ysgrifennu'r llyfr hwn)? Pam astudio'r cyfryngau? Er bod y rhain yn gwestiynau anodd, mae blwyddyn olaf Cyfnod Allweddol 4 yn haeddu rhywfaint o drafod *pam*. Mae hynny'n beth hynod anodd, felly dyma ymagwedd syml i'w defnyddio gyda disgyblion.

Mae angen pobl addysgedig i wneud y byd yn lle gwell. Mae heriau cyffrous a phroblemau dyrys ym mhobman, ac mae cyfleoedd anhygoel o'n cwmpas ni i gyd. Mae angen cenhedlaeth newydd o bobl i feddwl, datrys problemau a chreu. Mae gwaith pwrpasol a chyffrous yn gofyn am amrywiaeth o nodweddion, sgiliau a gwybodaeth o feysydd amrywiol. Mae pob cwrs yn bwydo'r ymwybyddiaeth a'r ddealltwriaeth gysylltiedig honno.

Cysylltwch broblemau â chyrsiau, ac mae addysg yn cael lliw ac ystyr newydd. Dyma un enghraifft sy'n berthnasol i TGAU Daearyddiaeth. Mae newid hinsawdd a lefelau'r môr yn codi yn rhoi her enfawr i ni. Bydd y ddwy neu dair cenhedlaeth nesaf o ddisgyblion yn datrys hyn. Bydd rhai ohonyn nhw yn gyfrifol am ddatblygiadau penodol ac eraill yn newid agweddau neu'n ysgogi polisïau. Treuliwch sesiwn fer yn mapio rhannau'r datrysiad: mae angen daearyddwyr i ddeall y broses a'r effaith uniongyrchol, gwyddonwyr a pheirianwyr i astudio defnyddio egni ac awgrymu ffynonellau adnewyddadwy amgen, dylunwyr i greu cynhyrchion mwy effeithlon, entrepreneuriaid i farchnata, cylchredeg arian a newid barn y cyhoedd, gwleidyddion i lunio polisïau, rheolwyr ymgyrchoedd i lobïo'r senedd ac yn y blaen.

Nawr, anogwch ddisgyblion i ystyried heriau a chyfleoedd eraill a'u cysylltu nhw â gwybodaeth a setiau sgiliau sy'n cael eu haddysgu bob dydd. Does dim angen i bopeth fod yn frwydr argyfyngus, hollbwysig am y dyfodol, wrth gwrs! Mae diwylliant ac adloniant yn ganolog i les cymdeithas iach. Mae cyfathrebu a chreadigrwydd, technoleg ac arloesi yn hanfodol.

Mis Medi yw'r adeg i sôn am y pam a chreu ymdeimlad o bwrpas ac ystyr. Felly sut gallwch chi fynd ati i osod nodau effeithiol gyda disgyblion i'w hysgogi? Un ffordd yw gwahanu hyn oddi wrth sôn am yrfaoedd neu GCA (gwybodaeth, cyngor ac arweiniad).

Gosod nodau yn erbyn GCA

Mae gosod nodau yn hollol wahanol i GCA gyrfaoedd, a dylech chi annog eich tiwtoriaid a'ch disgyblion i feddwl fel hyn hefyd. Bydd llawer o diwtoriaid yn teimlo nad ydyn ni athrawon yn y sefyllfa orau i roi cyngor clir ac effeithiol am y farchnad swyddi. Gyda thwf esbonyddol technolegau gwybodaeth a chynnydd globaleiddio, mae'n rhaid i ni dderbyn bod ysgolion yn paratoi pobl ifanc ar gyfer swyddi neu yrfaoedd nad ydyn nhw'n bodoli ar hyn o bryd, neu swyddi nad yw athrawon yn gwybod dim byd amdanyn nhw.

Un enghraifft: mae adroddiad diweddar gan KPMG yn honni y bydd ceir heb yrrwr yn creu 320,000 o swyddi yn y Deyrnas Unedig (KPMG, 2015). Sut rydyn ni'n trosi hynny yn GCA effeithiol yn yr ystafell ddosbarth?

Dydy sgyrsiau am osod nodau sy'n dechrau, 'Pa swydd hoffech chi ei gwneud pan fyddwch chi'n hŷn?' neu 'Oes gennych chi yrfa mewn golwg?' ddim o reidrwydd yn syniad da. Ond gan fod yr ymagwedd hon efallai wedi bod yn gyffredin o'r blaen, efallai y bydd y disgyblion rydych chi'n gweithio gyda nhw yn disgwyl bod gosod nodau yn cyfateb i ddewis swydd. I fod yn glir: mae'n well gosod nodau ar wahân i drafodaethau am wahanol grefftau a phroffesiynau. Ceisiwch gadw 'meddyg', 'cyfreithiwr', 'gofodwr', 'athro' neu 'newyddiadurwr' allan o eirfa gosod nodau, hyd yn oed os yw disgybl eisiau iddo fod yno. ('Wyt ti'n hoffi gweithio y tu allan? Iawn, wyt ti wedi meddwl am fod yn arddwr?' yw'r gwrthwyneb i'r hyn rydyn ni'n ei olygu wrth osod nodau neu feithrin gweledigaeth.) Rydyn ni'n methu rhagfynegi pa swyddi a allai fod yn rhai awtomataidd yn y dyfodol, neu wedi diflannu erbyn i'n disgyblion ni gyrraedd y farchnad swyddi. Gwnewch ffafr â'ch athrawon a'ch tiwtoriaid – ysgafnhewch y baich seicolegol arnyn nhw. Peidiwch â gwneud iddyn nhw deimlo'n anghysurus – byddwch yn agored. Dydyn ni ddim yn gosod nodau tymor hir sy'n ymwneud â swyddi.

Ond os nad ydyn ni'n trafod y farchnad swyddi, beth *rydyn* ni'n mynd i'w archwilio? Yn ein barn ni, gwaith tiwtor da yw addysgu pobl ifanc am broses gosod nodau, nid eu harwain nhw i ddewis y nod. Mae barn Derek

Sivers, entrepreneur ac ymgynghorydd, yn sbarduno ac yn symbylu gan gyfleu hanfod gosod nodau da. Os mai pwrpas gosod nod yw ymrwymo i weledigaeth o'r dyfodol, fel rydyn ni wedi'i nodi eisoes, mae Sivers yn dweud: 'Yr hyn sy'n bwysig iawn yn fy marn i yw peidio ag ymrwymo i un syniad o'r dyfodol sydd gennych chi.'*

Mae hyn, felly, yn elfen allweddol o osod nodau llwyddiannus. Mae nodau penodol, yn naturiol, yn fregus. Ni ddylai gweledigaeth y disgybl o'r dyfodol fod mor gaeth i un peth, y gallai un rhwystr ei dinistrio. Efallai fod ffilmiau Americanaidd yn ein dysgu ni y gall unrhyw un â nod hynod benodol a llwyth o ddyfalbarhad lwyddo, ond rydyn ni i gyd yn gwybod bod angen ymagwedd fwy hyblyg. Nid creu disgyblion sy'n dal ati'n ddyfal i geisio gwneud rhywbeth amhosibl yw ein bwriad. Os yw disgybl 15 oed yn dymuno astudio gwyddor deunyddiau yn Rhydychen, mae ei nod yn benodol ac felly yn fregus. Drwy annog y syniad y gall hyn ddigwydd a bydd yn digwydd os byddwch chi'n dal i gredu, rydyn ni'n cryfhau disgwyliad y disgybl o un fersiwn yn unig o'r dyfodol. Os aiff rhywbeth o'i le mewn arholiad cemeg ar ddiwedd blwyddyn 13, ni fydd yn cyrraedd y nod, a'r risg yw y bydd yn dal ati'n ddyfal i geisio'i gyflawni. Efallai y bydden ni'n cynghori'r disgybl, 'Tria eto'r flwyddyn nesaf!'. Neu efallai y bydden ni'n troi at, 'Efallai nad oedd hynny i fod i ddigwydd.'

Felly beth yw'r dewis arall? Derbyn ein tynged? Realaeth ddiobaith sy'n ffrwyno dyheadau? Ddim o gwbl. 'Yn lle hynny,' mae Sivers yn dadlau, 'ymrwymwch i broblem yr hoffech chi ei datrys. Yna gallwch gadw eich ymrwymiad i'r broblem, a pharhau i chwilio am yr ateb i'r broblem honno sy'n barhaus ac yn newid o hyd.' Os ydyn ni'n mynegi nod fel problem (neu syniad defnyddiol arall, pwrpas) rydyn ni'n creu rhywbeth hyblyg ac sy'n gallu ymdopi â newid. Os ydyn ni'n ymrwymo i broblem a phwrpas, mae gennym reswm dros gyfeiriad ein taith. 'Daliwch ati i ymrwymo i'r broblem heb gadw'n ormodol at unrhyw ateb penodol rydych chi wedi meddwl amdano ar unrhyw adeg,' meddai Sivers. Rydyn ni i gyd wedi gweithio gyda disgyblion sydd, wrth ysgrifennu eu datganiadau personol, yn methu mynegi pam hoffen nhw wneud rhywbeth neu sydd heb ystyried erioed pam hoffen nhw ddilyn cwrs penodol. Mae gosod nodau da, fel cynifer o bethau eraill, yn dechrau drwy ofyn pam.

Beth yw ystyr 'problem a phwrpas'?

Dychmygwch ddau ddisgybl. Mae un yn ymrwymo i broblem a phwrpas, wedi'u mynegi fel cyfres o gwestiynau, fel hyn: 'Ydy gofal iechyd cyhoeddus yng Nghymru yn gyson ragorol? Os nad yw, pam? Sut galla' i wella'r sefyllfa i gleifion o bob math o gefndir?'

Mae un arall yn ymrwymo i nod bregus a phenodol: 'Hoffwn i astudio meddygaeth ym Mhrifysgol Caerdydd.'

Mae gwendidau yn nod yr ail ddisgybl. Bydd un arholiad gwael yn dinistrio'r cynllun i gyd.

* Mae trawsgrifiad sgwrs Sivers yn y World Domination Summit ar gael ar: https://sive.rs/wds.

Ac mae'r disgybl yn gwybod hyn – drwy'r flwyddyn mae'n nerfus, yn bryderus, dan straen. Mae popeth yn dibynnu ar yr un canlyniad hwn. Efallai y byddai'r nod wedi rhoi hapusrwydd iddo ar ryw adeg symlach, daclus yn y gorffennol, ond mae hwnnw wedi mynd. Yn lle ymchwilio, darllen a meddwl, mae'n ailadrodd cynnwys y cwrs a hen bapurau mewn modd mecanyddol.

Mae disgybl un, yn y cyfamser, yn gwybod bod pethau amhosibl eu rheoli o'i flaen, sef cwestiynau arholiad mae'n methu eu rhagfynegi, pethau annisgwyl mae'n amhosibl eu rhagweld yn digwydd mewn cyfweliadau. Does dim ots – mae'n gwybod ei bwrpas a'r problemau sydd o ddiddordeb iddo yn y byd. Dyna'r cyfeiriad teithio.

Prif neges y gweithgaredd Ugain Cwestiwn yw bod trafod nodau yn gweithio'n well mewn modd anuniongyrchol a phersonol, yn hytrach nag yn uniongyrchol. Felly dydy'r cwestiwn 'Beth yw dy nod mewn bywyd?' – er ei fod yn blaen, yn uniongyrchol ac yn heriol – ddim yn ysgogi trafodaeth lawn, ond mae cwestiynau fel y rhain yn gwneud hynny:

1 Pe baech chi'n gorfod astudio un pwnc yn unig, pa un fyddai hwnnw a pham?

2 Pa wersi neu elfennau astudio sy'n dod yn hawdd i chi?

3 Disgrifiwch wers ddiddorol gawsoch chi yn ddiweddar. Pam roedd hi'n ddiddorol?

4 Pa dasgau rydych chi'n osgoi eu gwneud, a pham?

5 Pryd mae amser yn mynd heibio'n gyflym? Beth rydych chi'n ei wneud?

(Edrychwch ar Ugain Cwestiwn i weld pwyntiau trafod tebyg.) Mae'r ddau weithgaredd gweledigaeth canlynol wedi'u cynllunio fel hyn – eu bwriad yw archwilio themâu ac agweddau ar weledigaeth, nid cynhyrchu rhywbeth arbennig o benodol.

1. Gweithgaredd Gweledigaeth: Y Diemwnt Cymhelliant

Weithiau mae'n haws sôn am beth sy'n ein cymell a'r pethau yr hoffen ni eu gweld yn digwydd, yn lle'r swyddi neu'r cyrsiau a allai eu cyflawni. Gweithiodd yr Athro Steven Reiss, seicolegydd ym Mhrifysgol Ohio State, gyda mwy na 6,000 o bobl i geisio diffinio beth oedd yn eu hysgogi nhw. Daeth i'r casgliad fod 16 peth yn arwain holl ymddygiad pobl. Rydyn ni wedi addasu ei restr ychydig bach i'w gwneud hi'n symlach a haws ei defnyddio. Mae 15 yn ein rhestr ni.

Darllenwch y rhestr isod a phenderfynwch pa rai allai fod bwysicaf i chi. Ar ôl i chi roi naw o'r 15 ar restr fer, mae'n rhaid i chi ddefnyddio'r diemwnt i'w blaenoriaethu nhw. Ar ben y diemwnt, uwchben y lleill, dylech chi roi eich cymhelliant pwysicaf. O dan hwn, gallwch roi dau ddirprwy ochr yn ochr â'i gilydd. Yna, y gweddill.

Dyma 15 cymhelliant posibl (wedi'u haddasu o waith Steven Reiss at ddibenion y dasg hon):

1. Derbyn: yr angen am gymeradwyaeth, cefnogaeth a theimlad da gan bobl o'ch cwmpas chi.

2. Cystadleuaeth: yr angen i gystadlu ac ennill.

3. Chwilfrydedd: yr angen i ddysgu, archwilio, ymchwilio, darganfod a rhoi cynnig ar bethau newydd.

4. Creadigrwydd: yr angen i gynllunio, ysgrifennu, lluniadu, adeiladu – creu celfyddyd neu adloniant.

5. Teulu: yr angen i fagu plant neu eu helpu, meithrin pobl eraill, neu weithio mewn unedau bach, teyrngar i gefnogi pobl o'ch cwmpas chi.

6. Anrhydedd: yr angen i fod yn deyrngar i werthoedd allweddol grŵp neu gymdeithas – i ddilyn y rheolau, gwneud yr hyn sydd i'w ddisgwyl gennych chi ac arwain pobl eraill o ran y gwerthoedd hyn.

7. Delfrydau pobl: yr angen am degwch, cydraddoldeb a chyfiawnder cymdeithasol.

8. Annibyniaeth: yr angen i fod yn wahanol i bawb arall – y gallu i drefnu a gwneud pethau yn eich ffordd eich hun.

9. Trefn: yr angen am amgylcheddau trefnus, sefydlog, rhagweladwy; creu trefnau a phatrymau.

10. Gweithgarwch corfforol: yr angen i symud, gwneud ymarfer corff a chael her gorfforol.

11. Grym: yr angen am ddylanwad, y gallu i bennu cyfeiriad pobl eraill; cyfrifoldeb dros berfformiad grwpiau.

12. Cynilo: yr angen i gasglu pethau, bod yn berchen ar bethau a'u categoreiddio nhw neu eu trefnu.

13. Cyswllt cymdeithasol: yr angen am ffrindiau a sawl perthynas â chyfoedion.

14. Statws cymdeithasol: yr angen i ymddangos fel rhywun â safle cymdeithasol uchel neu rywun pwysig.

15. Tawelwch: yr angen i ymlacio a bod yn ddiogel.

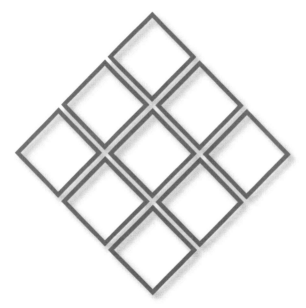

Ar ôl i chi nodi'r prif gymelliannau, meddyliwch am yr adegau yn eich bywyd pan fyddwch chi'n teimlo fwyaf egnïol. Adegau pan fyddwch chi'n llawn cyffro, teimladau da a hapusrwydd.

» Beth rydych chi'n ei wneud?

» Pa elfennau yn eich cymhelliant sy'n cael eu gwobrwyo?

» Pe bai'n rhaid i chi gynllunio swydd wallgof, amhosibl, berffaith i fodloni'r cymhellion hyn, beth fyddai hi?

2. Gweithgaredd Gweledigaeth: Problem Nid Swydd, neu Y Cwmpawd Personol

Mae'r entrepreneur Derek Sivers yn dadlau bod meddwl am un nod penodol yn gallu cyfyngu arnon ni – oherwydd os daw rhwystrau o hyd i'n hatal ni, yn y pen draw byddwn ni'n cefnu ar yr un nod penodol hwn. Yn hytrach na nod penodol, mae'n dadlau y dylen ni dreulio ein bywydau yn *chwilio am yr ateb i broblem*. Dyna ein pwrpas mewn bywyd. Mae hyn yn ffordd well o osod nodau oherwydd hyd yn oed pan fydd rhwystrau o'n blaenau, rydyn ni'n dod o hyd i lwybr arall tuag at ddatrys y broblem rydyn ni wedi'i dewis – cyflawni ein pwrpas.

Er enghraifft, dyma ddau ddisgybl eithaf tebyg:

Mae gan ddisgybl 1 nod penodol dros ben: Hoffwn i astudio meddygaeth ym Mhrifysgol Caerdydd a bod yn feddyg.

Mae gan ddisgybl 2 broblem sydd o ddiddordeb mawr iddo: Sut gallwn ni wella gofal iechyd yng Nghymru?

Wrth gwrs, bydd y ddau ddisgybl yn wynebu rhwystrau ar hyd eu ffordd. Ond os na chaiff disgybl 1 y graddau i astudio meddygaeth yng Nghaerdydd, bydd y llwybr at ei nod wedi'i rwystro. Os yw'r un peth yn digwydd i ddisgybl 2, bydd yn chwilio am lwybr arall i ddatrys y broblem sy'n ddiddorol iawn iddo. Efallai y bydd yn gwneud gwaith gwirfoddol, yn dechrau ar gwrs nyrsio, yn dewis gradd sy'n ymwneud â systemau gofal iechyd cyhoeddus neu'n ymchwilio i wleidyddiaeth gofal iechyd.

Yn ôl Sivers, os gallwn fynegi ein nodau *fel problemau rydyn ni'n ceisio eu datrys*, byddwn bob amser yn gwybod pryd byddwn ni'n mynd i'r cyfeiriad cywir ac yn tueddu i beidio â gadael i rwystrau ein digalonni. Dewch i ni greu cwmpawd. Eich gwir ogledd yw'r broblem sydd fwyaf diddorol i chi – yr un dylech chi fod yn anelu ati drwy'r amser. Fe wnawn ni ddweud mai hon yw eich *prif broblem*. O gwmpas y gwir ogledd (gogledd-ddwyrain, gogledd-orllewin) mae problemau eraill sy'n agos at eich prif broblem – efallai'n fersiynau gwahanol o'ch prif broblem. Os ydych chi'n mynd i'r cyfeiriad hwn, rydych chi'n dal i fod yn gwneud yn iawn.
O gwmpas pwyntiau eraill y cwmpawd (dwyrain, de a gorllewin) mae pethau a allai dynnu eich sylw – pethau na ddylech chi eu dilyn, *hyd yn oed os yw pobl eraill yn meddwl y dylech chi wneud hynny*. Os ydych chi'n mynd i'r cyfeiriadau hyn, bydd angen i chi droi yn ôl.

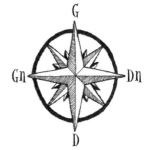

Rhowch nodiadau dros bwyntiau'r cwmpawd. Mae problemau sy'n ddiddorol i chi yn mynd at eich gwir ogledd chi, neu'n agos ato. Mae pethau a allai dynnu eich sylw yn mynd i fannau eraill, a'r mwyaf yn y de – y cyfeiriad i'r gwrthwyneb i'ch gwir ogledd. Dyma rai enghreifftiau o broblemau i'w hystyried, eu trafod neu gael gwared arnyn nhw:

» Sut gallwn ni ddosbarthu cyfoeth yn decach yn y Deyrnas Unedig?

» Sut gallwn ni achub niferoedd mwy o rywogaethau rhag difodiant?

» Sut gallen ni ddylunio adeiladau sy'n cynyddu hapusrwydd a lles pobl?

» Beth yw'r elfennau angenrheidiol ar gyfer ffilm wych?

» Sut gallwn ni wella profiad disgyblion mewn ysgol, coleg neu brifysgol?

» Sut gallwn ni ddylunio _____ yn well?

» Sut gallwn ni gyflymu ein cynnydd tuag at iacháu _____?

» Sut gallwn ni ddefnyddio celfyddyd i wella bywydau pobl?

» Pa rinweddau sy'n angenrheidiol i fod yn llwyddiannus iawn mewn _____?

» Sut galla' i greu gemau cyfrifiadurol poblogaidd, rhyngweithiol y bydd pobl yn ymgolli ynddyn nhw?

» Sut gallwn ni leihau troseddu drwy weithio gyda throseddwyr ifanc?

» Pa rinweddau sy'n gwneud rhai _____ yn well nag eraill?

» Sut gallwn ni helpu pobl i ymdopi â chyfnodau anodd, pryderus neu ddirdynol yn eu bywydau?

» Sut olwg sydd ar fagu plant/addysgu rhagorol?

» Sut gallwn ni ddysgu rhagor am sut mae'r bydysawd yn gweithio?

» Sut rydyn ni'n datrys cynhesu byd-eang?

» Beth mae realiti estynedig/rhithrealiti yn ei olygu i'r cyfryngau ac i adloniant/gemau cyfrifiadurol?

» Sut gallwn ni weithio'n fwy effeithlon gan ddefnyddio deallusrwydd artiffisial?

Pan fyddwch chi'n meddwl bod gennych chi broblemau diddorol yr hoffech chi eu harchwilio yn bellach, brasluniwch rai o'ch camau nesaf ar ddarn o bapur. Allech chi wylio rhaglen ddogfen, darllen llyfr, siarad â rhywun neu ofyn am gyngor, neu wneud ychydig o ymchwil i gael rhagor o wybodaeth?

3. Gweithgaredd Ymdrech: Tasg a Medal

Dim ond arfer yw ymdrech. Mae disgyblion sydd wedi arfer gwneud ymdrech wedi creu trefn wythnosol o ailadrodd gweithgareddau sy'n caniatáu iddyn nhw ymateb i geisiadau athrawon (gwaith cartref) ac atgyfnerthu eu dysg (gwaith annibynnol). Os nad yw disgyblion wedi arfer gwneud ymdrech, fydd prin ddim trefn wythnosol ganddyn nhw a byddan nhw'n ymateb i waith pryd bynnag y bydd yn dod.

Mae cynyddu eich lefelau ymdrech yn gallu bod yn dasg sy'n blino gan ei bod hi'n golygu symud oddi wrth ffordd gysurus a chyfarwydd o weithio i un lai cysurus. Felly mae'n bwysig iawn eich gwobrwyo eich hun am wneud mwy o ymdrech. Efallai na fydd rhieni ac athrawon yn sylwi ar y newid i'ch patrymau gwaith ar unwaith, felly bydd angen i chi eich canmol eich hun.

Dyna ble mae tasg a medal yn helpu: *y dasg yw'r gwaith, y medal yw'r wobr!* Mae'r gweithgaredd hwn yn eich helpu chi i gynllunio a strwythuro wythnos o waith lawn ymdrech y gallwch ei hailadrodd nes iddi ddod yn drefn arferol i chi. Cyn bo hir, nid chi fydd yr unig un yn eich gwobrwyo'ch hun – bydd athrawon, tiwtoriaid a rhieni yn sylwi ar eich trefn newydd ac yn eich canmol chi!

Cam 1: Archwilio wythnos arferol

Cyn i chi ddylunio eich wythnos tasg a medal, mae angen i chi wybod beth sy'n digwydd ar hyn o bryd. Yn y tabl ar y dudalen nesaf, cofnodwch beth rydych chi'n ei wneud â'ch amser mewn wythnos arferol. Gallai fod yr wythnos sydd newydd fod, neu'r wythnos bresennol. Nodwch pa waith rydych chi'n ei wneud, ble rydych chi'n ei wneud a faint o waith cynhyrchiol sy'n cael ei wneud ym mhob rhan o'r dydd.

Oes rhai adegau penodol yn gweithio orau i chi? Oes rhai adegau'n anobeithiol – pan fydd hi'n anodd iawn i chi weithio neu pan fyddwch chi'n eistedd i weithio ond yn methu gwneud dim byd?

Mis Medi

	Cyn ysgol (yn gynnar yn y bore – 7am–8.30am)	Yn ystod ysgol (bore a dechrau'r prynhawn – 9am–3pm)	Ar ôl ysgol (diwedd y prynhawn – 4pm–5.30pm)	Gyda'r nos (7pm–9.30pm)
Dydd Llun				
Dydd Mawrth				
Dydd Mercher				
Dydd Iau				
Dydd Gwener				
Dydd Sadwrn				
Dydd Sul				

Cam 2: Creu wythnos Tasg a Medal

Am bum diwrnod o'r saith, rhowch *dasg 60 munud* i chi'ch hun. Gallai hyn olygu cwblhau gwaith cartref, cynllunio at y dyfodol, ymateb i sylwadau athrawon, trefnu nodiadau, ymchwilio i golegau chweched dosbarth, llenwi ffurflen gais neu ddechrau canllaw adolygu. Cwblhewch y dasg i gyd ar unwaith neu fesul rhan. Dewiswch adegau o'r dydd pan rydych chi'n gweithio'n dda, heb ddim byd yn tynnu eich sylw.

Am yr un pum diwrnod, dewiswch *fedal i'w hennill ar ôl cwblhau'r dasg*. Gallai hyn fod yn sesiwn ar eich consol gemau, rhaglen deledu, gêm bêl-droed, amser ar gyfryngau cymdeithasol, rhywbeth da i'w fwyta neu ei yfed, neu eich hoff gerddoriaeth. Amrywiwch eich medalau.

Peidiwch ag anghofio rhoi dwy fedal fel *bonws* i chi'ch hun – un yng nghanol yr wythnos i godi eich calon ac un ar nos Sul i wneud i chi deimlo'n dda am yr wythnos. Dylai'r medalau hyn fod ychydig bach yn fwy na'ch medalau arferol.

	Cyn ysgol (yn gynnar yn y bore – 7am–8.30am)	Yn ystod ysgol (bore a dechrau'r prynhawn – 9am–3pm)	Ar ôl ysgol (diwedd y prynhawn – 4pm–5.30pm)	Gyda'r nos (7pm–9.30pm)
Dydd Llun				
Tasg:				
Medal:				
Dydd Mawrth				
Tasg:				
Medal:				
Dydd Mercher				
Tasg:				
Medal BONWS:				
Dydd Iau				
Tasg:				
Medal:				
Dydd Gwener				
Dydd Sadwrn				
Dydd Sul				
Tasg:				
Medal BONWS:				

Mis Medi

Yn yr enghraifft hon, bydd gennych chi nos Wener a dydd Sadwrn i gyd yn rhydd. Efallai yr hoffech chi addasu'r rhain – mae croeso i chi wneud hyn! Dewiswch fedalau cyffrous sy'n gwneud i chi deimlo'n dda am y gwaith rydych chi wedi'i wneud!

Creu bwrdd sgorio

Mae llawer o ymchwil yn gwrthddweud ei gilydd ynglŷn â faint o amser mae creu arfer yn ei gymryd. Oni bai eich bod chi'n cadw golwg ar hyn, fydd gennych chi ddim syniad. A chithau wedi llunio wythnos tasg a medal, gallwch ddefnyddio bwrdd sgorio fel ffordd syml i helpu eich cymhelliant.

Y rheswm dros ddatblygu'r syniad hwn oedd clywed y comedïwr o America, Jerry Seinfeld, yn sôn am sut mae'n ysgrifennu jôcs. Ei nod yw ysgrifennu jôc bob dydd, ac mae'n cadw dyddiadur i roi tic ynddo pan fydd wedi llwyddo. Ei ddadl yw bod gweld y dyddiadau'n cael eu ticio yn golygu na fyddwch chi'n dymuno gweld y patrwm yn cael ei dorri, felly rydych chi'n dal ati. Ar ôl rhai wythnosau, bydd yr ymddygiad newydd hwn yn dod yn arfer ac efallai na fydd angen i chi feddwl amdano hyd yn oed – dim ond ei wneud!

Felly, am bob dydd rydych chi'n dilyn eich rhaglen tasg a medal, rydych chi'n rhoi tic wrth y dyddiau. Bydd angen calendr misol fel yr un isod.

Dydd Sul	Dydd Llun	Dydd Mawrth	Dydd Mercher	Dydd Iau	Dydd Gwener	Dydd Sadwrn
		1	2	3	4	5
6	7	8	9	10	11	12
13	14	15	16	17	18	19
20	21	22	23	24	25	26
27	28	29	30	31		

4. Gweithgaredd Agwedd: Meddylfryd Twf

Mae Carol Dweck, athro seicoleg ym Mhrifysgol Stanford, California, wedi gwneud gwaith ymchwil helaeth ar beth sy'n cymell neu'n ysgogi pobl. Mae hi'n dweud bod dau fath o bobl: rhai â meddylfryd sefydlog, a rhai â meddylfryd twf. Mae'r tabl yn dangos y gwahaniaethau rhwng y ddau fath.

Meddylfryd sefydlog	Meddylfryd twf
Teimlo dan fygythiad gan lwyddiant pobl eraill.	Dod o hyd i wersi ac ysbrydoliaeth yn llwyddiant pobl eraill.
Anwybyddu adborth defnyddiol.	Dysgu o feirniadaeth.
Ystyried ymdrech yn ofer neu'n ddiwerth.	Ystyried ymdrech yn llwybr at feistrolaeth.
Rhoi'r gorau iddi'n hawdd.	Dyfalbarhau yn wyneb rhwystrau.
Osgoi heriau.	Croesawu heriau.
Eisiau edrych yn glyfar.	Eisiau dysgu.

Dyma holiadur y gallwch ei lenwi i'ch helpu i ystyried eich meddylfryd chi:

https://www.positivityguides.net/test-your-mindset-quiz

I roi syniad sydyn i chi o'ch meddylfryd, rhowch gynnig ar yr holiadur isod:

	Eitem	Cytuno ar y cyfan	Anghytuno ar y cyfan
1	Rhywbeth sylfaenol iawn yw deallusrwydd nad ydych chi'n gallu ei newid ryw lawer.		
2	Gallwch ddysgu pethau newydd, ond rydych chi'n methu newid pa mor ddeallus rydych chi, mewn gwirionedd.		
3	Does dim ots faint o ddeallusrwydd sydd gennych chi, bydd hi wastad yn bosibl ei newid ychydig.		
4	Gallwch bob amser newid yn sylweddol pa mor ddeallus rydych chi.		

Sgorio a dehongli

Mae eitemau 1 a 2 yn gwestiynau meddylfryd sefydlog, ac mae eitemau 3 a 4 yn gwestiynau meddylfryd twf. Pa feddylfryd oeddech chi'n cytuno fwyaf â hi? Fe fyddwch chi yn gymysgedd o'r ddau feddylfryd, ond mae'r rhan fwyaf o bobl yn tueddu i feddwl y naill ffordd neu'r llall am bethau arbennig ar adegau arbennig.

Beth ddysgoch chi amdanoch chi'ch hun? Ble mae gennych chi feddylfryd sefydlog a ble mae gennych chi fwy o feddylfryd twf? Beth gallech chi ei wneud i newid?

Iaith meddylfryd

Yn olaf, rydyn ni'n aml yn gweld bod disgyblion yn mynegi eu hagweddau at ddysgu drwy'r pethau maen nhw yn eu dweud. Rydyn ni wedi rhestru 15 o frawddegau rydyn ni wedi clywed disgyblion yn eu dweud wrthyn ni cyn hyn. Trefnwch y rhain yn ddatganiadau meddylfryd sefydlog a meddylfryd twf. Oes yna ddatganiad penodol y gallwch ei ddefnyddio i dawelu eich meddwl a'ch annog i feddwl yn fwy cadarnhaol am ddysgu?

1. Dydw i erioed wedi bod yn dda mewn mathemateg.

2. Dim ond ychydig mwy o ymarfer sydd ei angen arna' i.

3. Rydw i'n anobeithiol am wneud hyn.

4. Efallai y byddwn i'n gallu gwneud hyn pe bawn i'n fwy clyfar.

5. Dydy hyn ddim yn dod yn naturiol i fi.

6. Awr neu ddwy o astudio dwys, ac rydw i'n meddwl y galla' i ddatrys y broblem hon.

7. Does gen i ddim ymennydd ar gyfer Cymraeg/mathemateg/gwyddoniaeth.

8. Rydw i'n mynd i gymryd seibiant a dod yn ôl wedi fy adfywio. Fe wna' i gynnydd wedyn.

9. Dydw i ddim yn berson creadigol.

10. Beth am i fi roi cynnig arall ar hyn – fe wna' i'n well.

11. Mae'n rhaid 'mod i wedi methu rhywbeth. Y cwbl mae angen ei wneud yw mynd yn ôl a gwneud yn siŵr 'mod i'n deall hyn.

12. Dydw i ddim wedi deall hyn yn llwyr. Rydw i'n mynd i fynd drosto eto.

13. Alla' i ddim gwneud hyn. Fydda' i byth yn gallu gwneud hyn.

14. Mae'r testun hwn yn amhosibl. Bydd rhaid i mi obeithio na fydd cwestiwn yn yr arholiad amdano.

15. Mae _____ yn lwcus. Mae'n naturiol wych am wneud hyn. Dydw i ddim.

Yn olaf, os hoffech chi ddysgu rhagor am feddylfryd twf, mae yna fideos hwyliog yma: https://ideas.classdojo.com/b/growth-mindset.

4. Mis Hydref

Mapio'r Daith

Mae'n werth cofio eich bod chi wedi bod ar *rollercoaster* Blwyddyn 11 bump, deg neu ugain gwaith, ond i'r disgyblion o'ch blaen chi, dyma'u tro cyntaf a'u tro olaf. Mae'n hawdd i chi fynd drwy'r flwyddyn yn siriol, ond mae hyn yn amhosibl iddyn nhw. Rydych chi'n adnabod pob pant, tro a dolen ar y *rollercoaster* fel cefn eich llaw, ond maen nhw'n rhythu ar ddryswch o draciau annarllenadwy drwy niwl. Iawn, dyna ddiwedd y trosiad: y pwynt yw ein bod ni weithiau wedi tybio bod disgyblion yn adnabod y tir sydd o'u blaenau, gan anghofio bod popeth yn hollol newydd iddyn nhw.

Mae'n bosibl mai eich syniad cyntaf chi, fel ein un ni, fyddai rhoi calendr defnyddiol i bawb. Dyna'ch map chi, bawb; mae'n dweud beth sy'n mynd i ddigwydd ym misoedd Hydref, Tachwedd, Rhagfyr ac yn y blaen. Ydy, mae calendr yn bwysig. Ond cawson ni syniad yn fwy diweddar: beth am fapiau sy'n gallu helpu disgyblion i groesi'r tir seicolegol sydd o'u blaenau nhw? Bydd eich dysgwyr yn elwa o wybod siâp emosiynol eu taith er mwyn gallu paratoi amdani hi a hyd yn oed rhagweld rhai o'r problemau sy'n disgwyl amdanyn nhw.

Dyma rywbeth i'w wneud yn glir i'ch disgyblion: bydd y profiadau anodd sydd o'u blaenau nhw yn dod o dri lle – yr annisgwyl a dylanwadau allanol a mewnol. Mae defnyddio diagram fel hwn yn ffordd dda o ddangos beth maen nhw'n mynd i ddod ar ei draws wrth i'r flwyddyn fynd heibio a'r arholiadau yn agosáu.

Ffigur 4.1. Profiadau anodd o'n blaenau

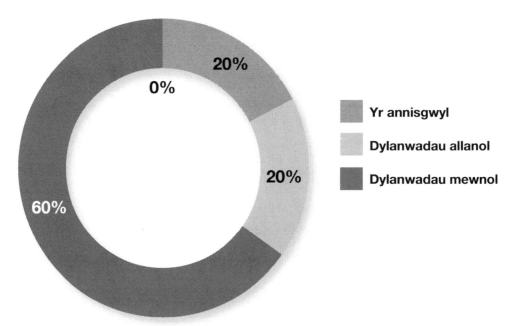

Dydy'r canrannau hyn ddim yn seiliedig ar ymchwil – enghreifftiau ydyn nhw, a gallwch eu haddasu nhw yn ôl eich dymuniad. Ond wrth weithio gyda miloedd o ddisgyblion dros yr ugain mlynedd diwethaf, rydyn ni wedi dod i weld mai dylanwadau mewnol yw'r mwyaf o'r tri mater. Cadwch ganran y dylanwadau mewnol yn fwyafrif – bydd y gyfran fwyaf o broblemau sy'n wynebu'r disgyblion yn dod ohonyn nhw eu hunain.

Gofynnwch iddyn nhw restru pethau a allai ddod o dan y tri phennawd. Gallwch roi ychydig o syniadau iddyn nhw i ddechrau arni:

» **Annisgwyl.** Ffrae gyda'u rhieni, brawd neu chwaer hŷn yn symud yn ôl i'w ystafell wely

ar ôl penderfynu peidio â mynd i'r brifysgol, athro yn gadael heb i un newydd gymryd ei le, diwedd perthynas, ymladd ar y stryd, salwch perthynas agos. Mae'r rhain – sydd bob amser y tu hwnt i'n rheolaeth – yn dod i wneud bywyd yn fwy cymhleth. Mae digwyddiadau fel hyn yn parhau i'n drysu ac i'n herio ni, felly mae angen i'ch negeseuon ganolbwyntio ar y ffaith bod y newidiadau a'r heriau hyn yn anochel. Allwn ni ddim eu hosgoi nhw. Mae angen i ni fod yn barod amdanyn nhw; maen nhw'n digwydd i bawb. Yn y pen draw, mae pawb yn dod o hyd i ffordd o ymdopi ac addasu.

» **Allanol.** Gwaith cartref, tasgau mewn gwersi, profion a pharatoi, ffug arholiadau, ceisiadau am le mewn coleg, cyflwyno gwaith cwrs, llawer o derfynau amser yn gwneud wythnosau prysur iawn. Mae'n bosibl rhagweld y rhain. Gwnewch hyn yn glir ym mha ffordd bynnag a fynnwch: efallai y bydd rhagor o sôn am rai o'r heriau hyn nag eraill, efallai y bydd rhai yn cyrraedd mewn modd mwy amlwg nag eraill, ond byddwn ni'n disgwyl pob un. Fel hyn, fyddan nhw ddim yn teimlo fel rhyw anghyfiawnder mawr pan ddôn nhw.

» **Mewnol.** Diffyg gweledigaeth, colli egni ac ymdrech, perffeithiaeth, diffyg trefn, llusgo traed, ofn, hunanfoddhad. Caiff y disgyblion lawer o hwyl yn archwilio'r ffaeleddau hyn.

Dylai'r neges rydych chi'n ceisio'i chyfleu ymwneud â ffynhonnell yr heriau. Yn aml, mae problemau yn llorio disgyblion oherwydd eu bod nhw'n edrych i'r cyfeiriad anghywir. Yn ddealladwy, maen nhw'n disgwyl heriau allanol neu annisgwyl, ond dydyn nhw ddim yn barod i sylweddoli (mae wedi digwydd i ni i gyd rywbryd neu'i gilydd) mai *nhw yw'r broblem*. Dyma ble gallwn ni archwilio syniad hunanddifrod seicolegol. Gofynnwch i'r disgyblion drafod y syniad hwn, neu geisio'i ddiffinio. Peidiwch â sôn am niwed corfforol (hunan-niweidio, problemau bwyta) a chanolbwyntiwch ar arferion, agweddau neu ymagweddau astudio drwg neu ddiffygiol sy'n lleihau ein gallu i wneud gwaith da.

Ar ôl gwneud hyn gallwch ddechrau archwilio'r syniad, gan anghofio am y pethau annisgwyl sy'n gallu digwydd unrhyw bryd,

y gallwn ragweld rhai heriau mewnol a allai gyrraedd yn ystod y flwyddyn. Rydyn ni i gyd yn wahanol, wrth gwrs, ac mae angen pwysleisio hyn yn gyson, ond mae'n bosibl ein bod ni i gyd hefyd ar deithiau seicolegol eithaf tebyg ac mae sylweddoli hyn yn cysuro.

Mapio anawsterau 1: Tri mis allweddol

Mae'r seicolegydd o America, Elisabeth Kübler-Ross, wedi mapio ymateb emosiynol i drawma, ac mae ei Chromlin Newid hi yn un o'r mapiau rydyn ni'n eu defnyddio yn *The A Level Mindset*. At ddibenion y llyfr hwn, rydyn ni wedi defnyddio map emosiynol a seicolegol Paul Graham a'r enw arno yma yw 'Y Broses'. Ei enw gwreiddiol oedd 'Y Gromlin Gychwyn' a'i bwrpas oedd cofnodi heriau adeiladu cwmni o'r dechrau'n deg.* Mae'r fersiwn hwn, sydd wedi'i addasu ac yn rhyw fath o graff llinell yn ôl amser, yn dangos y pwyntiau uchel ac isel y gallai unrhyw un eu profi wrth ddechrau ar her fawr newydd.

Mae Ffigur 4.2 yn taro golwg ysgafn, ddoniol ar ein hymateb i her. Rhannwch ef â'ch disgyblion! I ni, mae hanner tymor mis Hydref yn nodi 'newydd-deb yn diflannu', paratoi at ffug arholiadau ym mis Tachwedd yw'r 'cafn tristwch', y gostyngiad o dan y llinell yn y canol yw mis Ionawr ac mae'r 'sigladau gobaith ffug' yn dod rywbryd yn y gwanwyn. Drwy roi cipolwg i'r disgyblion o'r hyn a allai godi ym misoedd Rhagfyr, Ionawr a Chwefror, rydych chi'n dangos yr heriau a allai fod o'u

---

* Paul Graham o Y Combinator a ddyluniodd y Gromlin Gychwyn ac mae'n ymddangos ar wefan *Business Insider*: http://www.businessinsider.com/chart-of-the-day-the-startup-curve-2012-3?IR=T.

Ffigur 4.2. Y Broses

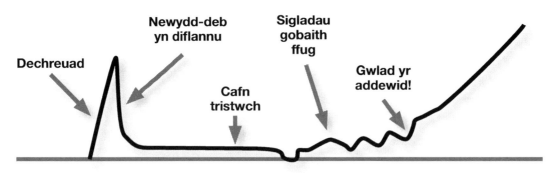

blaenau ac yn pwysleisio'r ffaith y gallwn ni i gyd ddod o hyd i ffordd drwy'r rhain, yn union fel Blwyddyn 11 y llynedd a'r flwyddyn cyn hynny. (Rydyn ni'n hoff o sylw Seth Godin am dwf a chynnydd: yn ei lyfr, *Poke the Box*, mae'n dweud, 'Mae'r llwybr wedi'i oleuo'n dda.') Gall brodyr a chwiorydd hŷn, cefndryd a chyfnitherod, ffrindiau i ffrindiau a disgyblion chweched dosbarth i gyd ddweud ychydig mwy wrthyn nhw am y daith.

Efallai yr hoffech chi ofyn i'r disgyblion labelu rhai o'r heriau mewnol a allai ymddangos ar adegau gwahanol o'r flwyddyn. Dywedwch wrthyn nhw y bydd pawb yn teithio ar linell rywbeth tebyg i un Graham, ond byddwn i gyd yn mynd ar gyflymder gwahanol, a phawb – heb eithriad – yn cyrraedd y pen draw. Dywedwch wrthyn nhw y gallan nhw ddefnyddio egni'r adegau da i'w gyrru nhw drwy gyfnodau mwy heriol. Mae'r teithiau hyn yn bersonol, felly efallai (neu ddim, gan ddibynnu ar eich grŵp) yr hoffech chi labelu beth rydyn ni yn eu hystyried yn aml yn dri mis allweddol blwyddyn olaf cwrs academaidd: mis Medi ('dechreuad' – pwl o egni), mis

Ionawr (y gostyngiad bach digalon hwnnw yng 'nghafn tristwch' Graham) a mis Mawrth (arwyddion cynnar 'gwlad yr addewid'). Esboniwch y byddan nhw mewn safle da iawn i gyflawni eu potensial os ydyn nhw'n delio'n dda â'r adegau hyn. Rydyn ni wedi mwynhau cyfaddef bod 'Y Broses' hefyd yn cynrychioli taith seicolegol athro/athrawes y dosbarth bob blwyddyn, hefyd – o bleser cyfarfod â dosbarth newydd ar ddechrau mis Medi, drwy'r teimladau o anobaith sy'n dod gyda llu o ganlyniadau prawf gwael ym mis Ionawr, i'r teimlad cynyddol o bosibilrwydd wrth i'r gwanwyn ddod. Y pwynt yw bod normaleiddio'r profiadau seicolegol ac emosiynol hyn yn mynd gryn bellter tuag at sicrhau bod disgyblion yn teimlo'n normal wrth fynd drwy gyfnodau anodd.

Mapio anawsterau 2: Darlunio'r daith

Mae'n ddiddorol gweld ymagweddau tebyg yn cael eu defnyddio mewn mannau eraill. Fe rannodd un o fyfyrwyr Prifysgol Fetropolitan Manceinion weithgaredd mapio arall â ni. I raddau, roedd ei holl gwrs hi yn ymwneud â mapiau; pensaer tirwedd oedd hi. Un o'r gweithgareddau roedd ei thiwtoriaid yn ei hannog hi i'w gwneud ar ddechrau ei chymhwyster ôl-radd oedd gwneud map i gynrychioli'r heriau personol a fyddai yn ei hwynebu hi yn ystod y flwyddyn. Cafodd disgyblion syniadau ac enghreifftiau cyn mynd ati i gwblhau eu map nhw.

Dyma ddarn o'r map y gwnaeth hi:

Mae'n ffordd bwerus o gofio'r heriau (sydd wedi'u portreadu yma fel rhwystrau daearyddol), ond hefyd y gefnogaeth sy'n bodoli pan fydd disgyblion yn dechrau ar deithiau dysgu. Mae'r map yn cynnwys rhwydweithiau cefnogi yn ogystal â cheryntau cymhleth a chreigiau miniog. Yn bwysig, y tu hwnt i'r llinell doredig sy'n gadael y llun yn y gornel dde uchaf, mae'n cyrraedd terfyn llwyddiannus ('Llwyddiant!' mae'r disgybl yn ei ysgrifennu – 'Tir Sych') – rhywbeth mae angen ei ailbwysleisio'n gyson yn ystod gweithgareddau fel hwn.

Edrychwch ar y Map Ffyrdd (Gweithgaredd 5) a'r Archwiliadau Rhwydwaith (Gweithgaredd 12) ar gyfer tasgau i ddisgyblion a allai fod yn rhan o ymarfer mapio anawsterau fel hwn.

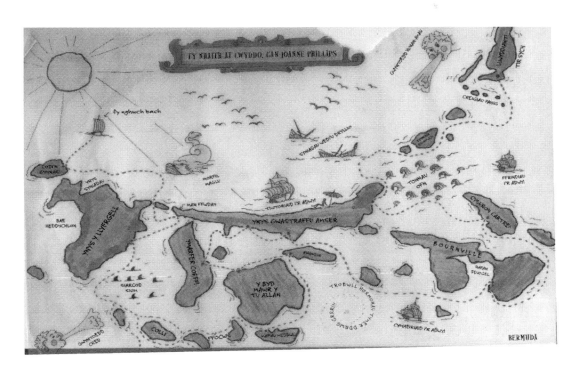

Cydnabyddiaeth: Jo Phillips (defnyddiwyd gyda chaniatâd).

5. Gweithgaredd Gweledigaeth: Y Map Ffyrdd

Weithiau, mae gosod nod yn gallu teimlo fel proses hir. Mae'r nodau yn gallu teimlo mor bell nes i ni beidio â gwneud dim byd ar unwaith. Gall dylunio map llwyddiant helpu'n fawr gyda hyn. Mae map llwyddiant yn ffordd o'ch atgoffa chi'n weledol o'ch taith. Mae'n eich arwain chi i ble hoffech chi fod ac yn eich rhybuddio chi am bethau a allai eich tynnu chi oddi ar y trywydd.

Dyma beth mae angen i chi ei wneud. Yn gyntaf, mae angen i chi fynd i ddiwedd y map ac ysgrifennu'ch nod. Yn yr un blwch, mae'n ddefnyddiol cynnwys y dyddiad pan hoffech chi fod wedi cyflawni eich nod. O dan y blwch nod, byddwch chi'n gweld 'pam'. Yma, rydych chi'n ysgrifennu pam mae cyflawni'r nod yn bwysig i chi.

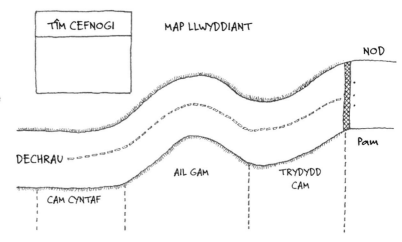

Nesaf, mae angen i chi rannu'r nod yn gyfres o gamau ar daith. Efallai y byddwch chi'n meddwl am y camau hyn fel cyfres o ddiwrnodau, wythnosau neu fisoedd, hyd yn oed. Darluniwch y rhain fel ffordd neu lwybr sy'n eich arwain drwy'r anawsterau tuag at derfyn.

Edrychwch sut mae'r fyfyrwraig hon wedi defnyddio llinell doredig i ddangos taith ei chwch rhwng yr ynysoedd yn y fersiwn hwn o'i map ar dudalen 57:

Mae dwy brif elfen yma – y cadarnhaol a'r negyddol. Edrychwch sut mae'r fyfyrwraig yn pwysleisio pethau cadarnhaol sy'n mynd i helpu: 'Bae Tawel', 'Ymarfer Corff', 'Codi'n Gynnar!', 'Mapiau Meddwl' a 'Tiwtoriaid i'r Adwy!' A'r peryglon posibl: 'Colli Ffocws', 'Siarcod Siom' a 'Morfil Maglu'!

Gallwch wneud yr un peth ar eich map chi:

» **Mapio eich cefnogaeth.** O gwmpas eich llwybr i gyd, rhowch bethau da a fydd yn eich annog ac yn eich helpu. Mae angen marcio gwobrau, dathliadau a gwyliau i gyd ar y map.

Meddyliwch am y bobl a allai eich cefnogi chi hefyd. Allech chi ofyn i ffrindiau, mentor neu eich rhieni/gwarcheidwad? Ysgrifennwch enwau'r bobl hyn yn eich blwch 'tîm cefnogi'.

» **Mapio eich heriau.** Yma, dylech chi gynnwys y pethau bydd angen i chi gadw llygad arnyn nhw. Dylai'r rhain fod yn benodol i chi – eich arferion drwg! Er enghraifft, diogi, llusgo'ch traed, pryderu neu bethau sy'n tynnu eich sylw.

Yn wahanol i'r enghraifft uchod, mae'n ddefnyddiol ychwanegu dyddiadau at y map fel eich bod chi'n gwybod beth sy'n digwydd a phryd.

Ar ôl gwneud hynny, mae'n syniad da i chi roi eich map yn rhywle lle gallwch ei weld bob amser. Bydd hyn yn helpu i'ch atgoffa chi o'r camau mae angen eu cymryd i gyrraedd y gyrchfan yn y pellter!

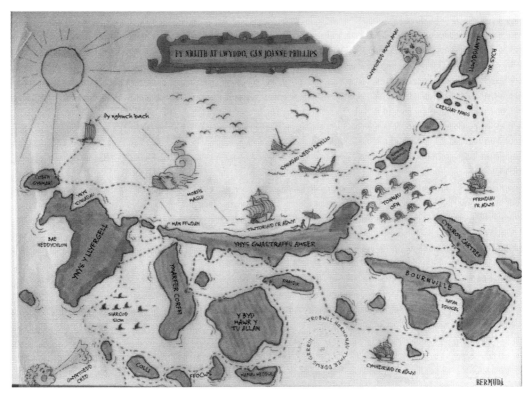

Cydnabyddiaeth: Jo Phillips (defnyddiwyd gyda chaniatâd).

6. Gweithgaredd Systemau: Y Cynllun Wythnosol

Mae'r rhan fwyaf o ddisgyblion wedi defnyddio calendr i gynllunio'u gwaith adolygu rywbryd. Ond hyd yn oed ar ddechrau blwyddyn, mae'n werth ystyried eich wythnos. Sut olwg sydd ar eich wythnos arferol chi? Ble mae'r bylchau (os oes rhai) neu a ydych chi'n ymrwymo i ormod o bethau?

Fe wnaethon ni hyn yn ddiweddar â disgybl oedd yn dechrau teimlo dan lawer o straen. Pan lenwodd y cynllun wythnosol daeth hi'n amlwg iawn pam – doedd gan y disgybl ddim un munud yn rhydd! I gael mwy o amser i wneud ei waith ysgol, yr unig opsiwn fyddai iddo gysgu llai (fydden ni ddim yn argymell hynny!). Roedd hi'n amlwg ei fod wedi ymrwymo i ormod o weithgareddau: roedd yn nofio dair gwaith yr wythnos, gan gynnwys drwy'r dydd ar ddydd Sadwrn, roedd yn helpu mewn sesiwn gweithgareddau plant ar nos Fawrth ac roedd yn gweithio i'w ewythr yn ei siop am wyth awr yn ystod yr wythnos. Byddai wedi ymlâdd cyn y Nadolig, mae'n siŵr!

Presennol yn erbyn Dewisol

Cam cyntaf yr ymarfer hwn yw cofnodi eich gweithgareddau wythnosol. Gallwch fod yn greadigol yma a defnyddio lliwiau gwahanol ar gyfer gweithgareddau gwahanol. Gwnewch nodyn o bopeth rydych chi yn ei wneud – yn yr ysgol, wrth gwrs, ond hefyd ymrwymiadau i ddosbarthiadau, chwaraeon, helpu gartref ac yn y blaen.

	Cyn ysgol (yn gynnar yn y bore – 7am–8.30am)	Yn ystod ysgol (bore a dechrau'r prynhawn – 9am–3pm)	Ar ôl ysgol (diwedd y prynhawn – 4pm–5.30pm)	Gyda'r nos (7pm–9.30pm)
Dydd Llun				
Dydd Mawrth				
Dydd Mercher				
Dydd Iau				
Dydd Gwener				
Dydd Sadwrn				
Dydd Sul				

Y cam nesaf yw penderfynu: ydych chi'n hapus â'ch wythnos? Hoffech chi newid unrhyw beth?

Os hoffech chi newid pethau, mae angen i chi gynllunio'r wythnos a fyddai'n well gennych, eich wythnos ddewisol, wedyn cwblhewch y tabl isod. Bydd hyn yn eich helpu chi i feddwl drwy fanteision ac anfanteision gwneud y newidiadau. Os yw'r ffactorau cadarnhaol yn drech na'r rhai negyddol, rydych chi'n gwybod beth mae angen ei wneud!

Manteision gwneud newidiadau	Anfanteision gwneud newidiadau
Anfanteision peidio â gwneud newidiadau	**Manteision peidio â gwneud newidiadau**

7. Gweithgaredd Gweledigaeth: Y Rheol Tri

Rydyn ni wedi benthyca'r gweithgaredd hwn o lyfr Jack Canfield *The Success Principles* (2005). Ef hefyd yw awdur y gyfres 'Chicken Soup for the Soul' (darllenwch *Chicken Soup for the Teenage Soul* – mae'n llawn straeon cefnogol, cyngor i dawelu meddyliau a syniadau gwych).

Mae Canfield yn cymharu torri coeden â cheisio cyflawni eich nodau. Mae'n dweud, os tarwch chi goeden â bwyell finiog iawn bum gwaith bob dydd, does dim ots pa mor fawr yw'r goeden, yn y pen draw mae hi'n mynd i ddisgyn. Mae'r un peth yn wir am unrhyw nod rydych chi wedi'i osod. Os cymerwch chi rai camau bach bob mis tuag at gyflawni eich nod, byddwch yn ei gyrraedd yn y pen draw, faint bynnag yw'r nod.

Mae Canfield bron yn gwneud i'r peth swnio'n anochel. Mae'n gwneud i chi feddwl: dydy pobl ddim yn gwireddu eu breuddwydion oherwydd dydyn nhw ddim yn gwneud dim byd am y peth, nid oherwydd does ganddyn nhw ddim breuddwyd! *Dim ond breuddwyd fydd y freuddwyd oni bai eich bod chi'n gwneud rhywbeth!*

Efallai fod y gweithgaredd yma yn swnio'n syml, ond rydyn ni'n addo ei fod yn un o'r dulliau mwyaf effeithiol rydyn ni wedi'u defnyddio erioed.

Y cyfan mae'n rhaid i chi ei wneud yw cymryd tri cham bob hanner tymor tuag at gyflawni eich nod tymor hir. Mae mor syml â hynny. Rhaid i chi benderfynu pa gamau rydych chi'n mynd i'w cymryd ac yna ymrwymo i hynny.

Yn gyntaf, atgoffwch eich hun o'ch nod tymor hir:

Fy nod yw: _____.

Yna, rhestrwch bopeth a fydd yn mynd â chi'n nes at gyflawni'r nod hwnnw. Cofiwch, dim ond tri cham bach bob hanner tymor – un bob pythefnos, yn fras.

	Camau gweithredu	**Cwblhawyd**
Medi–Hyd		
Tach–Rhag		
Ion–Chwef		
Maw–Ebrill		
Ebrill–Mai		
Meh–Gorff		

Ar ôl i chi lenwi'r tabl, mae'n bwysig eich bod chi yn ei gadw yn rhywle lle gallwch ei weld. Rhowch y tabl ar wal yn eich ystafell wely neu'ch man astudio. Efallai y byddai'n ddefnyddiol i chi ei rannu â ffrind neu riant a gofyn iddo gadw llygad ar eich cynnydd.

8. Gweithgaredd Systemau: Torri Camau yn Ddarnau

Yr uchaf yr ewch chi i fyny'r ysgol, y mwyaf tebygol yw hi y cewch chi ddarnau o waith sy'n cymryd mwy nag un sesiwn i'w cwblhau. Mae hyn yn golygu y byddwch chi'n annhebygol o orffen y gweithgaredd neu'r project cyfan mewn un tro. Mae dyddiau Cyfnod Allweddol 3 o allu cwblhau'r rhan fwyaf o waith cartref o fewn 15–20 munud wedi hen fynd!

Rywbryd, byddwch yn cael darn o waith cartref neu waith cwrs fydd yn gofyn am rai oriau i'w gwblhau. I ddechrau, gall hyn fod yn eithaf brawychus. Yn aml, wrth wynebu darn mawr o waith fel hyn byddwn ni'n llusgo'n traed gan nad ydyn ni'n siŵr ble i ddechrau.

Mae hen ddihareb o China yn dweud, 'Mae taith o fil o filltiroedd yn dechrau ag un cam.' Bydd rhannu'r gwaith yn ddarnau yn eich helpu chi i gymryd y cam cyntaf hwnnw.

Dyma sut mae'n gweithio. Dychmygwch eich bod chi wedi penderfynu rhedeg marathon ymhen blwyddyn. Mae'n siŵr y bydd llawer i'w wneud (rhedeg llawer o filltiroedd yw'r un amlwg!), ond byddwch chi'n methu rhedeg chwe milltir ar hugain ar unwaith. Yn gyntaf, mae angen i chi rannu yn ddarnau yr holl dasgau y gallai fod angen i chi eu gwneud:

» Prynu esgidiau ymarfer

» Ymuno â chlwb rhedeg

» Chwilio am hyfforddwr

» Rhedeg 10K

» Cofrestru ar gyfer ras

Dyma fyddai dechrau'r rhestr – mae llawer mwy na hyn i'w wneud. Yr ail gam yw gosod cerrig milltir i chi'ch hun (beth mae angen i chi fod wedi'i wneud ac erbyn pryd).

Gallwch ddefnyddio'r un broses â darn hir a heriol o waith. Efallai mai dyma'r camau y bydd angen i chi eu cymryd:

» **Cam 1:** Dewiswch nod. Sut byddwch chi'n gwybod pryd bydd y dasg wedi'i chwblhau? Sut olwg fydd arni? Pryd bydd hynny?

» **Cam 2:** Ysgrifennwch bopeth y bydd angen i chi ei wneud i gwblhau'r dasg – popeth y gallwch feddwl amdano o'r dechrau hyd at y diwedd. Efallai y daw eich syniadau allan yn ddi-drefn – mae hynny'n iawn! Gallwch roi trefn arnyn nhw wedyn.

» **Cam 3:** Penderfynwch ar drefn y gweithgareddau gan ddefnyddio'r diagram isod, a'u hychwanegu nhw at y camau. Peidiwch ag anghofio cynnwys terfyn amser ar gyfer pob cam.

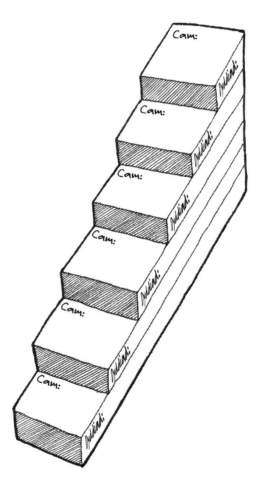

Nawr rhowch hwn yn rhywle clir ac amlwg, ac edrychwch arno yn rheolaidd!

9. Gweithgaredd Gweledigaeth: Dycnwch

Rydyn ni'n clywed yn aml am y term 'dycnwch', ond beth mae'n ei olygu ac a allwch chi ei fesur?

Mae dycnwch yn golygu eich bod yn benderfynol o gyrraedd nod tymor hir, yn frwdfrydig amdano, ac yn fodlon dyfalbarhau. Angela Duckworth, athro ym Mhrifysgol Pennsylvania, a ddatblygodd y syniad. Mae hi wedi treulio blynyddoedd yn edrych ar ddycnwch a sut mae'n bosibl ei ddatblygu. Mae gan y rhan fwyaf o bobl o leiaf un maes lle gallen nhw fod wedi dangos dycnwch. Er enghraifft, efallai y byddwch wedi dechrau dosbarthiadau dawnsio pan oeddech chi'n ifanc ac yn dal ati ddeng mlynedd wedyn. Efallai y byddwch wedi dyfalbarhau i ddatblygu eich sgiliau fel pêl-droediwr, wedi bod yn tynnu lluniau ac yn peintio yn eich amser rhydd ers blynyddoedd neu wedi dysgu chwarae offeryn.

Un o'r enghreifftiau mwyaf adnabyddus o ddycnwch yw'r awdur J. K. Rowling. Cafodd Joanne Rowling y syniad ar gyfer cyfres Harry Potter am y tro cyntaf ar drên a oedd yn rhedeg yn hwyr o Fanceinion i orsaf King's Cross yn Llundain. Ar y pryd, roedd Rowling yn fam sengl ac yn byw ar fudd-daliadau. Roedd hi'n ysgrifennu mewn caffis yng Nghaeredin, â'i merch ifanc wrth ei hymyl mewn pram, gan fod ei fflat mor oer a hithau'n methu fforddio'r gwres. Bu'n gweithio ar lyfr cyntaf Harry Potter am bum mlynedd! Cafodd ei wrthod gan ddwsin o gyhoeddwyr, o leiaf, cyn i Bloomsbury ei dderbyn. Erbyn hyn, mae cyfres Harry Potter wedi gwerthu dros 450 miliwn o gopïau ledled y byd. Mae araith seremoni raddio J. K. Rowling yn Harvard yn disgrifio'r dyfalbarhad a'i chariad at ysgrifennu, er i bobl ei gwrthod a'i hamau hi yn broffesiynol. Gallwch ei gwylio hi yma: https://www.youtube.com/watch?v=wHGqp8lz36c.

Mae'n werth cofio nad oes y fath beth â llwyddiant dros nos. Fel rheol, bydd y rhan fwyaf o bobl lwyddiannus wedi treulio blynyddoedd yn gweithio o'r golwg i ddatblygu eu crefft. Yn aml maen nhw wedi dangos angerdd a dyfalbarhad am flynyddoedd lawer cyn i neb gydnabod eu gwaith. Dyma ddycnwch go iawn.

Felly, pa mor ddygn ydych chi?

Ar y dudalen nesaf mae fersiwn o'r Raddfa Dycnwch a ddatblygwyd gan Angela Duckworth (Duckworth, 2016, t. 55). Peidiwch â meddwl gormod am y cwestiynau. Ewch am eich teimlad greddfol.

	Annhebyg iawn i mi = 1	Eithaf annhebyg i mi = 2	Ychydig fel fi = 3	Tebyg i mi = 4	Tebyg iawn i mi = 5
1. Mae syniadau a phrojectau newydd yn tynnu fy sylw oddi ar rai blaenorol.					
2. Dydy rhwystrau ddim yn fy nigalonni i. Dydw i ddim yn rhoi'r gorau iddi'n hawdd.					
3. Rydw i'n aml yn gosod nod, ond wedyn yn dilyn un arall.					
4. Rydw i'n gweithio'n galed.					
5. Mae'n anodd i mi ganolbwyntio ar brojectau sy'n cymryd mwy na rhai misoedd i'w cwblhau.					
6. Rydw i'n gorffen beth bynnag rydw i'n ei ddechrau.					
7. Mae fy niddordebau yn newid o flwyddyn i flwyddyn.					
8. Rydw i'n ddyfal. Dydw i byth yn rhoi'r gorau iddi.					

9. Rydw i wedi bod ag obsesiwn am syniad neu broject am gyfnod byr, ond wedyn wedi colli diddordeb.					
10. Rydw i wedi goresgyn rhwystrau i goncro her bwysig.					

I gyfrifo eich sgôr dycnwch, adiwch y pwyntiau o bob blwch a'u rhannu â 10. Y sgôr uchaf posibl yw 5 (dygn iawn) a'r sgôr isaf yw 1 (ddim yn ddygn o gwbl).

Gallech drafod eich canlyniadau â'ch rhieni, eich tiwtor neu eich ffrindiau. Ydy'r sgôr yn gywir, yn eich barn chi?

Pan fyddwch wedi trafod yr holiadur, atebwch y cwestiynau isod:

1. Pryd rydw i wedi bod fwyaf dygn?

2. Sut gallwn i fod yn fwy dygn yn fy ngwaith ysgol?

Cofiwch, rydych chi'n ifanc, felly mae'ch sgôr dycnwch chi heb ddatblygu'n llawn eto. Efallai y bydd hi hefyd yn ddefnyddiol i chi wylio sgwrs TED enwog Duckworth am ddycnwch: https://www.ted.com/talks/angela_lee_duckworth_grit_the_power_of_passion_and_perseverance.

5. Mis Tachwedd

Dangosyddion Rhagfynegi ac Ôl-fynegi

Efallai y byddwch chi'n gyfarwydd â'r termau dangosyddion rhagfynegi ac ôl-fynegi. Os nad ydych chi, dyma ragarweiniad byr. Mae dangosydd ôl-fynegi yn rhoi gwybodaeth neu fesuriad i chi ar ôl y ffaith. Mae'n gynnyrch allbwn. Mae dangosydd rhagfynegi yn rhoi darlleniad neu fesuriad i chi cyn i'r data allbwn gyrraedd – mae'n rhagweld digwyddiadau. Mae dangosyddion ôl-fynegi yn cyrraedd yn llai aml ond yn aml maen nhw'n ddarlleniadau clir a dibynadwy (*aml* yw'r gair allweddol yma!). Gallwn edrych ar ddangosyddion rhagfynegi yn amlach o lawer, ond maen nhw'n gallu bod yn anoddach eu mesur.

A'r diffiniadau wedi'u hesbonio, dewch i ni ddefnyddio enghraifft er mwyn egluro. Gosodwch yr her hon i'ch disgyblion, a byddan nhw'n dod i ddeall beth yw dangosyddion rhagfynegi ac ôl-fynegi. Rhowch nhw mewn grwpiau a gofynnwch iddyn nhw ymchwilio i'r canlynol. Dychmygwch eich bod chi'n ceisio colli pwysau, dywedwch wrthyn nhw, ond dim ond un ddyfais y cewch chi ei defnyddio i'ch helpu chi. Mae gennych chi ddau ddewis: clorian arbennig o fanwl gywir sy'n aros yn eich ystafell wely gartref, neu fesurydd camau y byddwch chi yn ei gludo drwy'r amser.

Bydd un ddyfais yn gweithio fel dangosydd ôl-fynegi yma – y glorian. Bydd hi'n rhoi data adborth i chi – asesiad manwl gywir a defnyddiol o'ch pwysau. Ond er ei bod hi'n gallu dweud wrthych chi beth ddigwyddodd ar ôl y ffaith, all hi ddim dweud wrthych chi beth sy'n digwydd ar hyn o bryd. Mae'r ddyfais arall – y mesurydd camau – yn cynnig data dangosydd rhagfynegi. Dydy'r ddyfais ddim yn eich pwyso chi, ond mae hi'n mesur llu o ffactorau rydyn ni'n gwybod eu bod nhw'n cyfrannu at golli pwysau, yn rhoi adborth parhaus ac yn gweithio fel ffordd o ragfynegi.

Yn ddigon buan, bydd y disgyblion yn dechrau trafod y nodweddion cyferbyniol hyn ac yn penderfynu. Nawr rhowch sbocsen ynddi:

» Os ydych chi'n dewis y glorian, cewch edrych arni hi unwaith bob ugain diwrnod.

» Os ydych chi'n dewis y mesurydd camau, cewch edrych arno ugain gwaith bob dydd.

Ydy hyn yn newid dewisiadau'r disgyblion? Yma, rydych chi'n egluro un o nodweddion allweddol dangosyddion rhagfynegi ac ôl-fynegi – argaeledd data o gymharu â chywirdeb y data. Drwy ddewis y dangosydd rhagfynegi, bydd amseroldeb i'w gael ar draul manwl gywirdeb. Gyda'r dangosydd ôl-fynegi bydd manwl gywirdeb i'w gael ar draul amseroldeb. Gallwch barhau i drafod wrth i chi archwilio'r materion hyn.

Fydd hi ddim yn hir cyn i rywun fynnu gwybod beth gythraul sydd a wnelo hyn ag addysg. Cwestiwn da.

Dangosyddion ôl-fynegi yn yr ystafell ddosbarth

Gallwch ddweud wrth eich disgyblion bod gwaith wedi'i farcio yn ddangosydd ôl-fynegi. Gan ddibynnu ar bolisïau asesu ac adborth eich ysgol, bydd disgyblion yn cael hwn unwaith bob rhyw ugain diwrnod, yn union fel y glorian. Efallai y bydd y bwlch rhwng y darnau sy'n cael eu hasesu yn nes at 30 diwrnod yn eich sefydliad chi, ac efallai y bydd y bylchau ychydig bach yn llai.

Y naill ffordd neu'r llall, mae blwyddyn olaf Cyfnod Allweddol 4 yn para ychydig dros 30 wythnos. Mae hynny efallai yn 11 neu 12 o gylchredau marcio ac adborth. 11 o gyfleoedd i gymryd adborth (neu 'wirio eich pwysau', i barhau â'r trosiad) ac efallai ddeg cyfle clir i addasu eich ymddygiad a'ch perfformiad. Ac mae hynny'n tybio bod y darnau sy'n cael eu marcio i gyd yn gwirio perfformiad yn erbyn meini prawf yr arholiad. Efallai na fydd hyn yn wir. Gallai'r disgyblion gael llai na deg cyfle i newid.

Dyma gymhlethdod arall. Hyd yn hyn, rydyn ni wedi tybio bod dangosyddion ôl-fynegi yn ddata o ansawdd da, a bod canolbwyntio ar y rhain o leiaf yn mesur perfformiad disgyblion yn fanwl gywir, hyd yn oed os nad yw'n amserol iawn. Wel, gan ddibynnu ar y cwrs, gellid cwestiynu hyn. Mae cywirdeb yr asesiad yn un ffactor i'w ystyried. Efallai y bydd disgyblion yn cael sgorau llawer uwch neu is na'u targed oherwydd y ffordd rydyn ni wedi cynllunio asesiadau a'u marcio. Mae Harris Cooper a Thomas Good (1983, t. 17) yn ysgrifennu'n ddiddorol iawn am 'ddisgwyliadau perfformiad' – hynny yw, tuedd asesiadau athrawon i ystyried ble maen nhw'n teimlo mae'r disgybl, yn hytrach na mesur ei gyflawniad yn fanwl gywir.

Yn gryno: mae'n bosibl nad yw ein dangosyddion ôl-fynegi mor fanwl gywir ag rydyn ni'n gobeithio neu'n tybio. Gallai fod yn demtasiwn cynyddu a chynyddu nifer y darnau sydd wedi'u hasesu er mwyn datrys y broblem hon. Mae asesu'n fwy rheolaidd yn rhoi rhagor o ddata dangosydd ôl-fynegi, rhagor o ddolenni adborth ac ailadrodd er mwyn i ddisgyblion wella. Hefyd gallwn gael gwared ar allanolion posibl sydd wedi'u hachosi gan farcio anghywir neu asesiadau sydd wedi'u cynllunio'n wael. Ond a ydyn ni'n aberthu ansawdd adborth – sydd mor ganolog i welliant disgyblion – drwy wneud hynny?

Efallai fod ffordd arall o ystyried y broblem.

Dangosyddion rhagfynegi yn yr ystafell ddosbarth

Felly, beth yw'r 'gweithgareddau mesurydd camau' ar eich cwrs? Pa fath o arfer, trefn ac ymddygiad sydd â chysylltiad agos â llwyddiant – mor agos nes ei fod bron iawn yn ei ragfynegi? Os ydych chi'n gallu cyfleu i'ch disgyblion bwysigrwydd gwneud cyfres o'r gweithgareddau hyn bob dydd neu bob wythnos, gallwch sicrhau gwell perfformiad yn y dyfodol heb orfod mynd yn ôl at y glorian bob wythnos.

Ond gallech ddweud bod dangosyddion rhagfynegi yn llai dibynadwy. Maen nhw yn aneglur. Efallai nad yw'r cyswllt rhwng yr ymddygiad a'r canlyniad yn hollol gadarn.

Efallai. Ond os nad yw'r dangosydd ôl-fynegi – gwaith wedi'i asesu – yn rhoi data parhaus, amserol a chywir i ni chwaith, efallai y bydd ffocws ar ddangosyddion rhagfynegi yn rhoi ychydig mwy o fantais i ni.

Beth am edrych ar enghraifft? Tybiwch eich bod chi'n treulio awr gyda grŵp ffocws o'r rhai sydd wedi cyflawni orau – disgyblion sydd wedi dod i ddysgu'n gyflymach a gwneud yn dda iawn. Fydd gwybyddiaeth ddim wedi chwarae rhan mor bwysig ag y bydden ni yn ei feddwl, efallai; bydd y llwyddiant hwn yn seiliedig ar gyfres o strategaethau, dulliau, arferion a threfnau dyddiol.

Holwch nhw, ac efallai y gwelwch chi fod disgyblion llwyddiannus wedi cofnodi'r hyn yr hoffen nhw ei gyflawni ar bob cwrs (gweledigaeth) neu eu bod nhw'n adolygu eu nodiadau ar ôl pob gwers, gan eu hailysgrifennu nhw mewn rhyw ffordd (ymarfer), yn gwneud nifer rheolaidd o oriau astudio rhagweithiol bob wythnos (ymdrech), yn dod o hyd i fannau i wneud gwaith dwys a chyrraedd rhyw fersiwn o gyflwr llif (ymarfer eto), yn trefnu ac yn amserlennu gwaith mewn ffordd benodol (systemau) neu'n cynnal agwedd gadarnhaol a gwydn mewn cyfnodau anodd drwy ddibynnu ar rwydwaith o ffrindiau (agwedd).

Os yw techneg benodol – er enghraifft, 'creu amserlen adolygu sy'n dechrau o hanner tymor mis Chwefror a chadw ati hi' (systemau) – yn cyd-fynd yn agos â pherfformiad cryf yn yr arholiad, bydd gennym ni ddangosydd rhagfynegi, neu weithgaredd mesurydd camau. A gallwn droi ein sylw at sicrhau bod y disgyblion i gyd yn gwneud hyn. Bydd yn dod yn un o ofynion y cwrs, a'r egni y bydden ni fel rheol yn ei gadw ar gyfer gwaith cartref coll yn ei olrhain a'i herio. Efallai y bydd tystiolaeth o drefnau eraill i'w gweld o gychwyn cyntaf cwrs. Dewch i ni dybio bod eich trafodaethau grŵp ffocws yn datgelu'r ffaith bod disgyblion llwyddiannus yn 'cadw rhestri o anawsterau ac yn ymweld ag aelodau staff perthnasol i sicrhau eu bod yn deall' (ymarfer). Os felly, gallech ddechrau gwirio hyn yn rheolaidd fel un o ofynion y cwrs.

Ar ôl i chi gael rhestr o ddangosyddion rhagfynegi, gallwch chwilio am rai sy'n

gweithio y tu hwnt i ffiniau'r cwrs ac yn cefnogi dysgu er gwaethaf manylion y ddisgyblaeth benodol. Ar ddechrau'r flwyddyn, tynnwch sylw'r rhieni a'r disgyblion at y rhain fel bod disgwyliadau yn uchel ac yn glir. Gwiriwch fod y disgyblion yn ymddwyn fel y disgwyl, a pharatowch ymyriadau ar gyfer y rheini nad ydyn nhw'n ymddwyn felly. Mae'r neges yn glir: mae *cysylltiad mor agos rhwng llwyddiant mewn arholiadau* a'r arferion a'r trefnau dyddiol hyn, mae unrhyw un nad yw'n eu gwneud nhw yn peryglu ei berfformiad yn y dyfodol.

10. Gweithgaredd Ymarfer: Meithrin Dysgu Annibynnol

I rai disgyblion, dim ond gwaith sydd wedi'i osod gan eu hathrawon maen nhw erioed wedi'i wneud: ydych chi'n gwneud mwy o gwbl?

Rydyn ni wedi gweld bod y disgyblion sy'n cyflawni orau fel rheol yn gosod gwaith iddyn nhw eu hunain os nad yw eu hathrawon wedi'i osod ar eu cyfer nhw. Ond gall hyn fod yn anodd, yn enwedig os nad ydych chi'n siŵr pa waith yn union i'w osod i chi'ch hun. Bydd athrawon yn dweud wrth ddisgyblion yn eithaf aml y dylen nhw fod yn 'dysgu'n annibynnol' neu'n 'darllen o gwmpas y pwnc'. Ond beth yw ystyr hyn mewn gwirionedd?

Bydden ni'n awgrymu eich bod chi'n llawer mwy penodol ac yn cynllunio eich dysgu annibynnol fel eich bod chi'n gwybod beth yn union y dylech chi fod yn ei wneud a faint o amser y dylech chi ei gymryd i'w wneud. (Mae rhai athrawon yn darparu'r math hwn o weithgaredd i'w disgyblion, felly efallai y gallech chi hepgor y gweithgaredd hwn. Os nad ydyn nhw, darllenwch ymlaen.)

Pum gweithgaredd dysgu annibynnol

Ar gyfer pob un o'ch pynciau TGAU, rydyn ni'n awgrymu eich bod chi'n cynllunio pum gweithgaredd.

Yn gyntaf, dewiswch destun. Ar beth hoffech chi dreulio ychydig mwy o amser?

Yn ail, beth rydych chi'n mynd i'w wneud? Gwylio fideo ar YouTube, darllen llyfr neu wneud gwaith ymchwil ar-lein? Defnyddiwch y tabl o awgrymiadau ar y dudalen nesaf i'ch helpu chi i ddechrau arni, a dewiswch bump ohonyn nhw.

Cymharu eich gwaith â gwaith disgyblion sy'n cael graddau uwch.
Gwneud trosolwg clir, gweledol o gwrs, gan gysylltu'r cynnwys i gyd mewn diagram/map meddwl enfawr.
Creu cardiau fflach fel cymorth cof.
Darllen llawer o gwestiynau arholiad a gweld a allwch chi adnabod 'mathau' neu 'genres' o gwestiynau.
Gofyn am waith ychwanegol i'w asesu a darllen yn ofalus yr adborth rydych chi'n ei gael.
Creu geirfa o eiriau allweddol gyda diffiniadau.
Ehangu nodiadau dosbarth gan gyfeirio at werslyfrau.
Cyfleu gwybodaeth gymhleth yn weledol gan ddefnyddio tabl, siart neu ddiagram.
Darllen drwy adroddiad arholwyr a gwneud rhestr o bethau i'w gwneud a phethau i beidio â'u gwneud.
Dewis maes anodd penodol a'i drafod yn fanwl â ffrind.
Cynllunio atebion i hen bapurau arholiad.
Benthyca nodiadau dosbarth rhywun arall a'u defnyddio nhw i ehangu eich rhai chi.
Dod o hyd i werslyfr gwych ar gyfer y cwrs a darllen pennod, gan wneud nodiadau wrth i chi fynd yn eich blaen.
Gwylio fideos ar-lein a rhyngweithio ag adnoddau amgylchedd dysgu rhithiol (*VLE: virtual learning environment*) cysylltiedig.
Trefnu cyfarfod â disgybl neu frawd neu chwaer hŷn sydd wedi gwneud y cwrs o'r blaen.
Ysgrifennu am 20 munud dan amodau wedi'u hamseru.

Yn drydydd, ble mae angen i chi fynd i gael gafael ar yr adnoddau?

Yn olaf, pa weithgaredd ydych chi'n mynd i'w wneud? Cofiwch, bydd gwneud rhywfaint o waith gweithredol yn fwy buddiol na gweithgareddau goddefol.

A chithau wedi gwneud cynllun, cwblhewch y tabl isod ar gyfer pob pwnc. Mae'r enghraifft isod ar gyfer TGAU Cymdeithaseg.

Pwnc: Cymdeithaseg

Testun	Beth	Ble	Gweithgaredd
1. Dulliau ymchwil	Gwylio'r fideo YouTube cyntaf ar ystadegau	https://www. youtube.com/ watch?v=PDj S20kic54	Gwneud map meddwl wrth wylio
2.			
3.			
4.			
5.			

11. Gweithgaredd Systemau: Tri Math o Sylw

Mae diwrnod pawb yn mynd trwy gyfnodau, ac mae'n siŵr eich bod chi yr un fath – ar adegau, byddwch chi'n llawn egni ac yn barod i fynd, ar adegau eraill bydd eich lefelau egni yn gymedrol. Dro arall byddwch chi'n teimlo nad ydych chi'n gallu cymryd sylw a bod eich cymhelliant yn gostwng.

Mae'r tri chyfnod hyn yn digwydd i bawb yn ystod diwrnod gwaith. Dydych chi ddim yn anarferol os yw eich lefelau egni yn isel neu os ydych chi'n methu canolbwyntio. Os byddwch chi'n ymwybodol eich bod yn edrych o gwmpas ac yn gweld pobl eraill yn gweithio'n galed, cofiwch nad ydyn nhw yn wahanol i chi – ddim ond mewn cyfnod gwahanol yn eu diwrnod.

Mae rhai pobl yn gallu rhagweld pryd byddan nhw'n teimlo'n llawn egni (yn y bore efallai, neu ar ôl brecwast neu ar ôl ymarfer corff) a phryd byddan nhw'n teimlo'n arafach. Mae eraill sydd heb sylwi ar batrwm, ond yn gweld un yn ymddangos ar ôl dechrau sylwi. I eraill, mae'n digwydd yn hollol ar hap.

Mae Graham Allcott, sylfaenydd Think Productive (http://thinkproductive.co.uk), yn defnyddio'r diffiniadau canlynol ar gyfer y tri chyflwr:

1. Sylw rhagweithiol (yn canolbwyntio'n llwyr, llawn egni, teimlo'n ffres).

2. Sylw gweithredol (digon o egni, gweithio'n ddigon da).

3. Sylw anweithredol (gwanhau, blino, niwlog).

Mae'n dadlau bod y bobl fwyaf llwyddiannus yn gallu gweithio ym mhob un o'r tri chyflwr. Dydyn nhw ddim yn rhoi'r gorau iddi pan fyddan nhw yng nghyflwr 3 – maen nhw'n troi at dasg arall.

Gwnewch restr o'r holl dasgau sydd ar eich plât ar hyn o bryd. Meddyliwch am bopeth – gwaith cartref, darllen, traethodau, adolygu, profion sydd ar y gweill, cyfweliadau coleg ac ati.

Nawr rhowch nhw mewn categorïau. Mae tasgau cymhleth a heriol yn mynd o dan 'sylw rhagweithiol'. Pan fyddwch chi'n teimlo eich bod yn canolbwyntio'n llawn, yn llawn egni ac yn ffres, gwnewch y rhain. Mae tasgau rheolaidd yn mynd o dan 'sylw gweithredol'. Dyma'r tasgau i'w gwneud pan fyddwch chi'n teimlo eich bod chi'n gweithio'n ddigon da. Mae tasgau ailadroddus sy'n eithaf hawdd yn mynd o dan 'sylw anweithredol'. Pan fyddwch chi'n teimlo'n wan neu'n niwlog, trowch at y tasgau hynny.

Sylw rhagweithiol	Sylw gweithredol	Sylw anweithredol

Cadwch y rhestr gyda chi am wythnos neu ddwy. Pryd bynnag byddwch chi ar fin dechrau gweithio:

» Gwiriwch eich lefelau egni. Eisteddwch yn llonydd am eiliad i wrando ar eich corff. Penderfynwch pa gyflwr sylw rydych chi ynddo.

» Adolygwch y rhestr o dasgau sydd gennych chi i'w gwneud sy'n addas i'ch lefel sylw. Os nad oes dim yn y golofn honno, dewiswch un o'r golofn nesaf i'w gwneud.

Ar ôl wythnos neu ddwy, ceisiwch sylwi ar unrhyw batrymau yn eich lefelau sylw. Mae dysgwyr gwirioneddol dda wedi sylwi ar y patrymau hyn ynddyn nhw eu hunain ac yn cynllunio eu tasgau ymlaen llaw.

12. Gweithgaredd Agwedd: Archwiliadau Rhwydwaith

Weithiau, mae hi'n hawdd anghofio faint o bobl sydd eisiau eich helpu chi i lwyddo. Mae gan bawb rwydwaith sylweddol o gefnogaeth o'u cwmpas nhw, ond weithiau mae'n dueddd naturiol i feddwl, 'Os ydw i'n gofyn am help, mae'n rhaid bod hynny'n golygu fy mod i'n methu. Rhaid i mi wneud hyn ar fy mhen fy hun.'

Ond mae chwilio am help yn gwneud popeth yn haws. Felly peidiwch â chredu'r stori honno, 'Un dydd bydd rhaid i mi sefyll ar fy nhraed fy hun. Man a man i fi ddechrau nawr.' Wrth i chi dyfu a wynebu heriau newydd, bydd pobl o'ch cwmpas yn gallu helpu *bob amser*; rhywun sydd wedi'i wneud o'r blaen ac yn gallu rhoi cyngor i chi. Heddiw mae'r help hwnnw ar gael gan beiriannau chwilio – gallwch gysylltu ag arbenigwyr mewn miloedd o feysydd ar y cyfryngau cymdeithasol. Gallech dreulio bywyd llwyddiannus iawn yn gofyn am help drwy'r amser!

Ond mae'r myth yn dal i fodoli ein bod ni'n gorfod gwneud pethau ar ein pen ein hunain. Dylai'r gweithgaredd hwn eich helpu chi i archwilio (hynny yw, rhestru a threfnu) pawb a allai fod yn eich tîm. Ac yna, gallwch benderfynu pwy fyddai orau i'ch helpu chi â rhai heriau sydd o'ch blaen.

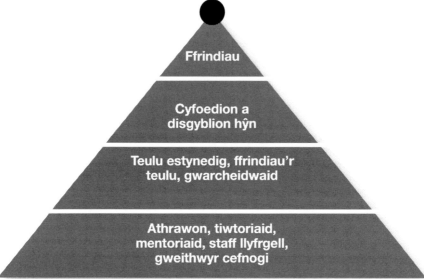

Chi yw'r smotyn ar y brig ac oddi tanoch chi mae tîm o bobl sydd i gyd yn aros am y cyfle i'ch cefnogi chi. Yn gyntaf, gwnewch restr o bawb y gallwch feddwl amdanyn nhw sy'n perthyn i'r categorïau uchod.

» Meddyliwch am eich ffrindiau yn yr ysgol, ond hefyd eich ffrindiau y tu allan i'r ysgol, ar y cyfryngau cymdeithasol neu mewn ysgolion eraill.

» Pwy o'ch cyfoedion sydd â'r potensial i'ch helpu chi? Pwy sydd rai blynyddoedd yn hŷn ac wedi mynd drwy hyn eisoes? Pwy sy'n arbenigwr ar y pynciau sy'n anodd i chi? Oes gan rai o'ch ffrindiau frawd neu chwaer hŷn a allai siarad â chi?

» Meddyliwch am eich rhieni, wrth gwrs, ond hefyd modrybedd, ewythrod, cefndryd, cyfnitherod a ffrindiau'r teulu.

» Rydych chi'n mynd i ysgol lle mae gan bob aelod staff cyflogedig ddiddordeb gwirioneddol yn eich helpu chi i wella. Efallai y byddwch chi'n meddwl am eich athrawon eich hun yn gyntaf, ond beth am aelodau staff eraill – llyfrgellwyr, tiwtoriaid a mentoriaid? Bydd gan y rhain i gyd rywbeth i'w gynnig.

Ar ôl i chi wneud eich rhestr, amlygwch neu danlinellwch y bobl rydych chi wedi dibynnu llawer arnyn nhw o'r blaen. Rydych wedi plagio llawer ar y rhain – wedi mynd yn ôl atyn nhw i ofyn am help a chyngor. Neu does neb fel hyn o gwbl? Ydych chi'n ceisio gwneud popeth ar eich pen eich hun? A oes unrhyw haenau lle rydych chi heb ymgynghori â neb o gwbl? A oes unrhyw adnoddau yn eich rhwydwaith rydych chi heb eu defnyddio o gwbl?

Nesaf, rhestrwch dri pheth mae angen i chi eu gwneud y mis yma, ac wrth bob un o'r tasgau, rhowch enw un unigolyn a allai eich helpu chi i gwblhau'r dasg yn gyflymach.

Yn olaf, ewch i'w gweld ef neu hi!

Sylwch: Mae hyn yn gweithio'r ffordd arall hefyd. Beth petai rhywun yn dod atoch chi i ofyn am help? Byddwch yn garedig. Rhowch yr amser. Adeiladwch gyfrif o ewyllys da er mwyn gallu ei ddefnyddio pan fydd ei angen arnoch chi.

13. Gweithgaredd Ymdrech: Edrych o dan y Cerrig, neu Bedwar Cam Ymlaen

Weithiau, mae wynebu realiti sefyllfa yn gallu bod yn frawychus. Mae pawb ohonon ni'n cuddio oddi wrth y ffeithiau weithiau – rydyn ni'n gwybod bod angen newid rhywbeth, ond mae peidio â gwneud y newid yn gallu teimlo'n haws. Dyma drosiad da i estyn hyn ymhellach. Ydych chi erioed wedi crwydro ar hyd traeth a chodi rhai o'r cerrig? Mae'n gallu bod yn eithaf dychrynllyd, ond yn hwyl.

Dydych chi byth yn siŵr beth byddwch chi'n dod o hyd iddo. I ddechrau, does dim sôn am unrhyw fywyd. Yna, ar ôl codi carreg mae pob math o greaduriaid yn dod allan – mwydod bach, crancod, malwod, anemonïau môr neu hyd yn oed ambell bysgodyn. Yn amlach na pheidio, bydd pobl yn rhoi'r garreg yn ei hôl ac yn symud ymlaen, gan ddewis peidio â threulio gormod o amser yn edrych ar yr hyn sydd oddi tani hi. Ond weithiau mewn bywyd, rhaid i ni edrych o dan y cerrig i wneud cynnydd.

Mae'r dechneg hon yn cael ei defnyddio'n aml ym myd busnes. Fe welodd ymchwilydd ac awdur o'r enw Jim Collins, yn ei lyfr *Good to Great*, fod pob cwmni llwyddiannus yn wynebu ffeithiau annymunol realiti, ac yn chwilio am broblemau o dan y cerrig, hyd yn oed pan fyddai'n well ganddyn nhw beidio!

Mae'r gweithgaredd hwn yn mynd i wneud i chi deimlo'n anghysurus, ond erbyn y diwedd bydd gennych chi gynllun i wella pethau.

Y cam cyntaf yw nodi unrhyw broblemau sydd o dan y cerrig, yn eich barn chi. Mae hyn yn golygu cymryd ychydig o amser a bod yn hollol onest â chi'ch hun.

Pethau mae angen i mi eu gwella er mwyn astudio'n well yn yr ysgol …

Mae'r ail gam yn gofyn am grŵp o bedwar ffrind. Wynebwch y grŵp. Yna, rydych chi'n mynd i rannu'r mater rydych chi am ei newid ac mae gweddill y grŵp yn mynd i ofyn cwestiynau i chi ac efallai gynnig rhai ffyrdd o'i ddatrys. Gwrandewch yn astud ar yr adborth hwn. Yn eithaf aml, byddwn ni'n meddwl ein bod ni'n methu newid rhywbeth oherwydd bod ein syniadau wedi mynd yn brin.

Ar ôl edrych yn hir ac yn feirniadol ar eich cynnydd, efallai y byddwch chi'n teimlo'n eithaf digalon. Cymerwch saib, ewch am dro, gwyliwch y teledu, mwynhewch hufen iâ.

Ar ôl gwneud hynny, mae'n bryd i chi gymryd y trydydd cam: dechrau ystyried gwneud rhywbeth. Beth yn union allwch chi ei wneud i wella pethau?

Pedwar Cam Ymlaen

Efallai y byddwch chi'n gwybod popeth am origami, y gelfyddyd Japaneaidd o blygu papur. Mae'r bobl sy'n gwneud hyn yn gallu gwneud modelau 3D prydferth a chymhleth; mae llawer o'r rhain yn anhygoel a hyd yn oed yn cynnwys darnau sy'n symud. Er bod y rhain mor anhygoel, dim ond cyfres o gamau syml wedi'u hailadrodd dro ar ôl tro yw'r broses o'u gwneud. Mae pob campwaith origami yn dechrau ag un plyg mewn darn o bapur, wedyn un arall ac un arall ac un arall.

Mae dysgu academaidd yr un fath. Weithiau, byddwn ni'n edrych ar ddisgybl sydd ymhell o'n blaenau ni ac yn meddwl ei fod wedi cyflawni rhywbeth amhosibl. Ond cofiwch: yr unig beth mae'r disgybl hwnnw wedi'i wneud yw ailadrodd cyfres o gamau dro ar ôl tro.

Am y tro, anghofiwch y darlun mawr a chanolbwyntiwch ar yr hyn sydd yn union o'ch blaen chi. Rydyn ni wedi gweld mai dewis eich *pedwar cam nesaf* yw'r ffordd orau o wneud hyn.

Beth gallech chi ei wneud nesaf? Ystyriwch rai o'r canlynol:

1. Gofyn am ffafr gan ffrind neu un o'ch cyfoedion.

2. Dechrau project mawr rydych chi wedi bod yn ei ohirio ers peth amser.

3. Cyflwyno darn o waith cartref yn gynnar.

4. Achub project sydd wedi mynd ar ei hôl hi.

5. Gofyn pum cwestiwn i athro/athrawes egluro problem rydych chi wedi bod yn ceisio ei hanwybyddu.

6. Chwilio am gopi o lyfr/canllaw astudio.

7. Treulio awr yn ailddarllen ac yn aildrefnu nodiadau ar unrhyw destun.

8. Anfon pump o negeseuon e-bost i ofyn am gefnogaeth, help, cyngor neu gyfle.

9. Gweld disgybl arall a gofyn iddo drafod testun gyda chi.

10. Benthyca nodiadau rhywun arall.

11. Mynd i ddosbarth cefnogi neu sesiwn adolygu.

12. Cyflwyno darn o waith rydych chi wedi'i wneud eto.

13. Adolygu eich adborth i chwilio am batrymau.

14. Tacluso eich adnoddau a chrynhoi testun ar un ddalen o A4.

Iawn, rydych chi wedi edrych o dan y cerrig a chyfaddef ambell beth dydych chi ddim yn falch ohono. Rydych chi wedi gofyn am fwy o adborth ac awgrymiadau gan ffrindiau caredig. Ac rydych wedi ystyried ein rhestr o 14 o bethau posibl i'w gwneud.

Nawr, dewiswch y pedwar peth rydych chi'n mynd i'w gwneud ac ysgrifennwch nhw yn y tabl isod. Rhowch ddyddiad wrth bob un. A dewiswch wobr i chi'ch hun – rhywbeth rydych chi'n mynd i'w wneud i ddathlu dechrau gwneud gwelliannau. Gwnewch hi'n un a fydd yn eich cymell chi!

1	2	3	4	Jacpot! Gwobr:

6. Mis Rhagfyr

Tri Chyfnod Ymarfer

Pan fydd disgyblion yn gweithio'n annibynnol, beth maen nhw yn ei wneud â'u hamser? Pa weithgareddau penodol maen nhw yn eu cwblhau – neu, pa gwricwlwm maen nhw yn ei gynllunio iddyn nhw eu hunain wrth baratoi ar gyfer arholiad?

Roedd arnon ni eisiau ateb y cwestiwn hwn, ac fe wnaethon ni dreulio amser gyda disgyblion o grwpiau blwyddyn amrywiol a gofyn iddyn nhw beth yn union roedden nhw yn ei wneud wrth ddysgu'n annibynnol neu adolygu ar gyfer prawf neu arholiad. Fe gawson ni restr o 18 o weithgareddau a oedd yn cael eu henwi'n rheolaidd (a rhestr o ddulliau dysgu llai cyffredin a mwy mympwyol a oedd yn benodol i unigolion). Mae'r rhestr ar y dudalen nesaf yn cynrychioli'r 18 gweithgaredd dysgu mwyaf cyffredin. Rydyn ni wedi eu rhoi nhw yn nhrefn yr wyddor yma.

Amlygu/codio â lliw gwybodaeth/nodiadau/llyfrau.
Astudio cynlluniau marcio neu adroddiadau arholwyr.
Creu cardiau fflach ar gyfer yr hyn rydych chi wedi'i ddysgu.
Creu eich cwestiynau arholiad eich hun.
Cwblhau wal adolygu i arddangos beth rydych chi wedi'i ddysgu.
Cyflwyno gwaith arholiad ychwanegol i'w farcio.
Cymharu atebion enghreifftiol â'ch gwaith eich hun.
Cynllunio atebion i hen gwestiynau arholiad.
Darllen drwy atebion enghreifftiol.
Darllen drwy nodiadau dosbarth.
Darllen drwy werslyfrau'r cwrs.
Gweithio gyda disgyblion eraill mewn grwpiau/parau i gymharu gwaith.
Gwneud ac ail-wneud nodiadau dosbarth.
Gwneud mapiau meddwl, diagramau a threfnwyr graffig.
Gwylio fideos ar-lein a rhyngweithio ag adnoddau amgylchedd dysgu rhithiol (ADRh) cysylltiedig.
Marcio eich gwaith eich hun yn unol â chynllun marcio.
Trafodaethau un-i-un ag athrawon neu diwtoriaid.
Ysgrifennu atebion arholiad dan amodau wedi'u hamseru.

Wrth drafod eu gwahanol ymagweddau at astudio neu adolygu'n annibynnol (ymarfer, yn y bôn), fe welson ni fod llawer o ddisgyblion fel petaen nhw'n credu bod y broses o adolygu ac ymarfer yn wahanol ym mhob cwrs roedden nhw'n ei astudio. Efallai fod athrawon yn atgyfnerthu hyn neu fod disgyblion hŷn yn rhoi'r argraff hon. Beth bynnag oedd y ffynhonnell, roedd fel petai'r disgyblion yn credu bod arferion addysgu Hanes yn wahanol i arferion addysgu Mathemateg neu Ffrangeg.

Wrth astudio canlyniadau ein grwpiau ffocws a'n trafodaethau, fe ddaeth i'r amlwg bod yr 18 gweithgaredd mwyaf cyffredin yn perthyn i dri chyfnod ar wahân, beth bynnag oedd disgyblaethau penodol y pwnc. Mae'n werth ystyried hyn o ran eich pynciau chi. Efallai y gwelwch chi y bydd eich disgyblion yn rhoi rhestr wahanol o weithgareddau ymarfer i chi, ond rydyn ni'n meddwl y bydd y tri chyfnod yn aros yr un fath:

» **Cyfnod 1**: gweithgareddau gan ddisgyblion er mwyn cofio gwybodaeth. Fe wnawn ni alw hwn yn *gyfnod cynnwys*.

» **Cyfnod 2**: gweithgareddau roedd disgyblion yn eu dewis i'w profi eu hunain dan bwysau yn erbyn gofynion yr arholiad. Fe wnawn ni alw hwn yn *gyfnod sgiliau*.

» **Cyfnod 3**: gweithgareddau sydd fel rheol yn cymryd y gwaith o gyfnod 2 ac yn archwilio ei ansawdd mewn rhyw ffordd, gan adnabod meysydd o wendid. Dyma'r *cyfnod adborth*.

Wedi'u haildrefnu yn y tri chyfnod hyn, dyma sut olwg fydd ar y gweithgareddau:

Darllen drwy nodiadau dosbarth.	1 – Cynnwys
Gwylio fideos ar-lein a rhyngweithio ag adnoddau ADRh cysylltiedig.	1 – Cynnwys
Darllen drwy werslyfrau'r cwrs.	1 – Cynnwys
Gwneud mapiau meddwl, diagramau a threfnwyr graffig.	1 – Cynnwys
Gwneud ac ail-wneud nodiadau dosbarth.	1 – Cynnwys
Amlygu/codio â lliw gwybodaeth/nodiadau/llyfrau.	1 – Cynnwys
Creu cardiau fflach ar gyfer yr hyn rydych chi wedi'i ddysgu.	1 – Cynnwys
Cwblhau wal adolygu i arddangos beth rydych chi wedi'i ddysgu.	1 – Cynnwys
Ysgrifennu atebion arholiad dan amodau wedi'u hamseru.	2 – Sgiliau
Darllen drwy atebion enghreifftiol.	2 – Sgiliau
Cynllunio atebion i hen gwestiynau arholiad.	2 – Sgiliau
Marcio eich gwaith eich hun yn unol â chynllun marcio.	3 – Adborth
Astudio cynlluniau marcio neu adroddiadau arholwyr.	3 – Adborth
Gweithio gyda disgyblion eraill mewn grwpiau/parau i gymharu gwaith.	3 – Adborth
Cymharu atebion enghreifftiol â'ch gwaith eich hun.	3 – Adborth
Creu eich cwestiynau arholiad eich hun.	3 – Adborth
Cyflwyno gwaith arholiad ychwanegol i'w farcio.	3 – Adborth
Trafodaethau un-i-un ag athrawon neu diwtoriaid.	3 – Adborth

Yng Ngweithgaredd 14 rydyn ni'n gofyn i'r disgyblion archwilio a ydyn nhw'n defnyddio techneg benodol 'bob amser', 'weithiau' neu 'byth'. Mae hyn yn rhoi syniad i ni o sut maen nhw'n defnyddio'u hamser a beth yw eu canfyddiadau o ddysgu. I ni, mae perthynas gref iawn wedi bod erioed rhwng canlyniadau arholiadau a dyfnder ac amrywiad y cwricwlwm personol mae'r disgybl yn ei gynllunio. Rydyn ni wedi gweld dro ar ôl tro mai disgyblion sy'n tanberfformio yw'r rhai sy'n cynllunio cwricwlwm personol cyfyngedig iawn iddyn nhw eu hunain. Mae'n seiliedig ar ailadrodd ambell i weithgaredd yn unig, a bod y repertoire cyfyng hwn yn aml yn hepgor cyfnodau cyfan yn y gylchred ymarfer.

Os hoffech chi esbonio hyn i ddisgyblion – efallai hyd yn oed i staff – mae'r hafaliad hwn wedi bod yn ddefnyddiol i ni:

Deall gwybodaeth = gwybodaeth + profiad

Mae cyfnod 1, y cyfnod cynnwys, yn canolbwyntio'n llwyr ar gaffael gwybodaeth a'i chofio. Deall gwybodaeth sydd yn sicrhau pasio arholiadau; nid gwybodaeth yn unig. Sut rydyn ni'n deall gwybodaeth? Drwy'r profiad o ddefnyddio'r wybodaeth honno i gyflawni canlyniadau, datrys problemau, llunio dadleuon a chynnig atebion i gwestiynau anodd. Mae'r cyfan yn digwydd yn y cyfnod sgiliau – heb hwn, byddwch chi'n colli'r profiadau sy'n sicrhau eich bod yn deall gwybodaeth.

Rydyn ni wedi gweithio gyda channoedd o ddisgyblion sydd, am un rheswm neu'i gilydd, yn hepgor un neu ddau o'r tri chyfnod. Efallai y bydd y disgrifiadau isod yn berthnasol i rai

mathau o ddisgyblion rydych chi'n gweithio gyda nhw.

Cynnwys yn unig

Dydy'r disgyblion hyn byth yn symud allan o gyfnod 1. Mae eu holl gwricwlwm dysgu annibynnol yn canolbwyntio ar gofio gwybodaeth. Pan fyddwch chi'n cyhoeddi ym mis Mai, 'Rydyn ni wedi gwneud y cwrs i gyd nawr. Mae wyth wythnos ar ôl i adolygu. Beth dylen ni ganolbwyntio arno?', bydd y dysgwyr cynnwys yn unig yn gofyn, 'Allwch chi wneud y cwrs i gyd eto, ond yn gyflym iawn?' Eu syniad nhw o ddysgu yw cofio gwybodaeth.

Mae un o ddau beth yn tueddu i ddigwydd i'r disgyblion hyn o ganlyniad i'r safbwynt hwn. Mae rhai yn troi'n ddisgyblion ymdrech isel gan eu bod nhw wedi cynllunio cwricwlwm personol â chyn lleied o amrywiaeth, maen nhw'n methu wynebu gweithio. Rydyn ni wedi hyfforddi (coetsio) disgyblion sydd ddim ond yn dewis 'bob amser' ar gyfer dau neu dri weithgaredd; yn aml, 'darllen nodiadau dosbarth' a 'darllen gwerslyfrau'r cwrs' fydd y rhain, ynghyd ag un gweithgaredd cynnwys arall. Maen nhw'n edrych o'u cwmpas, yn gweld dysgwyr eraill yn gwneud mwy o oriau ac yn dychmygu mai darllen nodiadau yn ddiddiwedd mae'r rheini hefyd. Mae'n edrych fel camp o ddyfalbarhad anhygoel; rhywbeth maen nhw'n methu ei wneud. Maen nhw'n rhoi'r gorau i weithio yn bennaf oherwydd eu bod nhw wedi syrffedu.

Mae eraill yn troi yn ddisgyblion ymdrech uchel oherwydd eu bod nhw wedi cynllunio cwricwlwm cynnwys cysurus a rhagweladwy sy'n rhoi ymdeimlad o reolaeth iddyn nhw heb eu herio. Dyma'r disgyblion sy'n gwario llawer o arian ar nwyddau ysgrifennu – maen nhw wrth eu bodd â'u hamlygwyr, eu pennau gliter, eu cardiau fflach a'u llyfrau nodiadau newydd sbon. Maen nhw'n mwynhau'r broses o drefnu a dysgu gwybodaeth, gan ailadrodd hynny'n ddiddiwedd. Yn aml maen nhw'n dechrau teimlo'n rhwystredig ac yn anhapus yn ddiweddarach yn y broses ymarfer pan fydd eu holl waith yn anochel yn arwain at raddau gweddol. 'Alla' i ddim gweithio'n galetach!' byddan nhw yn ei ddweud, yn ddig oherwydd eu diffyg cynnydd.

Cynnwys a sgiliau yn unig

Mae'r disgyblion hyn yn gwybod bod ymarfer da yn golygu mwy na chofio gwybodaeth – wedi'r cyfan, mae arholiad ar ddiwedd y cwrs. Er bod hyn yn beth groes i'r reddf, rydyn ni wedi gweithio gyda disgyblion sy'n symud drwy gynnwys i mewn i sgiliau, ac yna'n rhoi'r gorau iddi. Maen nhw'n cwblhau papurau arholiad, ond ddim yn eu cyflwyno nhw. Gan mai'r cyfnod adborth yw'r un sy'n bygwth yr ego, efallai y gwelwch chi – fel y gwnaethon ni – ddisgyblion sydd wedi cwblhau pentyrrau o arholiadau a'u cadw nhw yn hytrach na'u cyflwyno nhw. 'Ie, ond beth os ydyn nhw yn wael ofnadwy?' byddan nhw'n gofyn, pan fyddwch chi yn eu hannog nhw i gyflwyno'r papurau i'w marcio. Mae'n ymateb dealladwy.

Cynnwys ac adborth yn unig

Mae'r disgyblion hyn yn osgoi'r cyfnod sgiliau, ac yn dewis gweld y cam adborth fel mwy

o wybodaeth i'w dysgu. Efallai y bydd y disgyblion hyn yn dysgu cynlluniau marcio ar eu cof, er enghraifft, ac felly'n gwybod beth yn union yw'r disgrifydd ar gyfer A* heb fod wedi ceisio llunio ateb A* eu hunain. Efallai y byddan nhw'n gwybod pa destunau sydd wedi codi ym mha arholiad ac ym mha drefn dros y pum mlynedd diwethaf, ar ôl cofio'r hyn sydd yn y papurau heb gwblhau'r un ohonyn nhw. Efallai y byddan nhw'n ymgolli yn adroddiadau arholwyr yn lle cwblhau arholiad go iawn.

Gan eu bod nhw wedi hepgor y cyfnod sgiliau, dim ond dealltwriaeth ddamcaniaethol sydd ganddyn nhw, felly bydd y disgyblion hyn ar goll yn llwyr os yw geiriad y papur ychydig bach yn wahanol i'r disgwyl. Os yw'r arholiad yn gofyn i'r dysgwr gynnig sylwadau am 'rolau rhywedd' yn hytrach na 'chyflwyniad dynion a menywod', ni fydd y disgyblion cynnwys ac adborth yn gallu ateb. Yn y pen draw, bydd eu diffyg profiad yn ormod o rwystr.

Rhaid i ddisgyblion dreulio amser ym mhob un o'r tri chyfnod er mwyn ymarfer yn effeithiol. Mae mis Rhagfyr yn adeg dda i archwilio ymagweddau presennol ac annog disgyblion i newid oherwydd bydd ganddyn nhw ddigon o gynnwys i allu profi eu hunain, hyd yn oed os mai dim ond mewn darnau bach. Cadwch lygad am ddisgyblion cynnwys yn unig sy'n dweud wrthych chi eu bod yn methu rhoi cynnig ar bapur arholiad nes eu bod nhw wedi dysgu'r cwrs i gyd ar eu cof. Mae disgyblion ymarfer uchel yn ymarfer ateb cwestiynau arholiadau mewn darnau bach, gan roi cynnig ar gwestiwn chwe marc neu gwestiwn 12 marc ar ei ben ei hun, cyn ceisio adborth. Dyma'r holiadur.

14. Gweithgaredd Ymarfer: Yr Holiadur Ymarfer

Rydyn ni wedi gweld cysylltiad cryf rhwng y math o adolygu a'r canlyniadau. Felly, pa ddisgybl fydd yn gwneud orau mewn arholiad?

» Mae disgybl 1 yn adolygu am 15 awr, gan dreulio'r holl amser yn darllen drwy nodiadau dosbarth.

» Mae disgybl 2 yn adolygu am 10 awr – dwy awr yn gwneud mapiau meddwl, dwy awr yn creu cardiau fflach o dermau allweddol, tair awr yn ysgrifennu traethodau wedi'u hamseru, dwy awr yn gweithio drwy hen bapurau ac yn chwilio am batrymau yn y cwestiynau sy'n cael eu gofyn, a hanner awr yn gwneud y cwestiwn anoddaf mae'n gallu dod o hyd iddo, cyn treulio hanner awr yn ei drafod ag athro/athrawes. Yna, mae'n treulio pum awr yn siopa gyda'i ffrindiau ac yn gwylio'r teledu.

Gallwch hefyd wneud mwy mewn llai o amser. Rhowch gynnig ar yr holiadur hwn:

Enw: _____   Pwnc: _____

1 Faint o oriau o waith annibynnol rydych chi'n eu gwneud ar eich pynciau y tu allan i'r dosbarth? Nodwch yr amser rydych chi'n ei dreulio ar bob pwnc.

2 Pa fath o weithgareddau rydych chi'n eu gwneud? Defnyddiwch y tabl isod:

		Bob amser	Weithiau	Byth
Darllen drwy nodiadau dosbarth	C			
Defnyddio adnoddau ar ADRh yr ysgol	C			
Defnyddio gwerslyfrau'r cwrs	C			
Diagramau/mapiau meddwl	C			
Gwneud/ail-wneud nodiadau dosbarth	C			
Amlygu/codio â lliw	C			
Cardiau fflach	C			
Defnyddio wal adolygu i arddangos beth rydych chi wedi'i ddysgu	C			
Ysgrifennu atebion arholiad dan amodau wedi'u hamseru	S			
Darllen atebion enghreifftiol	S			
Defnyddio hen gwestiynau arholiad a chynllunio atebion	S			

Marcio eich gwaith eich hun gan ddefnyddio cynllun marcio	A			
Astudio cynlluniau marcio neu adroddiadau arholwyr	A			
Gweithio gyda disgyblion eraill mewn grwpiau/parau	A			
Cymharu atebion enghreifftiol â'ch gwaith chi eich hun	A			
Creu eich cwestiynau arholiad eich hun	A			
Cyflwyno gwaith arholiad ychwanegol i'w farcio	A			
Trafodaethau un-i-un ag athrawon/tiwtoriaid	A			

3 Gweithgareddau ychwanegol sydd heb eu nodi uchod:

4 Ysgrifennwch ddisgrifiad byr o beth rydych chi'n ei wneud os nad ydych chi'n gallu deall rhywbeth (e.e. rhoi cynnig arall arni, darllen gwerslyfrau, edrych ar ADRh yr ysgol, gweld athrawon, gweld disgyblion eraill).

Fe welwch chi fod 'C' wrth ymyl rhai gweithgareddau – y rhain yw'r technegau *cynnwys*. Mae 'S' wrth ymyl rhai gweithgareddau – y rhain yw'r technegau *sgiliau*. Mae 'A' wrth ymyl rhai eraill – y rhain yw'r technegau *adborth*.

Sylwch, yn ein henghraifft ni, fod disgybl 1 yn adolygu cynnwys yn unig, a disgybl 2 yn gwneud pob un o'r tri cham ac yna'n cael amser rhydd. Yn ein profiad ni, bydd disgybl 2 bron bob amser yn cael gradd well na disgybl 1. A bydd wedi gweithio am lai o oriau.

Edrychwch ar y gweithgareddau sy'n gysylltiedig â phob cam adolygu a gwnewch restr o dri neu bedwar dydych chi ddim yn eu gwneud ar y foment ond yr hoffech chi roi cynnig arnyn nhw:

1.

2.

3.

4.

15. Gweithgaredd Ymdrech: Tri 'Sut' Gwaith Annibynnol

Rydyn ni wedi gweithio gyda miloedd o ddisgyblion sy'n wych am gynllunio adolygu; maen nhw'n creu cynlluniau anhygoel ar gyfer adolygu a gwaith annibynnol sy'n llenwi pob munud o'r dydd, ond yna ddim yn rhoi'r cynllun ar waith.

Mae pawb ohonon ni wedi gwneud hyn; os ydych chi wedi gwneud hefyd, peidiwch â bod yn rhy galed arnoch eich hun. Pam rydyn ni'n llusgo'n traed? Pam rydyn ni'n peidio ag ymdrechu?

Efallai y bydd hyn yn syndod i chi, ond mae dweud eich bod chi'n mynd i wneud ychydig o 'waith annibynnol' neu 'adolygu' yn rhan o'r broblem. Mae dweud eich bod chi'n mynd i adolygu (o ran eich ymennydd) yn amwys ac yn niwlog. Pan fydd eich ymennydd yn meddwl eich bod chi ar fin gwneud rhywbeth amwys a niwlog, yn aml bydd yn dechrau meddwl am resymau pam ddylech chi ddim gwneud hynny (sy'n gallu bod yn eithaf defnyddiol). Mae'n siŵr y bydd hyn yn swnio ychydig yn od, ond mae eich ymennydd yn dechrau meddwl eich bod chi heb feddwl drwy'r cynllun hwn yn iawn. Mae'n ansicr beth rydych chi'n mynd i'w wneud, a sut, ac mae eich ymennydd yn dechrau gwneud i chi feddwl efallai y bydd y cynllun ddim yn gweithio, hyd yn oed. Yna rydych chi'n llusgo'ch traed.

Felly sut mae mynd o gwmpas hyn?

Mae'n strategaeth eithaf syml, ond rydyn ni'n addo ei bod hi'n gweithio. Mae'n rhaid i chi fod yn benodol. Dyma sut mae gwneud hyn. Cyn pob sesiwn o waith annibynnol neu sesiwn adolygu, mae'n rhaid i chi ateb y tri chwestiwn hyn:

1 **Sut rydw i'n mynd i weithio/adolygu?** Yma, mae'n rhaid i chi fod yn benodol am *sut* rydych chi'n mynd i adolygu (pa strategaeth rydych chi'n mynd i'w defnyddio) a hefyd *beth* rydych chi'n mynd i'w adolygu. Mae hyn yn golygu nodi'n benodol pa destunau rydych chi'n mynd i roi sylw iddyn nhw a'r gweithgareddau i gwblhau'r gwaith.

2 **Am faint rydw i'n mynd i weithio/adolygu?** Byddwch yn glir iawn am yr amser. Os ydych chi'n adolygu'n weithredol, ddylai hyn ddim bod yn hirach na dwy awr. Cofiwch gynnwys seibiant byr (10 munud) bob 40 munud. Defnyddiwch Gwibio am 25 Munud (Gweithgaredd 26) i helpu i strwythuro sesiynau a bydd peidio â llusgo'ch traed yn haws fyth.

3 **Sut byddaf i'n gwybod a ydw i wedi gwneud cynnydd?** Sut rydych chi'n mynd i brofi eich hun? Fydd darllen eich nodiadau'n oddefol am ddwy awr ddim yn rhoi unrhyw syniad i chi a ydych chi wedi gwneud cynnydd, felly bydd angen i chi brofi eich hun rywsut.

Gallai hyn olygu ateb set o gwestiynau, rhoi darlith fach i chi'ch hun neu ateb cwestiynau byr o dan amodau wedi'u hamseru ar ddiwedd y sesiwn.

Gallwch ddod i arfer â gwneud hyn yn feddyliol, ond i ddechrau, cwblhewch y tabl isod cyn i chi ddechrau pob sesiwn o waith annibynnol neu adolygu. Yna dechreuwch!

Sut rydw i'n mynd i weithio/ adolygu?	
Am faint rydw i'n mynd i weithio/ adolygu?	
Sut byddaf i'n gwybod a ydw i wedi gwneud cynnydd?	

16. Gweithgaredd Ymarfer: Mae'n Bryd Addysgu, neu CTChAP

Mae Cal Newport yn athro cyfrifiadureg ym Mhrifysgol Georgetown, Washington DC. Mae wedi ysgrifennu llyfrau gwych i helpu disgyblion i gael y graddau gorau posibl. Mae'n werth edrych ar ei wefan: www.calnewport.com.

Yn ogystal ag addysgu myfyrwyr yn y brifysgol, mae ganddo ddiddordeb brwd yn y strategaethau mae'r myfyrwyr yn eu defnyddio i'w helpu nhw i gael graddau gwych. Mae'n awgrymu bod dau fath o adolygu: galw i gof gweithredol a galw i gof goddefol.

» Galw i gof gweithredol yw *mynd ati i geisio deall y wybodaeth a'i chyfuno drwy ei haddysgu hi.* (Peidiwch â phryderu, does dim angen eich dosbarth Blwyddyn 7 eich hun i wneud hyn! Gallwch wneud hyn ar eich pen eich hun neu gyda rhywun arall – ffrind, rhiant neu frawd neu chwaer.)

» Galw i gof goddefol, ar y llaw arall, yw darllen eich nodiadau yn oddefol.

Mae Newport yn gwneud datganiad hyderus: *galw i gof gweithredol yw'r unig strategaeth adolygu sy'n cyfrif*! Mae'n dadlau bod tair mantais enfawr i'r math arbennig hwn o adolygu:

1. Mae'n effeithiol iawn.

2. Mae'n arbed amser.

3. Mae'n anodd ac yn anghysurus yn feddyliol. (Peidiwch â phryderu, mae i fod fel hyn!)

Felly sut rydych chi'n ei wneud?

Rydyn ni wedi gosod her fach i chi. Hoffen ni i chi ddefnyddio galw i gof gweithredol *yn unig* ar gyfer eich prawf nesaf yn un o'ch pynciau. Yn ystod yr amser hwn, chewch chi ddim defnyddio unrhyw strategaeth arall. Rydych chi naill ai'n galw i gof yn weithredol, neu'n paratoi i wneud hynny. Chewch chi ddim eistedd yn gysurus a darllen eich nodiadau!

Os oes gennych chi ddiddordeb mewn rhoi cynnig ar yr arbrawf hwn, bydd angen i chi ddechrau tua thair wythnos cyn prawf neu ffug arholiad a bydd angen i chi roi ychydig o oriau iddo bob wythnos. Cliriwch yr amser ar eich cynllunydd cyn dechrau, yna dilynwch ein proses CTChAP.

Wythnos 1: Casglu a Threfnu (C a T)

Yr wythnos hon yw'r wythnos baratoi – rydyn ni'n defnyddio'r term 'casglu a threfnu' oherwydd mae'n rhoi cyfle i chi i gasglu popeth mae ei angen arnoch a'i ddeall. Yn gyntaf, mae angen i chi nodi'r testunau byddwch chi'n cael eich profi arnyn nhw a'u casglu –

gwnewch restr ohonyn nhw. Gallai maes llafur helpu yma, neu restr gan athro/athrawes. Pan fydd eich rhestr o destunau gennych chi, byddwch chi'n barod amdani. Byddwch chi'n gwybod maint y dasg sydd o'ch blaen.

Ar ôl nodi a chasglu eich testunau, bydd angen i chi drefnu'ch nodiadau ar eu cyfer. Ceisiwch grynhoi'r deunydd i le bach – ochr neu ddwy A4, er enghraifft. Gallai mapiau meddwl fod yn ddefnyddiol i wneud hyn, neu drefnwyr graffig eraill fel tablau, rhestri, pwyntiau bwled neu siartiau llif. Ystyriwch roi cynnig ar un o'n ffefrynnau ni – Grid Naw Blwch (Gweithgaredd 27).

Wythnosau 2 a 3: Chwilio (Ch) ac Addysgu (A)

Nawr bydd angen i chi chwilio am unrhyw gwestiynau o hen bapurau sy'n gysylltiedig â'r testunau rydych chi wedi'u casglu a'u trefnu yn wythnos 1. Rydych chi'n ceisio dod o hyd i enghreifftiau sydd mor agos â phosibl i'r un a fydd yn y prawf sydd i ddod – hynny yw, atgynhyrchu profiad y prawf! Chwiliwch ym mhobman. Oes gennych chi gwestiynau arholiad yn eich llyfrau neu eich ffolderi yn barod? Ydy'ch athrawon wedi dosbarthu rhai? Oes rhai ar adnoddau ar-lein eich ysgol neu yn llyfrgell yr ysgol? Efallai y gallai gwefan bwrdd arholi helpu. Eich bwriad fydd chwilio am fwy o gwestiynau arholiad na neb arall!

Pan fydd eich casgliad yn barod, gallwch ddechrau addysgu – hynny yw, dim ond galw i gof gweithredol yw hyn! Cymerwch eich cwestiwn arholiad a'i ysgrifennu yng nghanol dalen A4. Cynlluniwch ateb o'i gwmpas. Nawr, dychmygwch eich bod chi'n athro/athrawes ac yn esbonio i'ch dosbarth sut i ateb y cwestiwn. Tybiwch fod angen esbonio pethau'n araf ac yn glir iawn i'r dosbarth hwn, a'ch bod chi o flaen y dosbarth â bwrdd gwyn, yn esbonio'n fanwl *beth i'w wneud, sut i'w wneud* a *pham mae angen ei wneud.*

Yn wythnos 2, efallai y byddwch chi'n ceisio addysgu'r wybodaeth heb neb ond chi'ch hun yn bresennol. Cadwch y map meddwl o'ch blaen a cheisiwch galw i gof ac esbonio cymaint o wybodaeth â phosibl heb edrych arno. Gallai gorchuddio eich map meddwl fod yn ddefnyddiol a dim ond datgelu rhannau ohono os ydy hyn yn anodd i chi. Peidiwch â phryderu os nad yw'n berffaith – ni fydd yn berffaith i ddechrau. Cofiwch fod rhaid i chi siarad yn uchel. Bydd yn teimlo'n rhyfedd i ddechrau, ond daliwch ati.

Yn wythnos 3, efallai y byddwch chi'n rhoi cynnig ar addysgu gyda chynulleidfa. Rhowch y map meddwl i rywun wrth i chi geisio galw i gof. Gofynnwch i'r arsylwr wneud nodyn o unrhyw beth rydych chi'n ei golli. Yna rhowch gynnig arni eto.

Profi (P)

Yn olaf, i wirio bod y broses yn gweithio'n effeithiol, mae'n rhaid i chi brofi eich hun. Rhowch yr holl fapiau meddwl a nodiadau o wythnosau 1, 2 a 3 i gadw, cliriwch eich desg a rhowch eich ffôn ar y gosodiad awyren. Nawr, ysgrifennwch ateb i'r cwestiwn arholiad dan amodau wedi'u hamseru.

Rhowch yr ateb i athro/athrawes i'w farcio neu gwiriwch ef yn erbyn cynllun marcio.

A dyna ni! Galw i gof gweithredol mewn pedwar cam. Efallai na fydd bob amser yn teimlo'n hawdd nac yn hamddenol, ond mae'n gyflym, yn ddwys ac yn effeithiol. Cofiwch CTChAP y tro nesaf bydd angen i chi ymarfer ar gyfer prawf neu arholiad!

17. Gweithgaredd Gweledigaeth: Gosod Gorau Personol

Mae'n siŵr y byddwch chi wedi clywed am osod gorau personol o'r blaen. Mae'n derm ym myd chwaraeon ar gyfer athletwr yn cofnodi ei amser gorau erioed. Mae'r rhan fwyaf o athletwyr yn ymdrechu i wneud hyn drwy'r amser – gwthio y tu hwnt i amser neu bellter maen nhw wedi'i gyflawni o'r blaen mewn digwyddiad. Yn eithaf aml, yr unig nod fydd curo'r amser neu'r pellter diwethaf o drwch blewyn. Mae'r enillion yn fach fel rheol, ond yn gwneud gwahaniaeth mawr.

Mae'r Athro Andrew Martin (2011) ym Mhrifysgol Sydney wedi defnyddio'r strategaeth hon gyda disgyblion ac wedi gweld y gall wneud gwahaniaeth mawr i berfformiad academaidd.

Felly sut mae'n gweithio?

Mae tri pheth pwysig am oreuon personol. Yn gyntaf, maen nhw'n bersonol. Mae hynny'n golygu mai *chi* sy'n gorfod penderfynu beth fydd y targed. Fe gewch chi ofyn i'ch athro/athrawes am gyngor ond yn y pen draw, chi sy'n penderfynu beth i fynd amdano.

Yn ail, mae angen i chi fod yn benodol. Rydych chi'n methu gosod targed amhenodol neu fyddwch chi ddim yn gwybod pryd byddwch chi wedi cyflawni gorau personol. Felly, efallai y byddwch chi'n gosod gorau personol ar gyfer gwaith cartref penodol, efallai marc yr hoffech chi ei gael sy'n well na'r un rydych chi wedi'i chael o'r blaen.

Yn drydydd, mae angen her ar y lefel iawn. Mae hyn yn golygu eich gwthio eich hun allan o'ch man cysurus (gweler y diagram isod) ac i mewn i'ch parth dysgu. Gofalwch rhag eich gwthio eich hun i'r parth panig. Mae angen gorau personol sy'n eich estyn chi, ond rhaid eich bod chi'n gallu ei gyflawni. Bydd hi'n ddigon hawdd mynd am orau personol arall ar ôl cyrraedd y lefel newydd hon.

Dewis her ar y lefel iawn

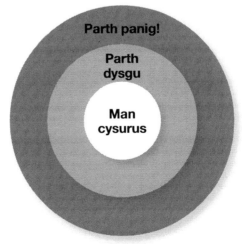

Mis Rhagfyr

Yn olaf, defnyddiwch y tabl isod i osod eich gorau personol. Mae un enghraifft wedi'i rhoi i chi.

Her (Beth yw'r nod?)	Sgôr presennol (Beth yw'ch sgôr orau erioed?)	Targed gorau personol (Beth yw'r targed ar gyfer eich gorau personol newydd?)
Cael fy sgôr orau erioed ar bapur TGAU Mathemateg	67%	70%

18. Gweithgaredd Gweledigaeth: Mae Llwyddiant yn Gadael Cliwiau

Pwy sydd eisoes wedi cyflawni eich dymuniad chi?

Yn ôl Jim Rohn, 'Mae llwyddiant yn gadael cliwiau.' Hynny yw, gallwch ddysgu gan bobl eraill sydd eisoes wedi gwneud beth bynnag yr hoffech chi ei wneud. Mae miliynau o ddisgyblion wedi sefyll eu harholiadau TGAU eisoes, a bydd miliynau o'r disgyblion hyn wedi gwneud yn dda iawn. Mae'n siŵr y bydd gan y disgyblion hyn gyngor da iawn. Mae'n hurt nad ydyn ni'n treulio mwy o amser yn dysgu gan bobl sydd eisoes wedi cyflawni ein dymuniad ni ac yn dysgu o'u camgymeriadau. Y neges yw nad oes rhaid i ni wneud yr un camgymeriadau!

Felly beth wnaethon nhw?

Yn y gweithgaredd hwn, byddwch chi'n siarad â disgybl sydd eisoes wedi gwneud yn dda yn ei gyrsiau TGAU, ac efallai â rhai disgyblion oedd heb wneud cystal. Efallai y gallai eich athro/athrawes drefnu hyn i chi, neu efallai y gallech chi ofyn i frawd neu chwaer hŷn un o'ch ffrindiau.

Bydd angen tua chwarter awr arnoch chi i wneud y gweithgaredd hwn. Efallai y bydd yn teimlo ychydig yn lletchwith, ond meddyliwch amdanoch chi'ch hun fel newyddiadurwr yn chwilio am stori lwyddiant. Bydd angen beiro, papur ac efallai copi o'r cwestiynau isod. Ar ddechrau'r sgwrs, bydd hi'n werth ysgrifennu'r atebion neu recordio'r sgwrs ar eich ffôn er mwyn i chi allu gwrando arni hi rywbryd eto.

Gallech ddechrau'r sgwrs drwy ofyn rhai o'r cwestiynau canlynol:

» Beth fyddai'r swydd orau i chi?

» Beth rydych chi'n gobeithio ei gyflawni drwy gwblhau eich cwrs Safon Uwch/BTEC/ prentisiaeth?

» Pa rwystrau posibl y byddai angen i chi eu goresgyn yn yr ysgol, yn eich barn chi?

» Faint o oriau yr wythnos o astudio annibynnol wnaethoch chi ar gyfer eich TGAU?

» Disgrifiwch awr arferol pan fyddwch chi'n adolygu.

» Mewn wythnos gyffredin, faint o oriau roeddech chi'n eu rhoi i waith cartref?

» Sut roeddech chi'n penderfynu beth roedd angen i chi ei adolygu?

» Beth wnaethoch chi â'r gwaith ar ôl ei gael yn ôl?

» Os oeddech chi wedi ateb cwestiynau o hen bapurau, wnaethoch chi eu marcio nhw eich hun o gwbl?

» Pa ddeunyddiau adolygu wnaethoch chi eu defnyddio/eu cynhyrchu?

» Beth wnaethoch chi ar ôl dod ar draws problem?

» Sut roeddech chi'n ymateb i rwystrau?

» Beth oedd eich ymateb i radd wael mewn prawf neu waith cartref?

» Pa gyngor fyddech chi'n ei roi i chi'ch hun ym Mlwyddyn 10 pan oeddech chi'n dechrau eich TGAU yn y lle cyntaf?

Ar ôl i chi orffen y cyfweliad (byddai'n ddefnyddiol gwneud mwy nag un), nodwch beth yw'r pwyntiau allweddol yn eich barn chi ac ysgrifennwch nhw yn y tabl isod. Ceisiwch gael deg pwynt i bob colofn ac yna cadwch y tabl yn y golwg yn y man lle rydych chi'n astudio gartref.

Beth mae disgyblion llwyddiannus yn ei wneud?	Beth mae disgyblion sydd heb fod yn llwyddiannus yn ei wneud?

7. Mis Ionawr

Galluogedd ac Effeithiolrwydd

Mae mis Ionawr yn fis anodd. Mae'r boreau yn dywyll ac yn oer, mae canlyniadau ffug arholiadau wedi siomi rhai disgyblion yn fawr ac mae'r haf yn teimlo'n bell i ffwrdd. Gall hyd yn oed y disgybl mwyaf ymroddedig deimlo'n isel. Mae'n bwysig gwahaniaethu rhwng disgyblion sydd, er eu bod nhw'n teimlo'n ddigalon, wedi sefydlu arferion ac ymddygiadau cadarnhaol, a rhai sydd wedi'u llorio'n llwyr. Mis Ionawr yw'r adeg i geisio gwneud popeth i achub y disgyblion ag agwedd wael.

Wrth ddefnyddio'r term 'agwedd wael' i ddisgrifio dysgwr, rydyn ni'n disgrifio disgyblion diegni â meddylfryd sefydlog sydd â'u hunan-gred yn diflannu'n gyflym. Rydyn ni wedi darganfod (eto, mae'n eithaf amlwg wrth edrych yn ôl) ei bod hi'n anodd codi hwyliau'r disgyblion hyn. Os oes gennych chi garfan sy'n ofni'r dyfodol ac wedi'u parlysu gan argyfwng hunan-gred, fydd arwain gwasanaeth boreol hwyliog ddim yn ddigon i'w codi nhw. Dydy datgan, 'Gallwch chi wneud hyn! Bydd popeth yn grêt!' ddim yn gweithio gyda disgyblion ag agwedd wael.

Pam? Rydyn ni wedi gwneud llawer o waith ar y testun hwn, gan weithio gyda disgyblion ag agwedd wael, nodi ein llwyddiannau a'n methiannau yn ofalus a darllen llawer iawn o ymchwil addysgol. Wrth ystyried ein gwaith mwy diweddar gyda disgyblion, rydyn ni wedi dechrau gweld isadrannau agwedd yn dod i'r amlwg.

Rydyn ni wedi gweld bod y termau canlynol yn ddefnyddiol ym mis Ionawr. Rydyn ni'n gobeithio y byddwch chithau hefyd:

» **Galluogedd**: canfyddiad y disgybl o'i allu i reoli llwybr ei fywyd neu ddylanwadu arno yn uniongyrchol.

» **Effeithiolrwydd**: canfyddiad y disgybl o'i allu i lwyddo i gyflawni tasg neu her benodol.

Gallai sgyrsiau hyfforddi (coetsio) sy'n pwysleisio'r termau hyn, yn hytrach na hunan-barch (ymdeimlad y disgybl o'i werth ei hun fel unigolyn) roi canlyniadau gwell. Rydyn ni o'r farn y gellid ffurfio dadl ddefnyddiol bod cynyddu galluogedd ac effeithiolrwydd yn arwain at gynnydd cyfatebol mewn hunan-barch. Defnyddiwch y syniadau hyn i fynd ar ôl hunan-barch, yn hytrach na dechrau gyda hwnnw.

Galluogedd

Mae disgyblion â lefelau isel o alluogedd yn credu bod bywyd yn digwydd *iddyn* nhw. Mae disgyblion â lefelau uwch o alluogedd yn credu bod bywyd yn digwydd *ar eu cyfer* nhw.

Beth am archwilio hyn yn fanylach? Mae disgyblion sydd ag ymdeimlad isel o'u galluogedd eu hunain yn teimlo fel pinbeli sy'n cael eu taro yng ngêm rhywun arall. Os gwrandewch chi arnyn nhw'n siarad, efallai y byddan nhw'n defnyddio trosiadau am gemau o siawns. 'Dyma'r cardiau sydd wedi'u delio i mi,' efallai y byddan nhw'n ei ddweud neu'n ei feddwl. Maen nhw'n derbyn eu tynged. Dydyn nhw dim yn credu yn eu gallu i reoli eu bywydau anhrefnus gyda phethau yn digwydd ar hap. Mae ffawd yn chwalu eu cynlluniau. Mae'r disgyblion hyn yn credu bod pobl sy'n caru eu bywydau yn lwcus; rhaid i'r gweddill ohonon ni fyw gyda beth bynnag ddaw. Felly os rhowch chi gyfle i'r disgyblion hyn – fel y cyfle i wneud cais am le mewn ysgol haf – wnân nhw ddim trafferthu. Maen nhw'n credu bod pethau felly yn digwydd i bobl eraill. Mae'r disgyblion hyn wedi'u dal mewn lle cas: bydd disgwyl iddyn nhw fod yn gyfrifol am eu canlyniadau TGAU, ond dydyn nhw ddim yn teimlo unrhyw reolaeth drostyn nhw.

Mae disgyblion sydd â mwy o ymdeimlad o alluogedd yn credu bod bywyd yn digwydd ar eu cyfer nhw. Dydyn nhw ddim yn teimlo bod ganddyn nhw hawl i bopeth – dydy'r byd ddim mewn dyled iddyn nhw – ond maen nhw'n ddigon hyderus i sylwi ar yr holl gyfleoedd sydd ganddyn nhw. Maen nhw'n gweld y dosbarthiadau ychwanegol a'r sesiynau adolygu amser cinio fel cyfle i gywiro camgymeriadau a llenwi bylchau yn eu gwybodaeth. Gall rhywbeth fynd o'i le yr un mor aml ac yn yr un nifer o ffyrdd i ddisgyblion â mwy o ymdeimlad o alluogedd ag i ddisgyblion eraill. Efallai y bydd hyn yn eu digalonni, ond mae eu canfyddiad o'r byd yn dal i'w hannog nhw i chwilio am gyfleoedd i ddysgu. Byddan nhw'n codi ac yn rhoi cynnig arall arni. 'Efallai y galla' i ddysgu rhywbeth o hyn,' fydd y casgliad yn y pen draw, cyn gwneud cynllun arall.

Rydyn ni'n hoff o ddefnyddio darn o lyfr rhagorol Dr Tina Seelig, *inGenius: A crash course on creativity*, i egluro'r pwynt hwn i ddisgyblion. Mae Seelig yn addysgu cwrs creadigrwydd yn Harvard ac yn adrodd y stori ganlynol. Mae ei chwrs yn boblogaidd iawn, ac un flwyddyn benodol roedd rhaid i'r tîm addysgu leihau maint y dosbarth o 150 i 40. Ar ôl y broses ymgeisio, cafodd penderfyniadau eu gwneud. Yn ddiweddarach, cafodd Seelig nodyn gan ddisgybl a oedd heb gael lle ar y cwrs. 'Fe ddywedodd nad yw *byth* yn cael lle ar y cyrsiau o'i ddewis,' ysgrifennodd Seelig. 'Fe feddyliais i'n ofalus am sut i'w ateb, ac anfonais y neges ganlynol iddo: "Os wyt ti wir am ddilyn cwrs a heb gael lle yn y dosbarth, cer yna beth bynnag. Bydd lleoedd gwag yn tueddu i ddod yn ystod yr wythnos gyntaf wrth i ddisgyblion adael y dosbarth am sawl rheswm. Os wyt ti yno, rwyt ti bron yn sicr o gael y lle."' Dyma'r ateb a gafodd Seelig: 'Diolch am y cyngor hwn. Mae'n siŵr na fyddai hynny'n gweithio ar gyfer eich dosbarth chi.' Mae Seelig yn ysgrifennu, 'Fe wnes i edrych ar ei e-bost am rai munudau ac yna ateb, "Rwyt ti'n gywir. Wnaiff e ddim gweithio." Roeddwn i wedi rhoi'r ateb iddo ond wnaeth e ddim ymateb yn gadarnhaol.' Mae Seelig yn cyferbynnu hyn ag ail ddisgybl a oedd hefyd wedi gwneud cais aflwyddiannus, ond a oedd wedi ysgrifennu i ofyn a gâi hi ddod i un dosbarth yn unig gan ei bod hi wedi mwynhau'r dasg ymgeisio. Pan adawodd disgybl y cwrs yr wythnos wedyn, cafodd hi'r lle. Dyma gasgliad Seelig: 'Mae'r ddau ddisgybl hyn yn ddeallus. Y gwahaniaeth rhwng y ddau yw eu hagwedd. Wnaeth y myfyriwr cyntaf … ddim gweld y posibilrwydd hyd yn oed ar ôl i mi ei roi o'i flaen. Fe wnaeth yr ail fyfyriwr greu ffordd o

gael yr hyn roedd hi'n ei ddymuno.' (Seelig, 2012, t. 169–170).

Effeithiolrwydd

Mae arbrawf taclus gan Barry Zimmerman ym Mhrifysgol Efrog Newydd ar ddechrau'r 1980au yn crynhoi effeithiolrwydd – ymdeimlad y disgybl o'i allu – gydag eglurder defnyddiol. Rhoddodd Zimmerman a Ringle (1981) her amhosibl i blant (datrys cwlwm o wifrau), ac oedolion i fodelu'r broses datrys problemau cyn iddyn nhw roi cynnig arni hefyd. Cafodd un grŵp oedolyn pesimistaidd: 'Dydw i ddim yn credu y galla' i wahanu'r gwifrau hyn,' meddai, ar ôl cyfnod o geisio gwneud hynny. 'Rydw i wedi trio sawl ffordd wahanol a does dim byd yn gweithio.' Cafodd y grŵp arall oedolyn optimistaidd a oedd, ar ôl cael anhawster, yn dweud pethau fel, 'Rydw i'n siŵr y galla' i wahanu'r gwifrau hyn; dim ond dal i drio ffyrdd gwahanol ac fe ddo' i o hyd i'r ffordd iawn.' Wrth gwrs, roedd y disgyblion yn yr ail grŵp hwn (er nad oedden nhw yn fwy llwyddiannus na'r lleill) yn dangos lefelau effeithiolrwydd uwch ac, o ganlyniad, yn dal ati am gyfnod hirach.

Yma, gweld pobl eraill yn ceisio gwneud y dasg oedd wedi penderfynu lefel yr effeithiolrwydd. Ym model effeithiolrwydd Albert Bandura (1997), mae ef yn dadlau mai'r pedwar prif ddylanwad ar lefel effeithiolrwydd disgybl yw: (1) perfformiad mewn tasg (lefel ganfyddedig y llwyddiant mewn pwnc, graddau a'r math o adborth), (2) profiadau tebyg i'r un sydd wedi'i ddisgrifio uchod, ac fel rheol yn dod o waith disgyblion neu arddangosiadau yn y dosbarth, (3) perswâd geiriol (sut mae ymyriad ac adborth yr athro/athrawes yn canolbwyntio ar addasiadau ymarferol i'r dasg, datrysiadau posibl a phwysigrwydd ymdrech) a (4) cyflwr seicolegol (ymateb emosiynol i bwysau, gorbryder ac ofn methu).

I fesur lefelau effeithiolrwydd disgybl, efallai fel man cychwyn ar gyfer sgwrs hyfforddi, mae gwaith Schwarzer a Jerusalem (1995) yn fan da i ddechrau. Mae eu holiadur syml deg cwestiwn yn rhoi sgôr rhwng 10 a 40:

1 Rydw i'n gallu datrys unrhyw broblem anodd os ydw i'n gweithio'n ddigon caled.

2 Os yw rhywun yn fy ngwrthwynebu i, rydw i'n gallu dod o hyd i'r ffordd i gael beth mae ei eisiau arna' i.

3 Mae'n hawdd i mi gadw at fy nodau a'u cyrraedd.

4 Rydw i'n hyderus y gallwn i ymdopi'n effeithlon â digwyddiadau annisgwyl.

5 Oherwydd fy mod i'n ddyfeisgar, rydw i'n gwybod sut i ymateb i sefyllfaoedd annisgwyl.

6 Rydw i'n gallu datrys y rhan fwyaf o broblemau drwy wneud yr ymdrech ofynnol.

7 Fydda i ddim yn cynhyrfu wrth wynebu anawsterau gan fy mod i'n gallu dibynnu ar fy ngallu i ymdopi.

8 Wrth wynebu problem, rydw i fel rheol yn gallu dod o hyd i sawl datrysiad.

9 Os ydw i mewn trafferth, rydw i fel arfer yn gallu meddwl am ddatrysiad.

10 Rydw i fel rheol yn gallu ymdopi â beth bynnag mae angen i mi ei wneud.

Rhowch rif o'r raddfa sgorio ganlynol i bob datganiad: 1 = ddim yn wir o gwbl, 2 = ychydig bach yn wir, 3 = eithaf gwir neu 4 = hollol wir.

Mae un o'r pethau sy'n allweddol i helpu disgyblion â lefelau effeithiolrwydd isel, ac felly i hybu eu dyfalbarhad, yn cael sylw yng ngwaith ymchwil Margolis a McCabe (2006, t. 225). Mae'r rhain yn argymell bod athrawon, tiwtoriaid a hyfforddwyr 'yn rhoi'r bai am fethiant ar ffactorau y gellir eu rheoli … a galluoedd y gellir eu haddasu'. Hynny yw, ar adeg anodd o'r flwyddyn fel mis Ionawr, mae adborth sy'n canolbwyntio ar ddatrysiadau a datrys problemau ymarferol gyda chefnogaeth yn fwy effeithiol nag areithiau cymell.

Hyfforddi, nid codi hwyl

Ym mis Ionawr, mae angen hyfforddi disgyblion yn hytrach na chodi eu hwyl a'u hysbryd. I ni, mae hynny'n golygu dechrau â phwyslais tawel a chlir ar y nod am y pum mis olaf. Mae dau weithgaredd gweledigaeth i'ch helpu chi i wneud hyn. Nod y gweithgareddau agwedd yn y bennod hon yw rhoi'r teimlad o reolaeth, galluogedd ac effeithiolrwydd i ddisgyblion. Wrth gwrs, byddwch chi'n gweithio gyda disgyblion sy'n teimlo eu bod nhw heb reolaeth, yn ogystal â rhai sydd â mwy o adnoddau seicolegol ac emosiynol. Felly byddwch chi'n sylwi ar eu hymatebion gwahanol i'r problemau a'r newidiadau sydd o'u blaenau. Yr her i diwtoriaid Cyfnod

Allweddol 4 yw argyhoeddi pobl ifanc o'u galluogedd a grymuso cynifer â phosibl ohonyn nhw.

19. Gweithgaredd Gwelededigaeth: Pum Ffordd

Yn y gweithgaredd syml hwn, dychmygwch eich hun ar groesffordd â phump o ffyrdd posibl ymlaen: mae pob ffordd ymlaen yn cynrychioli dewis posibl i chi. Nod y gweithgaredd hwn yw gwneud y dewisiadau hynny yn gliriach. Fel yna gallwch adolygu eich dewisiadau yn wrthrychol, sef y cam cyntaf tuag at wneud penderfyniad da. Peidiwch â theimlo bod rhaid penderfynu eto – does dim. Ond mae gwybod pa opsiynau sydd ar gael bob amser o gymorth.

Defnyddiwch y diagram isod i feddwl beth allai fod ym mhen draw pob ffordd a gwnewch nodiadau bras ym mhen pellaf pob un. Gwnewch y nodiadau mor fanwl â phosibl.

Efallai y bydd angen i chi dreulio amser yn meddwl am y rhain. Dechreuwch drwy roi dau neu dri sylw ym mhen draw pob ffordd a dewch yn ôl i ychwanegu rhagor neu i ddileu rhai eraill wrth i'ch hoff ddewisiadau ddod yn gliriach …

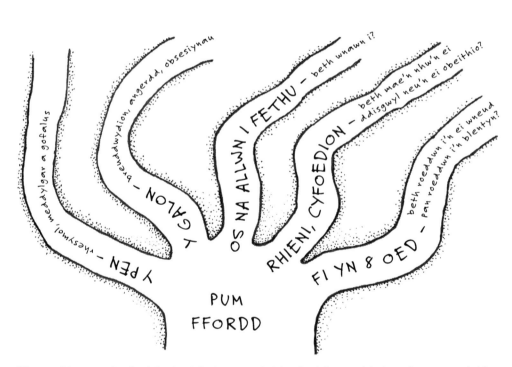

» **Y pen.** Yma, nodwch eich dewisiadau pan fyddwch chi'n meddwl yn rhesymegol. Hon yw'r ffordd ofalus a meddylgar. Bydd y risg yn isel ar y ffordd hon – mae hi'n ddiogel ac yn sicr – felly efallai nad hon fydd eich ffordd fwyaf cyffrous ymlaen.

» **Y galon.** Ar y ffordd hon, rydych chi'n ymroi'n llwyr i bethau rydych chi'n teimlo'n angerddol amdanyn nhw; y pethau sy'n eich cyffroi chi ac y byddech chi'n ddigon hapus yn treulio amser arnyn nhw am ddim. Gallai'r ffordd fod yn fwy peryglus, ac yn fwy ansicr, ond byddwch chi'n eiddgar ac ychydig bach yn ofnus wrth deithio arni hi!

» **Os na allwn i fethu.** Ym mhen draw'r ffordd ddychmygol hon, mae sicrwydd o ryw fath o lwyddiant. Bydd y daith yn galed a gallech wynebu adegau anodd, ond yn y pen draw bydd eich llwyddiant yn 100%. Hynny yw, pe baech chi'n gwybod na allech chi fethu wrth wneud rhywbeth, beth byddech chi'n dewis ei wneud?

» **Rhieni, cyfoedion.** Yma, rydych chi'n ystyried beth mae pobl eraill yn ei ddisgwyl gennych chi. Efallai y bydd pobl â barn gryf o'ch cwmpas chi – athrawon, tiwtoriaid, rhieni a theulu estynedig – a phawb yn dweud bod rhaid i chi wneud rhywbeth neu fod gennych chi ddawn naturiol i wneud rhywbeth. Efallai y byddwch chi'n cytuno â nhw neu beidio. Gwnewch nodyn yma o'r holl bethau rydych chi'n teimlo dan bwysau i'w gwneud.

» **Fi yn 8 oed.** Pe baech chi wedi gwneud y gweithgaredd hwn yn yr ysgol gynradd, beth fyddech chi wedi dweud yr hoffech chi ei wneud yn y dyfodol? Yn aml, byddwn ni'n gweld bod elfennau o'n diddordebau cynnar yn parhau. Efallai y byddwch chi'n ysgrifennu rhywbeth yma a chofio'n sydyn am ddiddordeb rydych chi wedi anghofio amdano neu wedi gorfodi eich hun i'w anwybyddu. Efallai ei bod hi'n bryd i chi fynd yn ôl ato, neu efallai fod rhai rhannau ohono yn dal i fod yn berthnasol heddiw.

Pan fydd gennych chi rai syniadau bras ym mhen draw pob ffordd, gadewch i'r meddyliau hyn ddatblygu am rai dyddiau. Ystyriwch ddod yn ôl at y gweithgaredd hwn fwy nag unwaith wrth i'r flwyddyn fynd yn ei blaen, gan addasu eich atebion bob tro.

Yn olaf: peidiwch â theimlo bod angen i chi benderfynu eto. Mae adnabod y ffyrdd posibl ymlaen yn ddigon i'ch rhoi chi mewn safle cryf. A phan fyddwch chi'n dechrau teithio ar ffordd, dydy hynny ddim yn golygu eich bod chi'n methu troi'n ôl a newid cyfeiriad. Mae hynny'n ddigon hawdd!

20. Gweithgaredd Gweledigaeth: Y Grid Deng Mlynedd

Rydyn ni wedi seilio'r gweithgaredd hwn ar un gafodd ei gynnig gan Alison a David Price yn eu llyfr *Psychology of Success, A Practical Guide* (2011) – rydyn ni'n cymeradwyo hwn yn fawr iawn! Edrychwch ar y grid isod. Grid 20 × 26 â 520 o flychau bach ynddo yw hwn. Mae pob blwch yn cynrychioli wythnos o'ch bywyd am y deng mlynedd nesaf.

Nawr gofynnwch i chi'ch hun sut fywyd hoffech chi ymhen deng mlynedd. Does dim rhaid i chi fod yn arbennig o benodol. Ceisiwch wneud nodiadau dan y penawdau canlynol:

» Swydd sy'n ymwneud â …

» Mannau rydw i wedi mwynhau ymweld â nhw, gan gynnwys …

» Ffrindiau a theulu rydw i'n eu gwerthfawrogi oherwydd …

» Ffordd o fyw sy'n caniatáu i mi …

Mae'r grid hwn yn cynrychioli'r wythnosau sydd gennych chi i gyflawni hynny i gyd.

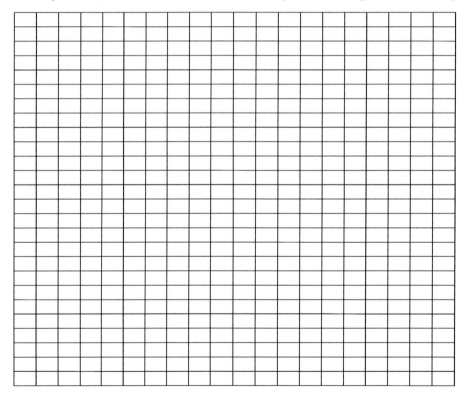

Wrth edrych arno fel hyn, dydy deng mlynedd ddim yn teimlo fel cymaint o amser. Ac mae'n mynd yn fwy brawychus … Cyn i chi ddechrau, llenwch y canlynol:

» **Cysgu: chwe cholofn lawn.** Gan dybio ychydig bach llai nag wyth awr y noson, dyna'r holl amser yn y deng mlynedd nesaf pan fyddwch chi'n cysgu – tua 33% o'r amser!

» **Hamdden ac 'amser sydd wedi'i neilltuo': pum colofn lawn.** Rydyn ni wedi cael hon gan y Swyddfa Ystadegau Gwladol. Ar ôl dadansoddi ffyrdd o fyw, y casgliad yw ein bod ni'n treulio tua 6% o'n hamser ar brydau bwyd, tua 11% o'n hamser yn gwylio'r teledu, 6% o'n hamser yn teithio o'r naill le i'r llall a 2% o'n hamser ar 'ofal personol' (brwsio dannedd, coluro, eillio, ac ati). Bydd hynny'n defnyddio tua 25% o'r deng mlynedd nesaf.

Felly, mae'n rhaid i chi glirio 11 o'r 20 colofn. Mae hynny dros hanner eich amser!

Nawr, sawl wythnos sydd gennych chi ar ôl i greu'r bywyd hwnnw i chi'ch hun? 234. Ac mae hynny'n tybio eich bod chi am iddo ddigwydd mewn deng mlynedd. Yn dawel bach, efallai y byddech chi'n hoffi iddo ddigwydd yn gynt. Ac mae llawer o flociau eraill rydych chi heb eu llenwi – ysgol, amser gyda'r teulu ac ymrwymiadau eraill sy'n tynnu blociau o'r grid.

Y casgliad: beth bynnag hoffech chi ei gyflawni, os ydych chi am ei gael yn fuan, *mae angen i chi ddechrau arni.*

Ond cyn i chi wneud hynny …

Grym delweddu negyddol

Meddyliwch am eich gweledigaeth ar gyfer bywyd ymhen deng mlynedd. Er bod hyn yn swnio'n wirion, yn ôl pob tebyg nid amgylchiadau allanol fydd yn achosi llawer o'r rhwystrau fydd o'ch blaen. Bydd y rhain yn dod ohonoch *chi*. Byddwch chi'n rhoi rhwystrau yn ffordd eich hapusrwydd posibl eich hun. Yn *Rethinking Positive Thinking* (2014), mae'r seicolegydd Gabrielle Oettingen yn dadlau ein bod ni i gyd yn tueddu i ddifrodi ein llwyddiant ein hunain fel hyn. Ond drwy wynebu'r rhwystrau sy'n dod ohonon ni – drwy eu dychmygu nhw yn ein rhwystro ni rhag dod yn ei blaenau – gallwn wella'n gallu i gael gwared arnyn nhw.

Oes rhan o'ch personoliaeth a allai eich gwneud chi'n llai llwyddiannus yn y dyfodol? Elfen ar eich personoliaeth mae angen i chi gadw llygad arni? Rhwystrau y gallech chi eu rhoi yn eich ffordd eich hun?

Mis Ionawr

Dychmygwch, am un o'r rhesymau rydych chi wedi meddwl amdanyn nhw, nad ydych chi'n gwneud dim byd i'ch helpu i gyrraedd eich nod.

Dewch i ni ddychmygu eich bod chi newydd ddelweddu bywyd cyffrous i chi'ch hun ymhen deng mlynedd, wedi rhoi'r llyfr hwn i lawr, ac wedi gweld, ar ôl wythnos brysur, eich bod heb wneud dim byd. Llenwch flociau un wythnos o'ch grid.

Nawr dychmygwch fod mis arall wedi mynd heibio – mis prysur â llawer o bethau'n digwydd – a'ch bod chi'n dal heb ddechrau arni. Llenwch bedwar blwch arall. Wrth wneud hyn, ceisiwch feddwl sut byddwch chi'n teimlo yn y dyfodol. Ar ôl mis, sut mae hyn yn teimlo?

Beth os daw'r Nadolig cyn i chi allu dod o hyd i'r amser na'r egni i wneud dim byd? Mae hynny'n dri mis. Llenwch ddeuddeg o'ch blychau. Eto, ceisiwch gysylltu â'ch teimladau posibl pe bai hyn yn digwydd go iawn.

Mae blwyddyn gyfan yn ddwy golofn lawn. Dychmygwch fod blwyddyn wedi mynd heibio ac, am ba reswm bynnag, eich bod heb wneud dim o hyd. Dwy golofn wedi mynd. Sut byddech chi'n teimlo pe bai hynny'n digwydd mewn gwirionedd?

Nawr edrychwch ymhellach ymlaen. Sut byddwch chi'n teimlo ymhen tair blynedd – chwe cholofn lawn – os ydych chi heb wneud dim?

Gallai delweddu negyddol fel hyn eich helpu chi. Pryd bynnag bydd amser yn mynd heibio heb i chi wneud dim, dewch yn ôl at y grid hwn a gwyliwch yr wythnosau yn diflannu.

Yna ewch yn ôl ar y trywydd cywir!

21. Gweithgaredd Agwedd: Y Batri

Roedd Dr Steve Bull yn seicolegydd i dîm criced Cymru a Lloegr am 17 mlynedd, gan weithio gyda chwaraewyr a oedd dan bwysau enfawr i chwarae'n dda ddydd ar ôl dydd. O ganlyniad, mae wedi datblygu cyfres o ddulliau diddorol i hybu hyder pobl yn eu gallu eu hunain. Yn ei lyfr, *The Game Plan* (2006, t. 33), mae Bull yn dweud, 'Mae'n debyg mai un o wendidau bodau dynol yw ein bod ni wedi ein rhaglennu i ganolbwyntio'n fwy o lawer ar fethiant a siom nag ar lwyddiant a chyrhaeddiad. Mae hi'n hawdd iawn i ni gofio'r dyddiau trychinebus hynny pan aeth popeth o chwith.' Yna mae'n dweud, 'Pan fyddwn ni'n wynebu her debyg, mae ein hymennydd yn cofio'r drychineb flaenorol yn gyflym.' Ei gasgliad yw, 'rhaid torri'r cylch, a'r ffordd fwyaf effeithiol o wneud hyn yw ailgysylltu eich meddwl â llwyddiannau blaenorol.' Gweithiodd Dr Bull gyda'r cricedwyr gan ofyn iddyn nhw gofnodi eu llwyddiannau blaenorol. Gwelodd eu hyder yn codi'n gyflym iawn a'u perfformiadau yn gwella o ganlyniad i hyn.

Mae Bull yn defnyddio copaon mynyddoedd fel trosiad i gyfleu hyder, ond mae'n well gennym ni feddwl am fatri ffôn. Rydyn ni'n hoffi syniad y batri oherwydd bod hyder yn gallu'n rhoi egni i chi. Mae'n eich gwefru chi ac yn eich llenwi chi â chryfder a chred. Gallwch gadw eich batri'n llawn drwy alw i gof yr adegau hynny pan aeth pethau'n wych a phan wnaethoch chi gyflawni'r hyn rydych chi'n gallu ei wneud.

Mae gennych chi bump o slotiau egni i'w llenwi. Eich tasg chi yw llenwi pob slot â disgrifiad byr o adeg pan wnaethoch chi yn wirioneddol dda a chyflawni rhywbeth rydych chi'n hapus ag ef neu'n falch ohono. Pan fyddwch chi'n teimlo'n isel, gallwch ddod yn ôl at eich batri, darllen y wybodaeth sydd yno a theimlo eich hun yn ailwefru â sicrwydd a phwrpas.

Ond beth i'w ysgrifennu yn y pum slot? Ceisiwch ddefnyddio'r canlynol fel canllawiau:

» Adegau pan wnaethoch chi gefnogi neu helpu rhywun i wneud yn well neu ddysgu rhywbeth iddo.

» Adegau pan wnaeth aelodau eich teulu eich gwerthfawrogi chi am wneud y peth iawn, gwneud penderfyniad da neu wneud tro da.

» Adegau pan fuoch chi'n gweithio mewn tîm, gan ychwanegu gwerth at y tîm hwnnw.

» Adegau pan wnaethoch chi rywbeth roeddech chi'n teimlo'n ofnus amdano, ac wynebu eich ofn.

» Adegau pan wnaethoch chi'n dda mewn prawf neu waith cartref a chael gradd/sgôr a oedd wedi'ch plesio.

» Adegau pan wnaethoch chi benderfyniad anodd.

» Adegau pan wnaethoch chi waith da oherwydd eich cryfderau, eich sgiliau a'ch doniau.

» Adegau pan gawsoch chi eich gwobrwyo – naill ai ar lafar wrth i rywun ddweud diolch, neu mewn llythyr at eich rhieni neu warcheidwaid, tystysgrif neu wobr.

Ewch yn ôl mor bell ag y gallwch chi. Mae batri hyder sydd wedi'i wefru'n dda yn defnyddio cyflawniadau o bob rhan o'ch bywyd ac o bob cyfnod ynddo, felly peidiwch â'ch cyfyngu eich hun i'r ysgol nac i'r flwyddyn academaidd hon. Rydych chi wedi bod yn gwneud gwaith da ers amser maith nawr – meddyliwch yn galed i gofio popeth!

22. Gweithgaredd Systemau: Y Gornel Chwith Isaf

Weithiau, bydd nifer y tasgau sydd gennych yn ormod i chi. Mae gofynion athrawon yn dod o bob cyfeiriad ac mae'n anodd gwybod ble i ddechrau. Yr anhawster mewn rhestru tasgau yw nad yw rhestr yn gadael i chi weld y darlun mawr; rydych chi'n methu asesu cynnydd projectau cyfan, dim ond gwneud tasgau bach unigol.

Mae defnyddio matrics neu grid yn eich helpu i asesu statws pynciau cyfan. A chyn gynted â bod gennych chi deimlad da o sut mae pwnc cyfan yn mynd, gallwch ddefnyddio eich amser yn llawer mwy effeithiol a thargedu eich egni ble mae ei angen fwyaf.

Rhowch bob pwnc rydych chi'n ei astudio ar y grid hwn:

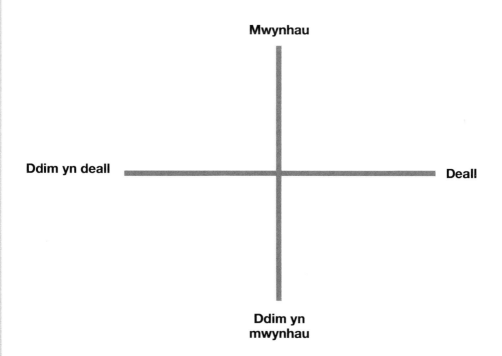

Ar ôl i chi benderfynu a rhoi'r pynciau hyn ar y grid fel dotiau neu groesau, gwnewch nodiadau o dan bob dot i esbonio'r rhesymau pam rydych chi wedi'i roi yno. Yna, edrychwch ar y pynciau yng nghornel chwith isaf y grid.

Arswyd y gornel chwith isaf!

Bydd llawer o ddisgyblion yn osgoi'r pynciau yn y gornel chwith isaf yn isymwybodol, oherwydd bod hyd yn oed meddwl am y rhain yn eu gwneud nhw yn anghysurus. Efallai y byddan nhw'n gostwng y safonau y maen nhw yn eu disgwyl yn y pynciau hynny, yn gweithio'n llai caled neu'n ceisio'u hanwybyddu nhw yn llwyr. Ond dydyn nhw ddim yn mynd i fynd oddi yno. Drwy dreulio amser arnyn nhw nawr, gallech osgoi argyfwng go iawn yn nes ymlaen yn y flwyddyn.

Ar gyfer pob pwnc yn y gornel chwith isaf, gwnewch nodyn o'r canlynol:

» Un dasg y gallech chi ei gwneud i wthio'r dot yn bellach i'r dde.

» Un dasg y gallech chi ei gwneud i wthio'r dot yn uwch i fyny.

Gallech siarad ag athro/athrawes, benthyca darn o waith coll, mynd i ddosbarth ar ôl ysgol, siarad â disgybl sy'n gallu ei gwneud yn well na chi, gorffen darllen gwerslyfr neu ail-wneud darn o waith cartref rydych chi wedi'i wneud ar frys.

Mae blaenoriaethu da yn golygu gwybod *pam rydych chi'n gwneud beth rydych chi'n ei wneud*. Bydd y dasg hon yn eich helpu chi i ganolbwyntio ar eich gwendidau.

23. Gweithgaredd Agwedd: Rheoli Ymatebion i Adborth

Mae ein hymateb ar ôl cael adborth yn gallu amrywio'n sylweddol. Mae rhai yn awyddus iawn i gael adborth a dysgu sut i wella; mae eraill yn osgoi adborth fel y pla ac yn ei gymryd yn bersonol. Os ydych chi am gael graddau TGAU da, bydd rhaid i chi allu bod yn fodlon derbyn adborth. Mae Steve Bull, yn ei lyfr rhagorol *The Game Plan* (2006, t. 125) wedi creu acronym i'ch helpu â'r broses. Yr acronym Saesneg yw SADRAA (sy'n sefyll am *Shock, Anger, Denial, Rationalisation, Acceptance* ac *Action*). Mae'n awgrymu, os cewch chi adborth nad yw'n eich plesio, y dylech chi weithio drwy dri cham: y parth coch, y parth glas a'r parth gwyrdd.

Mae'r tabl isod yn esbonio'r parthau. Weithiau caiff disgyblion sy'n gwneud yn wael eu dal yn y parth coch heb lwyddo i adael byth. Efallai y byddwch chi'n adnabod pobl fel hyn! Mae teimlo'r emosiynau hyn i ddechrau yn iawn, wrth gwrs, ond wedyn mae'n rhaid i chi wthio drwy'r ddau gam nesaf.

Y parth coch Emosiynau	Sioc	Waw – doeddwn i ddim yn disgwyl hynny! Mae'r sylwadau yna wedi fy synnu i'n fawr.
	Dicter	Rhag ei gywilydd am ddweud hynny! Dydy'r athro yna erioed wedi fy hoffi i. Arhoswch i mi gael dial.
	Gwrthod	Dydw i ddim fel yna o gwbl. Mae hynny'n hollol anghywir.
Y parth glas Meddwl	Rhesymoli	Iawn, efallai ei fod fel petai'n wir o'u safbwynt nhw. Ond y rheswm pam maen nhw'n meddwl hynny yw nad ydyn nhw'n sylwi faint o bwysau sydd arna' i. Beth bynnag, un felly ydw i a pham ddylwn i newid? A hyd yn oed pe bawn i eisiau newid, sut gallwn i?
Y parth gwyrdd Ymddygiad	Derbyn	Iawn, efallai fod angen i mi newid rhywbeth. Efallai y gallwn i edrych ar ambell ffordd wahanol o wneud pethau i weld a fydd hynny yn gwella'r sefyllfa.
	Gweithredu	Iawn, beth mae angen i mi ei wneud?

Y tro nesaf y cewch chi adborth nad ydych chi'n hapus ag ef, defnyddiwch y tabl ar y dudalen nesaf naill ai i gofnodi eich meddyliau eich hun neu i archwilio eich ymateb emosiynol i'r feirniadaeth a gweld ym mha barth yr ydych chi. Yna edrychwch ymlaen at y parth nesaf i weld sut gallai fod angen i chi feddwl er mwyn symud eich hun drwy'r broses yn gyflymach. Yn y pen draw, byddwch chi'n hapusach o lawer os nad ewch chi'n sownd yn y parth coch neu las!

Gallai cyrraedd y parth gwyrdd fod yn anodd, felly mae croeso i chi adael pethau am ddiwrnod – neu ragor – cyn cwblhau'r blwch olaf neu ystyried y syniadau sydd ynddo.

Y parthau	Eich meddyliau …
Y parth coch Emosiynau	
Y parth glas Meddwl	
Y parth gwyrdd Ymddygiad	

8. Mis Chwefror

Mae Ymdrech yn Gymharol

Mae disgyblion ymdrech isel wedi bod ar radar pob athro/athrawes o'r dechrau, wrth gwrs. Ond mae mis Chwefror yn un o'r adegau hynny, ar ôl canlyniadau'r ffug arholiadau, pan fydd hi'n gwbl glir pa ddysgwyr sydd heb ymdrechu nag ymroi i astudio. Rydyn ni'n dal i deimlo straen wrth i'n stumog dynhau ac i ychydig o chwys ddod ar ein talcen wrth i ni gyfrif nifer y plant sy'n dal i fod heb wneud digon o ymdrech o bell ffordd.

O ran ymdrechion ar y cyd i gynyddu lefelau ymdrech carfanau cyfan, rydyn ni wedi gwneud llawer iawn o gamgymeriadau, ac efallai y bydd hi'n ddefnyddiol rhannu'r rhain yma. Pan oedden ni'n dechrau ein hymchwil wyth mlynedd yn ôl, roedd cyrsiau mewn modiwlau. Roedden ni'n arfer cyfweld â disgyblion Blwyddyn 12 neu ddisgyblion a oedd wedi cael Blwyddyn 10 neu hanner cyntaf Blwyddyn 11 ofnadwy, a chwilio am y gwendidau a oedd wedi achosi iddyn nhw danberfformio. Un o'r cwestiynau bydden ni'n eu gofyn oedd, 'Pa mor galed wyt ti wedi gweithio eleni?' Yn aml, roedd y disgyblion yn methu rhoi ateb penodol. 'Ar raddfa o 1–10,' bydden ni'n ychwanegu er mwyn egluro. Roedden ni'n gobeithio cael cyfaddefiad taclus a chyfleus fel, 'Byddwn i'n dweud tua 2, ddim yn ddigon caled o gwbl. Dylwn i fod wedi gwneud cymaint mwy!' y bydden ni wedyn wedi gallu ei rannu ag eraill. Ond chawson ni mo'r ymateb hwnnw. Byddai disgyblion a oedd wedi cael blwyddyn siomedig iawn neu yng nghanol cyfnod gwael o ganlyniadau, yn rhoi sgorau ymdrech uwch o lawer i ni. 5 neu 6 oedd fwyaf cyffredin. Fe gawson ni'r atebion hyn dro ar ôl tro. Doedd y peth ddim yn gwneud synnwyr.

Roedden ni'n gwneud camgymeriad hurt. Wrth edrych yn ôl, dylen ni fod wedi gweld hyn yn gynharach. Mae canfyddiadau o ymdrech yn gymharol. Dydy disgyblion ymdrech isel ddim yn gwybod eu bod nhw yn ddisgyblion ymdrech isel. Maen nhw'n gwybod nad ydyn nhw'n uchel, ond yn siŵr eu bod ddim ond yn gwneud ychydig yn llai o oriau o waith na'r rhai sy'n cyflawni orau. Hynny yw, yn eu meddyliau nhw, eu sgôr yw 5 neu 6.

Dyna pam dydy disgyblion ymdrech isel ddim yn poeni am eu lefelau ymdrech. I lawer ohonyn nhw, y gwaith maen nhw yn ei wneud i chi nawr yw'r gwaith caletaf maen nhw erioed wedi'i wneud. Mae'r disgyblion hyn wedi hwylio drwy Flynyddoedd 8 a 9 yn gwneud eu gwaith cartref ar y funud olaf, yn peidio â pharatoi am brofion ac arholiadau, a phrin yn goroesi. Efallai y byddan nhw wedi arfer â dwy awr o astudio annibynnol ymatebol bob wythnos.

Maen nhw wedi cynyddu hyn i dair neu bedair awr yr wythnos erbyn hyn – bron ddwbl yr hyn maen nhw wedi'i wneud o'r blaen. Maen nhw'n teimlo'n dda am sut mae pethau'n mynd, ac wedi mynd ati i atgyfnerthu'r teimlad hwnnw o gysur drwy sefydlu grwpiau cyfoedion o ddisgyblion â lefelau ymdrech tebyg. Mae disgyblion ymdrech isel yn gwneud ffrindiau â disgyblion ymdrech isel, gan normaleiddio eu pedair awr yr wythnos.

Allan nhw ddim treulio unrhyw amser ystyrlon gyda disgyblion ymdrech uchel, wrth gwrs, neu fe fydd eu golwg gyfleus a chysurus ar y byd yn chwalu. Gall hyn fod yn broses boenus. Bydd disgyblion ymdrech isel, wrth gael eu cyflwyno i arferion a threfnau disgyblion ymdrech uchel am y tro cyntaf, yn gwrthod eu credu nhw. Rydyn ni wedi cael sgyrsiau ymyriad â disgyblion ymdrech isel, gyda'u rhieni, a'r disgybl wedi honni, 'Ond does neb yn gweithio mor galed â hynny!' neu, 'Mae'r athrawon yn dweud y dylen ni fod yn gweithio'n galed, ond does neb yn gwrando!' Os ydych chi'n ddisgybl sydd wedi dewis yn ofalus grŵp cyfoedion o ffrindiau ymdrech isel, mae'n gallu ymddangos fel petai'r byd i gyd yn anwybyddu cyngor y sefydliad. Mae'r realiti yn gallu bod yn wahanol iawn.

Felly, sut gallwn ni droi disgyblion ymdrech isel yn ddisgyblion ymdrech uchel?

Yr ateb yw: un wythnos ar y tro. Mae'n broses araf a chyson o gamau bach graddol. Mae cannoedd o ymyriadau a sgyrsiau hyfforddi (coetsio) gyda disgyblion ymdrech isel wedi ein harwain ni at y model canlynol.

Cyfnod 1: Dod i arfer â chwe awr yr wythnos

(Dros dair wythnos)

I ffurfio arfer, mae angen tri pheth – rhywbeth i atgoffa (amser, lle neu ddigwyddiad sy'n gweithio fel sbardun), trefn arferol (ailadrodd gweithred, h.y. cyfnod o astudio dwys) a gwobr. Rydyn ni wedi bod yn llwyddiannus wrth rannu hyn â disgyblion ac arwain sesiynau ffurfio arferion. Yn y rhain bydd disgyblion yn ymrwymo i ffordd newydd o wneud hyn drwy ddewis pob un o'u tri pheth nhw.

Does gan ddisgyblion ymdrech isel ddim trefn arferol ar hyn o bryd ac mae hi'n anodd iddyn nhw greu trefn newydd. Maen nhw wedi treulio'r tair neu bedair blynedd diwethaf mewn modd ymatebol. (Maen nhw'n aros am gyfarwyddyd. Maen nhw'n gwneud y gwaith ar ôl iddo gael ei osod – a phwy a ŵyr pryd bydd hynny?) Felly mae angen help i greu fframwaith ar gyfer eu harfer rhagweithiol newydd.

Dyma ble gallech chi ddechrau:

Atgoffa: *3.30pm*

Trefn arferol: *Awr a chwarter o weithgaredd mewn man tawel, yn gorffen am 4.45pm, wedi'i rannu yn dair adran fel hyn:*

1. *25 munud o waith dwys heb ddim byd i dynnu'ch sylw a'ch ffôn ar y gosodiad awyren.*

2. *25 munud o seibiant. Ymlacio, dal i fyny, edrych ar y cyfryngau cymdeithasol, gwrando ar gerddoriaeth, ac ati.*

3. *25 munud o waith eto: arbennig o ddwys, dim byd o gwbl i dynnu eich sylw.*

Gwobr: *Beth bynnag mae'r disgybl yn ei ddewis, o fewn rheswm – rhaglen deledu, ychydig bach o gerddoriaeth, paned a bisged.*

Os gallwch wneud i hyn ddigwydd am wythnos lawn, bydd y disgybl wedi gwneud bron i chwe awr (heb gynnwys y seibiannau

25 munud, wrth gwrs). Yn sicr, hon fydd yr wythnos galetaf o waith iddyn nhw ei gwneud ers cryn amser. Byddan nhw wedi'u llorio.

Ond yn bwysicach, bydd hi'n anodd iddyn nhw lenwi'r chwe awr ddwys hyn. Mae'r dysgwyr hyn wedi dod i arfer â gwneud darnau o waith mor gyflym a diymdrech â phosibl. Felly byddan nhw'n dweud wrthych chi does dim digon o waith yn cael ei roi i gyfiawnhau chwe awr o astudio annibynnol.

Mae'n annhebygol mai'r ateb yw gofyn i'r athrawon osod mwy o waith. (Ond mae'n bosibl. Os ydych chi'n teimlo'n wirioneddol nad yw eich ysgol neu goleg yn gofyn digon gan y dysgwyr, mae her o'ch blaen a bydd angen cefnogaeth uwch-arweinwyr.) Yn lle hynny, mae'n bosibl iawn mai'r ateb yw llunio rhestr o weithgareddau ymdrech uchel y mae eich disgyblion gorau eisoes yn dewis eu gwneud yn eu hamser astudio – rydych chi'n casglu dangosyddion rhagfynegi yma. Trefnwch grŵp ffocws a gofynnwch iddyn nhw. Dewiswch y rhai hawsaf i'w dyblygu. Os yw eich rhestr yn debyg i'n rhestr ni, dyma'r mathau o bethau fydd arni hi:

» Gwirio bod nodiadau'n drefnus ac yn ddarllenadwy. Mynd drwy'r nodiadau i amlygu pwyntiau allweddol.

» Creu geirfaoedd o ddiffiniadau allweddol gydag enghreifftiau.

» Trefnu'r hyn sydd wedi'i ddysgu hyd yn hyn mewn modd thematig gan ddefnyddio amrywiaeth o drefnyddion graffig posibl (e.e. mapiau meddwl, siartiau, tablau, diagramau, rhestri).

» Defnyddio gwerslyfrau'r cwrs neu eich ADRh i atgyfnerthu yr hyn rydych chi wedi'i ddysgu ac wedyn ei estyn.

» Archwilio eich adborth hyd yn hyn i wneud rhestr dargedau o gamgymeriadau cyffredin a meysydd i'w gwella.

» Cymharu atebion enghreifftiol â'u gwaith eu hunain a gwneud rhestr o ymrwymiadau ar gyfer y tro nesaf.

Mae disgyblion ymdrech uchel yn gosod tasgau fel hyn iddyn nhw eu hunain. Bydd disgyblion ymdrech isel yn gweld hyn yn hollol loerig (pam byddai neb yn *gosod gwaith iddo'i hun yn wirfoddol*?), ond gallwch eu cael nhw i ddod i arfer â'r trefnau arferol hyn yn araf. Wrth adolygu'r wythnos, gofynnwch i'r disgyblion beth wnaethon nhw â'u 50 munud o astudio, ac ewch yn ôl at eich rhestr o weithgareddau ymdrech uchel i'w herio nhw eto fyth a'u cefnogi nhw i ffurfio arferion.

Cyfnod 2: Dod i arfer â naw awr yr wythnos

(Dros dair wythnos arall)

Dyma ble gallech chi fynd nesaf:

Atgoffa: *3.30pm*

Trefn arferol: *Awr a hanner o weithgaredd mewn man tawel, yn gorffen am 5pm, wedi'i rannu yn bum adran fel hyn:*

1. *25 munud o waith dwys heb ddim byd i dynnu eich sylw a'ch ffôn ar y gosodiad awyren.*

2. *5 munud o seibiant. Amser i edrych yn sydyn ar y cyfryngau cymdeithasol, chwarae un gân, ymestyn neu fynd am dro.*

3. *25 munud o waith eto: arbennig o ddwys, dim byd o gwbl i dynnu eich sylw.*

4. *5 munud o seibiant.*

5. *25 munud o waith eto: yr un fath â'r uchod – dwys ac yn canolbwyntio'n llwyr.*

Gwobr: *Eto, beth bynnag mae'r disgybl yn ei ddewis, o fewn rheswm.*

Os gallwch wneud i hyn ddigwydd am wythnos lawn, bydd y disgybl wedi gwneud bron i 9 awr o waith, heb gynnwys y seibiannau byr. Mae hwn yn gam mawr ymlaen. Efallai na fydd rhai o'r disgyblion sy'n rhan o'r ymyriad byth yn cyrraedd mor bell â hyn, ond os gwnân nhw, maen nhw'n gwneud digon o ymdrech i gael eu gwobrwyo go iawn.

Nodyn am amseriadau: mae'r enghreifftiau isod yn tybio rhyw fath o sesiwn ar ôl ysgol. (Does dim rhaid cael hyn bob amser, er ein bod ni'n hoff iawn o 'wers 6'!) Os nad yw'r dewis ar gael i chi, ceisiwch fodelu'r broses unwaith neu ddwy, cyn rhoi'r cyfrifoldeb i'r disgyblion drwy newid yr amser dechrau i 4.30pm a gofyn iddyn nhw ei wneud gartref. Gyda rhai carfanau, rydyn ni wedi paratoi ystafell am sesiwn cyn ysgol yn dechrau am 7.30am ac yn gorffen wrth i'r diwrnod ddechrau, neu wedi cynnal sesiynau byrrach yn ystod amser cinio.

Gwobrau a'r 'effaith cynnal disgwyliadau'

Rydyn ni wedi dod ar draws mater diddorol gan ddefnyddio'r math hwn o ymyriad, yn enwedig wrth weithio gyda disgyblion a oedd yn arfer bod yn onest am eu hymdrech isel, wedi colli diddordeb, neu'n tarfu ar ddosbarthiadau.

Dyma beth sy'n digwydd. Pan fydd athrawon yn cael gwybod am yr ymyriad, byddan nhw'n mynegi eu rhwystredigaeth, wrth reswm ('Hwn yn cael cyfle arall eto?' 'Mae e'n ddiog. Does dim byd y gallwch ei wneud am y peth.' 'Yn fy marn i, rydych chi'n gwastraffu'ch amser yn rhoi mwy o gefnogaeth i hwn.'). Mae'r effaith Pygmalion wedi'i hastudio'n eang ym myd addysg (gan ddechrau â Rosenthal a Jacobson yn 1968) – hynny yw, y duedd i ddisgwyliadau o ymddygiad disgybl greu'r ymddygiad hwnnw. Mae un astudiaeth o Brifysgol Grenoble yn crynhoi cysyniadau Pygmalion yn dda, gan ddisgrifio sut mae'r modelau 'fel rheol yn cynnwys tri cham: (i) bydd athrawon yn datblygu disgwyliadau ar gyfer cyflawniad disgyblion yn y dyfodol, (ii) byddan nhw'n trin disgyblion yn wahanol yn unol â'r disgwyliadau hyn, (iii) mae'r driniaeth wahaniaethol hon yn dylanwadu, yn uniongyrchol neu'n anuniongyrchol … ar gyrhaeddiad y disgyblion' (Trouilloud et al., 2002, t. 594).

Rydyn ni wedi gweld disgyblion sydd wedi dechrau gwneud ymdrech wirioneddol i newid yn dod yn ôl aton ni'n ddigalon. Maen nhw'n dweud eu bod nhw wedi ceisio cynyddu eu lefelau ymdrech, ond nad oes neb wedi sylwi. Mae'r athrawon heb fod yn gefnogol – mae'r

disgyblion heb gael adborth cadarnhaol nac anogaeth, nac unrhyw arwydd o gynnydd. Yn aml byddan nhw wedi cael y gwrthwyneb – edrychiad amheus, rholio'r llygaid, neu sylw doniol neu goeglyd. 'Effaith cynnal disgwyliadau' yw enw Cooper a Good (1983) ar hyn. Maen nhw'n dadlau ei bod yn digwydd (ni sydd wedi rhoi'r teip italig), 'pan fydd perfformiad disgyblion yn cael ei gadw ar y lefel sy'n bod eisoes oherwydd disgwyliadau athrawon … bydd athrawon yn ymateb ar sail eu *disgwyliadau presennol o'r disgyblion* yn hytrach nag ymateb i newidiadau i gyflawniad y disgyblion' (Cooper a Good, 1983, t. 17).

Rydyn ni wedi ceisio ymdrin â hyn mewn dwy ffordd. Un ymagwedd yw rhoi'r wybodaeth i'r disgybl a gofyn iddo fod yn gyfrifol am hyn. Yma, rydych chi'n esbonio effaith cynnal disgwyliadau mewn addysgu. 'Mae dy athrawon yn gweithio gyda channoedd o ddisgyblion bob wythnos,' gallwch ddweud. 'Efallai na fyddan nhw'n sylwi dy fod di wedi newid am dipyn o amser eto.' Rydyn ni'n ychwanegu at hyn: 'Efallai na fydd dy rieni yn sylwi chwaith. Mae'n bosibl y bydd pobl eraill, ffrindiau, cyfoedion, teulu, yn dal i feddwl amdanat ti fel roeddet ti, a fyddan nhw ddim yn newid eu canfyddiad ohonot ti tan fis neu chwe wythnos yn ddiweddarach. Bydd hwn yn gyfnod anodd – dim ond ti fydd yn gallu rhoi gwobrau i dy hun, oherwydd ti yw'r unig un sy'n gwybod bod y newid yma'n digwydd.' Gorffennwch y sgwrs drwy helpu'r disgybl i baratoi system wobrwyo bersonol a fydd yn ei gynnal drwy gyfnod a allai fod yn achosi siom.

Fel arall, gallwch siarad â'r athrawon dan sylw. Gofalwch eu bod nhw'n deall eich bod chi wedi esbonio i'r disgybl bod athrawon yn brysur a'i bod hi'n bosibl na fyddan nhw'n sylwi ar unrhyw newid i lefelau ymdrech neu ddiddordeb disgyblion i ddechrau. Ond gofynnwch iddyn nhw sylwi cyn bo hir – o fewn tua wythnos. Yn aml, bydd y disgybl yn cael yr hwb yn ystod ail neu drydedd wythnos yr arbrawf, a bydd yn croesawu hyn yn fawr!

24. Gweithgaredd Ymdrech: Y Thermomedr Ymdrech

I wneud unrhyw beth yn llwyddiannus, mae'n rhaid i chi weithio'n galed – mae mor syml â hynny.

Mae sawl un yn credu bod ei ddawn yn eithaf cyffredin, ond bod ei agwedd gadarnhaol at ei waith yn ei wahanu oddi wrth y gweddill. Mae'r actor Will Smith yn enghraifft wych o rywun sy'n honni nad oes ganddo lawer o ddawn ac mai ei agwedd at ei waith sy'n ei wahanu oddi wrth y gweddill. Dyma beth mae'n ei ddweud am waith caled:

Yr unig beth sy'n wahanol iawn amdana' i, yn fy marn i, yw nad oes gen i ofn marw ar beiriant rhedeg. Wnaiff neb yn y byd weithio'n galetach na fi. Efallai fod gennych chi fwy o ddawn na fi, efallai eich bod chi'n fwy peniog na fi, efallai eich bod chi'n fwy rhywiol na fi, efallai eich bod chi'n bob un o'r rhain – yn well na fi mewn naw categori. Ond os ydyn ni'n mynd ar y peiriant rhedeg gyda'n gilydd, mae dau beth yn bosibl: rydych chi'n camu oddi arno'n gyntaf neu rydw i'n mynd i farw. Mae mor syml â hynny!

Gyda'r thermomedr ymdrech, gallwch gadw golwg ar ba mor galed rydych chi'n gweithio. Yn gyntaf, mae'n rhaid i chi benderfynu beth yw lefelau ymdrech uchel.

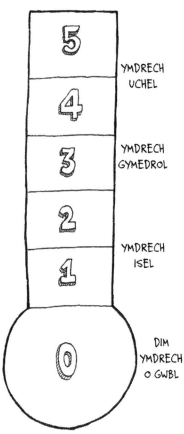

Efallai y byddai'n well i chi wneud y gweithgaredd hwn gyda'ch grŵp tiwtor, neu ofyn i rai o'ch ffrindiau am eu barn nhw. Wrth ymyl 'ymdrech uchel', ysgrifennwch beth mae'r disgyblion ymdrech uchel yn ei wneud. (Rydyn ni wedi gwneud y gweithgaredd hwn sawl gwaith o'r blaen. Dyma enghreifftiau o'r atebion rydyn ni'n eu cael yn aml: gwneud deg awr o adolygu bob wythnos, canolbwyntio yn y dosbarth bob amser, gweithio'n galed ym mhob gwers, gwneud gwaith ychwanegol ar ben gwaith cartref, gofyn cwestiynau i athrawon os nad ydyn nhw'n deall rhywbeth, mynychu sesiynau amser cinio neu sesiynau dal i fyny ar ôl ysgol.)

Nesaf, mae angen i chi wneud yr un peth ar gyfer disgyblion ymdrech gymedrol ac isel. Sut mae'r ymddygiadau hyn yn wahanol?

Nawr mae'n bryd i chi eich barnu eich hun. Byddwch yn onest – does neb arall byth yn mynd i weld hyn. Ble byddech chi'n rhoi eich hun ar y raddfa – ymdrech wael, gymedrol neu fawr?

Ar ôl i chi benderfynu, atebwch y cwestiynau canlynol:

1. Ydych chi'n gweithio'n ddigon caled eto?

2. Ydych chi'n *ymatebol* (yn ymateb i gyfarwyddyd athrawon yn unig) neu'n *rhagweithiol* (yn trefnu pethau eich hun, gosod gwaith ychwanegol i chi'ch hun, cymryd cyfrifoldeb dros eich cynnydd eich hun)? Rhowch groes ar y llinell isod i gynrychioli ble gallech chi fod, yn eich barn chi:

Ymatebol   **Rhagweithiol**

Pam rydych chi wedi penderfynu fel hyn? Nodwch y dystiolaeth:

_____

3. Beth gallech chi ei newid? Sut gallech chi wthio'r groes yn bellach i'r dde?

4. Enwch dri neu bedwar disgybl sy'n gweithio'n galetach na chi. Beth maen nhw yn ei wneud?

5. Ydych chi wedi taro'r cydbwysedd cywir rhwng gwaith a gorffwys? Pa addasiadau allech chi eu gwneud?

Gwnewch y gweithgaredd hwn eto bob tymor: wrth i chi fynd drwy'r flwyddyn, bydd faint o ymdrech y mae ei angen i chi ei wneud yn newid.

25. Gweithgaredd Ymdrech: Pacio Fy Magiau

Yn aml, bydd ein canfyddiad o'n hymdrech ni ein hunain yn anghywir. Rydyn ni'n aml yn barnu'n hymdrech yn ôl y bobl sydd o'n cwmpas ni. Felly, petai rhywun yn gofyn i chi pa mor galed rydych chi'n gweithio, efallai y byddech chi'n meddwl am eich tri ffrind agosaf, yn eich cymharu'ch hun â nhw ac yna'n rhoi ateb. Mae hyn yn iawn os yw eich ffrindiau i gyd yn gweithio'n galed iawn. Os nad ydyn nhw, gallech chi fod yn twyllo'ch hun eich bod chi'n gwneud digon o waith.

Gall fod yn ddefnyddiol gwneud rhestr wirio i weld pa mor galed rydych chi'n gweithio ac a oes angen i chi newid rhywbeth.

Rhowch gynnig arni. Yn gyntaf, mae angen i chi edrych ar yr ymddygiadau sydd wedi'u rhestru isod ac yna penderfynu a ydych chi'n gwneud hyn yn gyson (o leiaf unwaith yr wythnos), weithiau (o leiaf bob tair wythnos i fis) neu'n anaml (unwaith y tymor neu hyd yn oed byth). Yna mae'n rhaid i chi benderfynu a oes angen datblygu hyn (ei wella). Os ydych chi'n credu y dylech chi ddatblygu hyn, eich tasg olaf yw rhoi blaenoriaeth uchel, canolig neu isel iddo, gan ddibynnu sut y bydd yn effeithio ar eich perfformiad, yn eich barn chi.

Ymddygiad	Ei arddangos yn gyson/weithiau/yn anaml	Angen ei ddatblygu: uchel/canolig/isel
Rydw i bob amser yn cyflwyno fy ngwaith cartref mewn pryd.		
Rydw i'n gadael pethau tan y funud olaf.		
Rydw i'n gwneud cyn lleied o waith â phosibl.		
Rydw i'n cyflwyno gwaith arholiad ychwanegol i'w farcio.		
Yn y rhan fwyaf o ddosbarthiadau, fy mhrif nod yw gwneud cyn lleied â phosibl fel nad oes rhaid i mi weithio'n galed iawn.		
Rydw i'n gweithio'n galed gartref.		
Rydw i'n astudio'n annibynnol am ddeg awr yr wythnos gartref.		

Y cam nesaf yw penderfynu beth rydych chi'n fodlon ag ef a beth rydych chi'n anfodlon ag ef.

Mae'r gweithgaredd hwn yn defnyddio'r gymhariaeth o bacio eich bagiau ar gyfer gwyliau. Dychmygwch eich bod yn gadael eich cymeriad presennol ar ôl ac yn datblygu cymeriad newydd. Byddwch chi eisiau mynd â rhai pethau gyda chi – elfennau ar eich tueddiadau a'ch arferion gwaith presennol rydych chi'n eu hoffi. Yn bendant, bydd eisiau gadael rhai pethau ar eich ôl arnoch chi – pethau sy'n gwneud i chi deimlo'n wael amdanoch eich hun neu sy'n achosi straen a gorbryder i chi.

Defnyddiwch y tabl isod a phenderfynwch beth mae angen i chi ei wella (rhowch y rhain yn y golofn 'eu pacio') a beth mae angen i chi ei adael ar ôl.

Eu pacio	Eu gadael ar ôl

Yn olaf, mae angen i chi ddewis dyddiad – hynny yw, y dyddiad pan fyddwch chi'n gadael pethau ar ôl os nad ydych chi eisiau iddyn nhw fod yn rhan o'ch bywyd chi yn yr ysgol (popeth rydych chi wedi'i roi yn y golofn ar y dde).

Rhowch rai dyddiau i chi'ch hun. Bydd angen i chi fod yn feddyliol barod i gyfrif y dyddiau tan y dyddiad hwn ac edrych ymlaen ato. Awgrym: yn ein profiad ni, mae dydd Iau neu ddydd Gwener yn ddewis da. Bydd bod yn gymeriad newydd yn waith blinedig. Os dechreuwch chi ar ddydd Llun, byddwch chi wedi blino'n lân erbyn dydd Mercher! Rydyn ni wedi gweld bod disgyblion yn fwy llwyddiannus wrth gael diwrnod neu ddau o'u hunan newydd cyn i benwythnos ddod i'w hachub nhw …

26. Gweithgaredd Ymdrech: Gwibio am 25 Munud

Mae'r entrepreneur a'r awdur o'r Eidal, Francesco Cirillo, wedi ysgrifennu llyfr enwog iawn o'r enw *The Pomodoro Technique*. Pomodoro yw'r gair Eidaleg am domato. (Amserydd cegin yw'r tomato dan sylw, nid un go iawn!) Fe ddown ni'n ôl at y tomato mewn munud.

Yn ei lyfr, mae Cirillo yn dadlau y gallwn gynhyrchu llawer o egni ac ymdrech drwy weithio mewn pyliau byr, hyd yn oed ar dasgau hir nad ydyn ni'n teimlo cymhelliant i'w gwneud. Meddyliwch am yr holl dasgau mae'n rhaid i chi eu gwneud ac mae'n gas gennych chi feddwl am eu dechrau – efallai nodiadau adolygu, traethodau, trefnu nodiadau anhrefnus, neu ddarn o waith cwrs.

Dewiswch un sydd wedi mynd yn dipyn o hunllef i chi – un sy'n fwrn arnoch chi a dydych chi ddim eisiau ei gwneud. Nodwch hi yma:

_____

Cam 1

Nawr am y tomato. Hynny yw, ceisiwch gael gafael ar amserydd cegin (does dim rhaid iddo fod yn unrhyw siâp arbennig!) neu defnyddiwch yr amserydd ar eich ffôn.

Chwiliwch am rywle tawel. Trefnwch y pethau angenrheidiol i ddechrau. Rydych chi'n mynd i wibio am 25 munud. Mae'n bwysig dweud hyn wrthych chi'ch hun: *25 munud – dyna'r cyfan.* Chewch chi ddim gadael i ddim byd dynnu eich sylw yn ystod 25 munud. Peidiwch â phryderu. Cewch fynd yn ôl ar y cyfryngau cymdeithasol ymhen 25 munud i edrych ar ddiweddariadau a negeseuon.

Nawr, dechreuwch yr amserydd ac ewch amdani!

Cam 2

Llongyfarchiadau! Rydych chi wedi dechrau'r dasg hunllefus. Yn sydyn iawn, bydd y dasg hon yn ymddangos yn llai dychrynllyd. Byddwch chi'n gallu dod yn ôl ati.

Rhai awgrymiadau ynghylch defnyddio'r Dechneg Pomodoro:

1. Rhowch gynnig ar 25 munud o waith, 25 munud o seibiant, 25 munud o waith. Mae'n cymryd cyfanswm o awr a chwarter, a gallwch wneud hyn yr un amser bob nos ar ôl ysgol.

2. Rhowch gynnig ar 25 munud o waith, 5 munud o seibiant, 25 munud o waith, 5 munud o seibiant, 25 munud o waith. Mae'n cymryd tua awr a hanner, ac mae'n dechneg ddefnyddiol i ymosod go iawn ar ddarn anodd o waith.

3. Ceisiwch fesur tasgau fesul gwibiad. Sawl un bydd eu hangen? Fel hyn, byddwch chi'n datblygu teimlad o sut rydych chi'n gweithio, a gallwch ddechrau gwneud tasgau sy'n codi ofn arnoch chi yn gyflymach ac yn haws.

4. Ceisiwch ddefnyddio'r dull gwibio i adolygu gwaith. Yn sydyn, byddwch chi'n teimlo eich bod chi ar y blaen ac yn feistr ar y gwaith. Mae'n deimlad gwych!

27. Gweithgaredd Ymarfer: Y Grid Naw Blwch

Cyn i chi ddechrau ymosod go iawn ar eich adolygu, mae angen i chi allu mynd ati i aildrefnu'r wybodaeth mae angen i chi ei ddysgu. Mae hynny'n golygu ailysgrifennu neu aildrefnu eich nodiadau dosbarth fel rhywbeth rydych chi wedi'i adeiladu eich hun – rhywbeth rydych chi wedi'i brosesu a'i greu. Dim darllen nac amlygu nodiadau yn oddefol yma – dim ond ailysgrifennu gweithredol!

Ddylech chi ddim treulio gormod o'ch amser ar hyn – rydyn ni'n argymell tua 50% – ond mae'n gam pwysig iawn.

Un ffordd o wneud hyn rydyn ni wedi'i mwynhau'n fawr yw'r grid naw blwch. (Disgybl Safon Uwch ffiseg ddysgodd hyn i ni. Aeth ef i Rydychen yn y pen draw felly rydyn ni'n gwybod bod y grid yn gweithio!) A dyma'r peth gorau amdano: dim ond dalen o bapur A4 mae ei angen arnoch chi.

Rhowch y papur o'ch blaen – wedi'i gyfeirio ar draws – a'i blygu'n dair rhan, fel hyn:

Yna, ar ôl ei blygu, gwnewch hyn eto'r ffordd arall fel eich bod chi'n gallu ei agor i roi naw sgwâr:

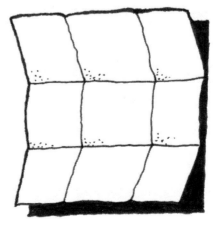

Rydych yn llenwi'r grid mewn tri cham:

1. Eich her yw crynhoi testun cyfan (neu, os ydych chi'n teimlo'n ddewr, cwrs cyfan) mewn naw blwch. Yn gyntaf, mae angen i chi ddarllen drwy eich nodiadau ar y testun/ cwrs a phenderfynu beth yw eich naw blwch. Gofynnwch i chi'ch hun: beth yw'r naw isadran allweddol? Gofynnwch i'ch athrawon awgrymu naw. Gweithiwch gyda'ch ffrindiau i ddewis y naw. Ewch drwy bapurau arholiad i weld a ydyn nhw'n gallu'ch helpu chi i ddewis y naw.

2. Pan fydd y naw isadran gennych chi, mae angen i chi ddod o hyd i ffordd o grynhoi eich nodiadau i gyd i mewn i'r blychau bach ar y grid. Chewch chi ddim defnyddio mwy o le. Peidiwch â cheisio ysgrifennu mor fach nes eich bod chi'n methu ei ddarllen! Defnyddiwch ddiagramau, lluniau, mapiau meddwl neu drefnyddion graffig eraill i grynhoi eich gwybodaeth. Gwnewch beth bynnag mae ei angen arnoch chi, ond mae'n rhaid i chi gael popeth i mewn i'r naw blwch bach. Yna tynnwch ffotograff ohono rhag ofn iddo fynd ar goll!

3. Nawr darllenwch drwy'r grid i gyd ac, ar yr ochr arall, gwnewch restr o gysyniadau, syniadau a geirfa allweddol y bydd angen i chi eu meistroli. A dyna ni. Cwrs neu destun cyfan ar un ddalen o bapur.

Pan fydd eich grid naw blwch yn barod, byddwch chi'n barod i roi cynnig ar gwestiynau arholiad. Byddwch yn gweld disgyblion eraill yn ailddarllen eu nodiadau yn llafurus neu'n copïo holl ddeunydd y cwrs â'u beiro lwcus – ond anwybyddwch nhw. Mae'r cynnwys i gyd gennych chi ar un ddalen! Yna bydd angen i chi symud ymlaen yn gyflym i brofi eich dealltwriaeth, eich gallu i alw i gof ac i gyflawni dan amodau arholiad.

28. Gweithgaredd Ymarfer: Ewyllys yn erbyn Sgìl

Pe baech chi'n gofyn i'r rhan fwyaf o ddisgyblion beth maen nhw yn ei wneud fwyaf wrth adolygu, os ydyn nhw yn onest fe fyddan nhw'n dweud eu bod yn adolygu'r pethau maen nhw'n hoffi eu gwneud. Mae'n eithaf normal, wrth feddwl am y peth. Rydyn ni i gyd yn hoffi treulio amser ar weithgareddau rydyn ni'n teimlo'n gysurus neu'n hyderus wrth eu gwneud.

Y broblem bosibl yw ein bod ni'n gohirio pethau sy'n gwneud i ni deimlo'n anghysurus, neu bethau dydyn ni ddim yn hoffi eu gwneud.

Mae pawb wedi clywed am Usain Bolt – rhedwr 100 metr cyflymaf y byd erioed. Roedd yn mynd ati i ymarfer mewn ffordd ddiddorol – yn darganfod beth oedd ei wendidau, ac wedyn yn treulio'r rhan fwyaf o'i amser ymarfer y rhain. I Bolt, dechrau ei 100 metr oedd hynny. Roedd yn ddyn mawr ac roedd codi o'r blociau'n ymdrech fawr iddo. Dywedodd ei fod yn gwybod mai dyma oedd ei wendid. Nid oedd yn wych yn gwneud hyn (roedd ei 'sgìl yn isel' o ran gadael y blociau'n gyflym), a hefyd, nid oedd yn mwynhau'r agwedd hon ar ei ymarfer yn fawr iawn (roedd ei 'ewyllys yn isel' yn y maes hwn – hynny yw, roedd yn rhaid iddo'i orfodi ei hun i'w wneud, bron yn erbyn ei ewyllys). Er gwaethaf y rhwystrau hyn, roedd Bolt yn treulio llawer o'i amser ymarfer ar yr elfen hon oherwydd ei fod yn gwybod mai dyma ble gallai wella fwyaf.

Mae'r matrics Ewyllys yn erbyn Sgìl yn ffordd ddefnyddiol o'ch helpu chi i weld ble mae angen i chi dreulio eich amser yn ymarfer. Nid dim ond syniad Bolt yw hyn – cafodd ei wneud yn boblogaidd yn *The Tao of Coaching* gan Max Landsberg. Dewch i ni weld a wnaiff eich helpu chi fel mae wedi helpu Usain Bolt.

Cam 1

Dewiswch un o'ch pynciau. Rhestrwch bob maes testun mae angen i chi eu cynnwys wrth adolygu. Os ydych chi wedi gwneud grid naw blwch ar gyfer y pwnc, bydd hyn yn haws o lawer.

Cam 2

Nesaf, rhowch bob un o'r meysydd testun yn y grid isod. Mae angen i chi benderfynu ynghylch dau beth am y maes testun i'w roi yn y lle cywir. Yn gyntaf, pa mor dda ydych chi am ei wneud (sef lefel y sgìl)? Yn ail, pa mor hoff ohono ydych chi (sef lefel eich ewyllys)?

» **Ewyllys uchel/sgìl isel.** Yma, rydych chi'n rhoi'r testunau rydych chi'n hoffi eu gwneud ond yn dal i ddatblygu'ch sgiliau ynddyn nhw. Er enghraifft, efallai eich bod chi'n hoff o astudio llenyddiaeth Gymraeg ond yn gwybod bod angen i chi ddatblygu'ch arbenigedd.

» **Ewyllys uchel/sgìl uchel.** Yma, rhestrwch yr holl destunau rydych chi wrth eich bodd yn eu gwneud ac yn dda am eu gwneud.

» **Ewyllys isel/sgìl isel.** Yn y blwch hwn, ysgrifennwch restr o'r testunau dydych chi ddim yn eu hoffi ac yn gwybod bod angen datblygu eich sgiliau ynddyn nhw.

» **Ewyllys isel/sgìl uchel.** Mae hwn yn flwch diddorol. Mae ar gyfer testunau dydych chi ddim yn eu hoffi, ond rydych chi'n gallu eu gwneud yn dda.

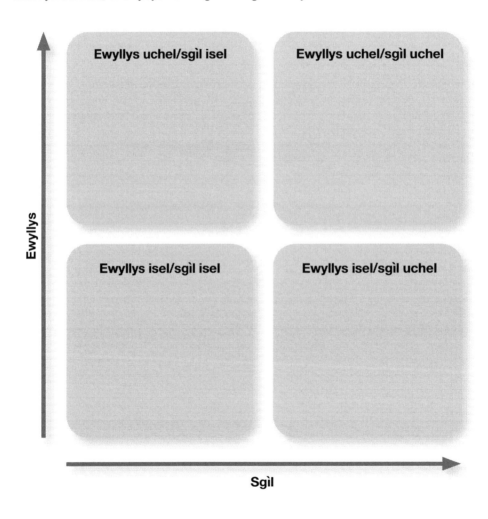

Ffynhonnell: Landsberg (2003), t. 55.

Ar ôl i chi roi'r testunau i gyd yn y tabl, mae'n amser meddwl.

Ble rydych chi wedi bod yn treulio'r rhan fwyaf o'ch amser adolygu? Ydy hi'n bryd i chi roi sylw i'r blwch ewyllys isel/sgìl isel?

Yn olaf, pryd fyddai'r adeg orau i wneud hyn? Dewiswch adeg o'r dydd pan fyddwch chi'n teimlo'n hyderus ac yn llawn egni a pharatowch wobr wych am wneud y gwaith!

9. Mis Mawrth

Ymladd neu Ffoi

Misoedd Chwefror a Mawrth yw'r adegau, i ni beth bynnag, pan all pethau fynd o'u lle. Pan fydd ymyriadau brysiog yn mynd ar frys gwyllt, disgyblion yn colli eu ffordd, a chyfarfodydd ar ôl ysgol â rhieni ac ag asiantaethau yn cyrraedd eu hanterth. Hyd yn oed ein disgyblion gorau yn mynd drwy brofiadau anodd sy'n awgrymu na fyddan nhw'n cael y graddau maen nhw yn eu haeddu.

Rydyn ni wedi treulio llawer o amser dros y blynyddoedd diwethaf yn ystyried sut gallen ni helpu disgyblion i ymdopi'n well â'r rhwystrau, yr anawsterau a'r trychinebau hyn – i ddatrys eu problemau astudio eu hunain, yn y bôn. (Mae angen gwahaniaethu yma: rydyn ni'n sôn am broblemau emosiynol-gymdeithasol – hynny yw, rhai â llawer o ddatrysiadau posibl sy'n aml yn ansefydlog,

yn hytrach na phroblemau ag un datrysiad sy'n ymwneud â gwybodaeth am bwnc, fel problem fathemateg benodol.) Rydyn ni wedi cael cannoedd o sgyrsiau datrys problemau â disgyblion dros y blynyddoedd. Un peth rydyn ni wedi'i ddysgu yw, er y gallwn gael ein temtio i gynnig datrysiadau penodol, mai'r unig beth mae hynny yn ei wneud yw creu dibyniaeth a niferoedd mawr o ddisgyblion yn dod yn ôl dro ar ôl tro am ragor o gefnogaeth. Wrth edrych yn ôl, rydyn ni wedi bod yn euog o greu carfan o ddysgwyr pryderus, anghenus sy'n dibynnu arnon ni i gyrraedd diwedd y dydd. Mae hyn oherwydd ein bod ni'n dal i gynnig datrysiadau anghynaliadwy i'w tywys nhw drwy'r dydd.

Roedden ni'n gwybod bod angen i ni wella gallu'r disgyblion i ddatrys problemau, ond am gyfnod hir roedden ni'n methu deall sut oedd gwneud hyn. Fe gawson ni ddatblygiad o fath wrth gymhwyso'r egwyddorion, y strategaethau a'r dulliau roedden ni'n ddigon ffodus i'w cael drwy ddatblygiad proffesiynol parhaus a hyfforddiant arweinyddiaeth i'n disgyblion. Mae digonedd o fodelau a dulliau datrys problemau ar gael (gallwch ymchwilio i haniaethu, profi rhagdybiaeth, dadansoddi modd a diben, symleiddio ac yn y blaen).

Ein man cychwyn ni oedd dadansoddi gwir achos – adnabod y ffactorau sy'n achosi digwyddiad annymunol neu'n cyfrannu ato, gan ddechrau â chylchred datrys problemau David Kolb (gweler McLeod, 2013). Gwnaeth hyn ein hannog ni i archwilio cyfres o faterion roedden ni'n dymuno'u datrys – presenoldeb, prydlondeb, lefelau ymdrech, diwylliant ac ati. Symud drwy bedwar cam penodol mewn cylchred o ddatrys problemau ac adeiladu datrysiadau oedd ein ateb i hyn, yn hytrach na boddi mewn trafodaeth sy'n troi mewn cylchoedd a'r hyn y gallai rhai pobl ei alw yn barlys dadansoddi. Mae Kolb yn hyrwyddo 'dysgu drwy brofiad'. Felly bwriad y gylchred yw annog ailadrodd problem, datrysiad a myfyrdod, gan ein hannog ni i dreulio'r un faint o amser ar bob cyfnod, a pheidio ag oedi gyda'n hoff gyfnodau neu hepgor rhannau o'r broses yn llwyr – rydyn ni wedi gweld y ddau yma yn digwydd o'r blaen.

Mae'r dull wedi'i gynnwys yn y bennod hon ar ei ffurf i'w-ddefnyddio-gan-ddisgyblion, ond mae'n werth edrych ar bob cyfnod yma er mwyn archwilio'r hyn rydyn ni wedi'i ddysgu a beth yw'r ffordd orau o'i ddefnyddio. Mae

Kolb yn awgrymu cylchred pedwar cam o gwestiynau syml fel hyn:

1 Beth sy'n digwydd ar hyn o bryd?

2 Pam mae'n digwydd fel hyn?

3 Beth yw eich opsiynau?

4 Sut aeth hi, a beth rydyn ni wedi'i ddysgu?

Mae hyn yn eithaf syml ar yr wyneb, ond o dan yr wyneb mae llu o gredoau ac egwyddorion diddorol ar gyfer datrys problemau rydyn ni wedi'u rhannu'n llwyddiannus â disgyblion.

Beth sy'n digwydd ar hyn o bryd? Pam mae'n digwydd fel hyn?

Rydyn ni wedi rhoi'r ddau hyn gyda'i gilydd, er bod hyn yn teimlo'n groes i reddf rhywun, oherwydd bod angen eu cadw nhw ar wahân (byddwch yn amyneddgar â ni!). Yn y cyfnodau hyn yn y gylchred, rydych chi'n annog y disgybl, neu'ch tîm o staff, i lunio rhestr o ffeithiau a ffigurau mae modd eu profi sy'n disgrifio perfformiad presennol (beth sy'n digwydd ar hyn o bryd?). Wedyn llunio cyfres o resymau i gyfiawnhau ac esbonio'r realiti presennol (pam mae'n digwydd fel hyn?).

Dewch i ni edrych ar ran gyntaf y frawddeg honno – *rhestr o ffeithiau a ffigurau mae modd eu profi.* Gwyliwch am y duedd ddealladwy i ddefnyddio ansoddeiriau emosiynol yn y cyfnod hwn. Bydd disgyblion yn dweud wrthych chi bod pethau'n 'ofnadwy' neu'n 'warthus', neu'n waeth, yn disgrifio eu hunain fel 'twp' neu'n dweud bod pwnc neu fater yn 'hunllef' neu'n 'drychineb'. Eich rôl chi fydd awgrymu'n gwrtais iddyn nhw beidio â dweud pethau fel hyn, ac i chwilio am realiti gwrthrychol yn lle hynny. Mae John Whitmore yn esbonio hyn yn dda yn ei lyfr, *Coaching for Performance* (2009, t. 71), pan mae'n awgrymu yn hytrach eich bod yn chwilio am 'ffeithiau a ffigurau, digwyddiadau, y camau a gymerwyd, y rhwystrau a gafodd eu goresgyn, yr adnoddau a'r bobl sydd ar gael'. Peidiwch â barnu yn ôl gwerth a chwiliwch am 'ddisgrifiad manwl nad yw'n barnu'. Yn aml, rydyn ni wedi gweld bod buddsoddiad emosiynol y disgyblion yn y mater yn golygu eu bod yn methu gweld yn glir a'i bod yn anodd iddyn nhw disgrifio beth yn union sy'n digwydd. O ganlyniad, mae'r cyfnod hwn yn her fawr iddyn nhw.

Rydyn ni wedi darllen llawer am annog creadigrwydd dysgwyr ifanc ac efallai dydy hi ddim yn syndod bod y broses greadigol yn debyg i'r broses o ddatrys problemau mewn sawl ffordd. Wrth ddisgrifio ymddygiad rhywun creadigol yn gynnar yn y broses o ddatblygu syniad, mae testunau yn cyfeirio'n aml at yr 'ehangu sylw' angenrheidiol er mwyn meddwl am syniadau – cyflwr o weld yn weithredol, rhyw fath o ganfyddiad bwriadol a phwrpasol. (Mae hyn yn ymwneud â cham breuddwydiwr y Disney Method gan Robert Dilts – mae rhagor am hyn isod.) Efallai y bydd angen i chi anfon eich disgybl

i chwilio am ffeithiau am sawl diwrnod cyn deall beth yn union sy'n digwydd mewn pwnc presennol. Yn yr un modd, wrth weithio gyda staff efallai y gwelwch chi nad oes gennych chi'r wybodaeth angenrheidiol i ddisgrifio'r broblem yn ddigon da (e.e. teimlad bod prydlondeb yn wael heb ddim data i ategu hynny), a bod rhaid i chi ddechrau â hynny.

Nawr, ail hanner y frawddeg*: cyfres o resymau i gyfiawnhau ac esbonio'r realiti presennol.* Mae angen cadw llygad am ddau beth yma. Yn gyntaf, rydyn ni wedi sylwi ar duedd amddiffynnol i ruthro o'r beth i'r pam, felly mae'n anodd iawn cadw'r sgwrs ar y trywydd cywir. Er enghraifft: 'Rydw i ar radd D mewn daearyddiaeth …' (anadlu i mewn yn sydyn) 'ond mae hynny oherwydd bod fy athro wedi bod yn sâl/yn dost am y tair wythnos diwethaf ac fe wnes i golli fy nodiadau ar y bws ac unwaith roedd rhaid i mi eistedd wrth ymyl X ac alla' i ddim canolbwyntio ac mae'r ystafell ddosbarth yn oer iawn a …'

Os cewch chi'r math hwn o ymateb, gallwch godi eich llaw yn gwrtais a dychwelyd i'r cyfnod dan sylw. ('Beth am i ni adael y *pam* am funud? Alli di fynd yn ôl i ddweud wrtha' i *beth* yn union sy'n digwydd, os gweli di'n dda?') Rydyn ni wedi gweld bod hyn yn digwydd gyda disgyblion a staff. Rydyn ni'n amau bod hyn yn rhannol oherwydd bod y pam yn lle mwy cysurus – rhestr o bryderon sy'n aml yn ddigyfnewid ac sy'n cyfiawnhau'r perfformiad presennol.

Cyfiawnhad mewnol:	Cyfiawnhad allanol:
Mae'n siŵr nad ydw i'n canolbwyntio.	Mae pawb yn swnllyd.
Dydw i ddim wedi bod yn diweddaru fy nodiadau.	Mae'r testunau'n amhosibl.
Dydw i ddim yn codi'n ddigon cynnar ac rydw i'n methu'r bws 8 o'r gloch.	Mae'r bws wastad yn rhyfedd o gynnar.
Dydy fy athro/athrawes ddim yn ymddiried ynof i.	Dydy Syr ddim yn fy hoffi i.
Dydw i ddim yn gofyn cwestiynau i ddeall yn gliriach.	Mae Mathemateg mor ddiflas.

Yn ail, gwyliwch am y mathau o resymau mae'r disgybl yn eu rhoi. Os ydych chi'n amau tueddu i gyfiawnhau yn allanol (h.y. rhoi'r bai am bopeth ar faterion sydd y tu hwnt i'w rheolaeth), defnyddiwch gontinwwm syml fel yr un uchod i helpu i ddatgelu hyn.

Peidiwch â disgwyl i bob rheswm fod yn gyfiawnhad mewnol – ac felly yn un y gellir ei ddatrys. Ond os yw'r mwyafrif helaeth (mewn rhai achosion, y rhesymau i gyd!) wedi'u cyfiawnhau yn allanol, mae defnyddio'r continwwm i ddangos hyn yn ddefnyddiol. Gallwch ddweud, 'Mae'r holl resymau rwyt ti wedi'u rhestru y tu hwnt i dy reolaeth di ar hyn o bryd. Ydy hi'n bosibl eu haralleirio nhw i'w symud nhw tuag at ochr chwith y continwwm? Drwy dderbyn y cyfrifoldeb amdanyn nhw, rwyt ti'n llawer mwy tebygol o'u datrys nhw.'

Pa opsiynau sydd gennych chi?

Dyma pryd mae'r demtasiwn i gyfrannu ar ei chryfaf. Rydyn ni'n dau wedi bod yn euog yn y gorffennol o neidio i mewn ar yr adeg yma yn frwdfrydig i ddweud 'deg peth y mae'n rhaid i chi eu gwneud i roi trefn ar bethau'. Mae'n gwneud i ni deimlo'n ddefnyddiol, fel petaen ni'n ennill ein harian. A bydd, bydd angen rhywfaint o'r gefnogaeth honno. Ond yn y rhan hon o'r sgwrs, mae angen canolbwyntio ar feithrin gallu'r disgybl i gynhyrchu syniadau. Un ffordd o wneud hyn yw cofio a chyfeirio at ymagwedd glasurol Walt Disney, a gafodd ei fodelu gan Robert Dilts (1994). Roedd Disney yn arfer mynd â'i staff creadigol drwy gyfnodau. Yn y cyfnod breuddwydio, roedd pob syniad yn cael ei ystyried yn gwbl anfeirniadol, heb feddwl am unrhyw faterion ymarferol diflas na phroblemau gweithredol. Dim ond cynhyrchu. Dim ond yn y cyfnodau bod yn realistig a beirniadu y byddai'n annog ymagwedd fwy rhesymegol, gan ofyn cwestiynau fel, 'Sut rydyn ni'n mynd i wneud hyn?' i brofi syniadau a gafodd eu cynhyrchu yn y cyfnod breuddwydio.

Rydyn ni i gyd yn tueddu i ddinistrio syniadau wrth feddwl amdanyn nhw oherwydd ein bod ni'n ystyried a ydyn nhw'n ymarferol ai peidio. I osgoi hyn, gofynnwch i'r disgyblion anghofio am faterion ymarferol. Gallwch ddweud wrthyn nhw, 'Dychmygwch fod yna ryw ffordd o ddelio â hynny. Iawn, yn ôl â ni at gynhyrchu syniadau …'

Peidiwch ag ychwanegu eich syniadau eich hun heb ganiatâd. Mae, 'Rydw i'n meddwl bod gen i ambell gynnig hefyd. Hoffet ti eu clywed nhw?' yn galluogi'r disgybl i reoli. Un o'r gweithgareddau rydyn ni wedi'u hawgrymu yn y bennod hon yw'r Matrics Blaenoriaethu Gweithredu (Gweithgaredd 37), ac mae'n un da i roi trefn ar yr adran hon yn y sgwrs. Rydych chi'n chwilio am ffyrdd o ennill yn gyflym – hynny yw, strategaethau sy'n cael effaith fawr heb lawer o ymdrech ac sy'n debygol iawn o roi teimlad o newid cadarnhaol ar unwaith. Y nod yw cynhyrchu cymaint â phosibl o ffyrdd ymlaen yn hytrach na rhoi'r teimlad bod un ateb 'cywir' rydych chi'n gobeithio y byddan nhw yn ei gyrraedd yn y pen draw.

Sut hwyl gawsoch chi? Beth rydyn ni wedi'i ddysgu?

Nawr, y disgybl fydd yr arbrofwr a byddwn ni'n symud o drafodaeth ddamcaniaethol i weithredu.

Mae angen yr un lefelau o sylw gweithredol i asesu cynnydd yn gywir; ehangu a mireinio canfyddiad. Anogwch y disgyblion i chwilio am ddangosyddion rhagfynegi ar gyfer llwyddiant cynnar yn hytrach na dewis dangosydd ôl-fynegi mwy hirdymor fel, 'Felly ar ôl rhai wythnosau, dylen ni weld dy raddau di yn gwella.' Meddyliwch am ganlyniadau ansoddol, fel teimlo'n well, canolbwyntio'n well, cyfrannu'n gadarnhaol yn amlach yn y dosbarth, teimlo'u bod wedi meistroli astudio neu rywbeth mor syml â 'mwynhau mwy' fel eich dangosyddion llwyddiant cynnar. Yn ystod y trafodaethau am gynnydd (neu'r disgrifiadau o sut does dim byd wedi newid!), dylech ymddwyn fel ymchwilydd neu wyddonydd a modelu ymateb brwd, chwilfrydig a llawn diddordeb yn beth bynnag sy'n digwydd.

Os nad yw hyn wedi gweithio, helpwch y disgybl i droi'n ôl at y pam, yna mireiniwch ac ailadeiladwch y cynllun. Drwy fodelu'r broses hon, gallwch roi rhywfaint o reolaeth a chyfrifoldeb i ddisgyblion, a gofyn iddyn nhw ddefnyddio'r dull hwn i ymdrin â materion eraill. Os ydych chi'n ffodus, byddwch chi'n creu disgyblion sydd yn chwilio am broblemau yn hytrach nag yn ffoi oddi wrthyn nhw!

29. Gweithgaredd Agwedd: Y Gylchred Datrys Problemau

Mae'r gweithgaredd hwn yn seiliedig ar waith David Kolb o Brifysgol Caerlŷr. Mae gwaith Kolb yn awgrymu ein bod ni'n dysgu orau drwy brofiad – drwy wneud. Os ydyn ni'n gweithredu ac yn rhoi cynnig ar her (ac felly yn cael profiad o rywbeth yn hytrach na dim ond darllen neu feddwl amdano) bydd ein hymwybyddiaeth, ein dealltwriaeth a'n meistrolaeth yn cynyddu. Mae Kolb yn cynnig bod 'dysgu drwy brofiad' yn mynd drwy bedwar cyfnod sydd wedi'u cyflwyno fel fframwaith i ddatrys problemau. Roedd hyn yn gweithio'n dda iawn i ni. Yma, fe rannwn ni'r hyn wnaethon ni ei ddysgu. I ddechrau, bydd angen i chi neilltuo hanner awr.

Yn gyntaf, dewiswch broblem sy'n creu anhawster i chi neu rwystr sydd o'ch blaen. Gallai ymwneud ag arferion astudio, perfformiad presennol, lefelau egni neu fater penodol i bwnc.

Y broblem neu'r rhwystr: _____

Canlyniad y broblem: _____

Nawr rhannwch y broblem yn bedwar cam cylchred datrys problemau Kolb. Defnyddiwch y canllawiau gyferbyn i gael gwybod sut i ymdrin â phob cam.

Mae'n debyg bod pob un ohonon ni'n ffafrio un o'r camau hyn ac efallai yn tueddu i oedi arno neu hyd yn oed aros arno mor hir â phosibl. Rydyn ni i gyd yn adnabod rhywun sy'n sôn yn ddiddiwedd am broblem a byth yn gwneud dim byd amdani. Efallai fod yr unigolyn hwnnw ar ei fwyaf cysurus ar gam 2 – dadansoddi'r broblem. Efallai y bydd pobl eraill rydych chi yn eu hadnabod yn penderfynu'n gyflym ac yn gwneud rhywbeth ar unwaith heb feddwl yn iawn am y peth. Efallai eu bod nhw'n teimlo yn llai cysurus yng nghamau 1 a 2 ac yn ceisio brysio ymlaen i gamau 3 a 4.

Er mwyn i'r gylchred weithio, mae angen aros ym mhob cam am gyfnod da, a gwneud y gorau o bob un.

Bydd hyn yn eich tywys chi at ddatrysiadau gwell!

4. Arbrofi â chynllun gweithredu

Cwestiwn allweddol: 'Sut aeth hi, a beth rydw i wedi'i ddysgu?'

Byddwch chi ar y cam hwn am wythnos. Rhowch gynnig ar un o'ch tri addasiad gorau. Wrth i chi wneud hyn, ceisiwch gael teimlad o sut mae'n gweithio. Daliwch ati, gan feddwl am ei effaith ar eich dysgu.

Yna aseswch eich dysgu ar ddiwedd y cyfnod. Diystyrwch, ailadroddwch neu addaswch.

1. Archwiliwch y broblem

Cwestiwn allweddol: 'Beth sy'n digwydd ar hyn o bryd?'

Arhoswch yma am ddeng munud, gan asesu'r *union sefyllfa rydych chi ynddi*. Peidiwch â defnyddio iaith feirniadol nac emosiynol ('ofnadwy', 'cachu', 'hunllef'). Defnyddiwch ffeithiau a ffigurau ('Rydw i ar radd E', 'Mae fy nghymhelliant yn isel iawn'). Chwiliwch am gymaint o dystiolaeth â phosibl – graddau, sgorau profion, presenoldeb, lefelau ymdrech ac egni, adborth. Dim ond disgrifiad sydd ei angen – peidiwch â defnyddio 'oherwydd' eto; peidiwch â chyfiawnhau dim byd. Yn bwyllog, rhestrwch bopeth am eich sefyllfa bresennol.

3. Penderfynwch beth i'w wneud

Cwestiwn allweddol: 'Pa ddewis sydd gen i?'

Arhoswch yma am ddeng munud. Edrychwch eto ar beth sy'n digwydd a pham. *Canolbwyntiwch ar ddim ond y pethau y gallwch eu datrys.* Cymerwch bwyll ac anghofiwch am bethau sydd y tu hwnt i'ch rheolaeth. Ewch drwy eich dadansoddiad o'r broblem a dechreuwch restru pethau y gallech chi eu gwneud. Peidiwch â bod yn feirniadol; anwybyddwch y rhan o'ch ymennydd sy'n dweud 'Mae hwnnw'n syniad ofnadwy!' neu 'Sut gallai hynny weithio? Mae'n hurt!' a pharhewch i restru pethau i'w gwneud. Dechreuwch â 'Gallwn i …' a mynd yn eich blaen. Os ewch chi'n sownd, cofiwch am bawb a allai helpu – athrawon, tiwtoriaid, mentoriaid, rhieni, teulu, ffrindiau.

Ar ôl i chi orffen eich rhestr, dewiswch eich hoff dri, yna eich prif ddewis.

2. Dadansoddwch y broblem

Cwestiwn allweddol: 'Pam mae hyn yn digwydd?'

Arhoswch yma am ddeng munud. Rhestrwch bob un rheswm *pam mae'r broblem yn digwydd*. Gwnewch eich rhestr mor hir â phosibl, gan eich archwilio eich hun a'r pethau rydych chi yn eu gwneud, eich agweddau a'ch credoau, dylanwad pobl o'ch cwmpas chi, eich ystafelloedd dosbarth, eich gwersi, eich deunyddiau gwaith, effaith digwyddiadau allanol, effaith athrawon a thiwtoriaid ac yn y blaen.

Rhestrwch bopeth yn bwyllog, gan ofalu nad ydych chi'n anghofio dim byd. Peidiwch â meddwl am ddatrysiadau eto. Cymerwch eich amser.

30. Gweithgaredd Ymarfer: G-SYG

Mae gan y seicolegydd siartredig a'r darlithydd prifysgol, Alison Price, ddiddordeb yn seicoleg pobl lwyddiannus. Ar ôl ymchwilio a chyfweld, mae hi'n cynnig model diddorol ar gyfer y mathau o waith paratoi mae pobl yn eu gwneud cyn datblygiad mawr. Mae Price yn dadlau nad yw'r datblygiadau hyn yn digwydd dros nos – ond o ganlyniad i gynllunio gofalus, gwaith paratoi a gweithredu penderfynol.

Ond wrth wynebu problem, mae'n normal teimlo'n ddigalon ac yn rhwystredig weithiau. Mae'n anodd iawn gwybod sut olwg ddylai fod ar waith paratoi gwych. Sut mae goresgyn hyn? Ble dylen ni ddechrau? Beth dylen ni ei wneud nesaf?

Rydyn ni wedi cael hwyl yn addasu gwaith Price i greu'r model G-SYG isod. Mae'n awgrymu pedwar peth y dylech chi ganolbwyntio arnyn nhw er mwyn torri drwy rwystr a gallu gwneud rhywbeth yn well. Mae fel cynllun pedwar cam:

G = Gwybod. Pethau mae angen i chi *wybod mwy amdanyn nhw* er mwyn torri'r rhwystr.

S = Siopa. Pethau *defnyddiol* er mwyn chwalu'r rhwystr.

Y = Ymarfer. Pethau mae *angen i chi allu eu gwneud yn well* er mwyn chwalu'r rhwystr.

G = Gweithredu. Pethau gallech chi eu *gwneud nawr* er mwyn chwalu'r rhwystr.

Yn gyntaf, dechreuwch drwy nodi eich rhwystr. Byddwch chi'n gallu ei chwalu'n llwyr yn yr wythnosau nesaf. Dewiswch rwystr sy'n eich atal chi rhag gwella; efallai y bydd yn broblem rydych chi wedi'i chanfod gan ddefnyddio'r gweithgaredd blaenorol (Y Gylchred Datrys Problemau).

Y broblem neu'r rhwystr: _____

Canlyniad y broblem: _____

Nawr, defnyddiwch y pedwar pennawd i ddechrau meddwl am syniadau i ddatrys y broblem. Pan fydd gennych chi ddigon o dan bob pennawd, eich tasg yw dewis yr un a fydd yn cael yr effaith fwyaf, ac ymrwymo i hwn. Yn y pen draw, dylai pedair gweithred bosibl fod gennych chi i'w rhoi mewn trefn!

Gwybod	Meysydd posibl ar gyfer ymchwilio a dysgu:
	Yr un peth rydw i'n mynd i'w astudio:
Siopa	Pethau posibl i'w prynu:
	Yr un peth rydw i'n mynd i'w brynu:
Ymarfer	Meysydd posibl i'w hymarfer:
	Yr un peth rydw i'n mynd i'w ymarfer:
Gweithredu	Pethau byddai hi'n bosibl i mi eu gwneud ar unwaith:
	Yr un peth rydw i'n mynd i'w wneud nawr:

Y peth pwysig yma yw ymrwymo i'r pedwar cam. I gael y gobaith gorau posibl i lwyddo, dewiswch bethau rydych chi'n gwybod eu bod nhw yn bosibl, a'u trefnu nhw fel eich bod chi'n gwybod pryd dylech chi wneud y pethau hynny.

Os ydych chi'n sownd neu os ydy hyn heb weithio, ewch yn ôl at eich rhestr o gamau posibl a dewiswch un arall!

31. Gweithgaredd Ymarfer: Ymarfer Ysbeidiol

Mae astudiaethau yn dangos bod llawer o gyfnodau byr o ddysgu yn gweithio'n well nag un cyfnod hir, sef 'ymarfer ysbeidiol'. Hynny yw, yn hytrach na gwneud popeth ar y funud olaf cyn arholiad, dechreuwch yn gynt. Gwnewch sesiynau byrrach o ymarfer ac adolygu a gadewch fwy o amser rhyngddyn nhw. Bydd hyn yn arbed amser ac egni i chi ac fel hyn, byddwch chi'n defnyddio mwy ar eich cof. Ac fel mae Benedict Carey yn ei ddweud yn ei lyfr *How We Learn* (2015, t. 40), 'mae defnyddio'r cof yn newid y cof.' Yr amlaf rydych chi'n galw rhywbeth i gof, y cryfaf fydd eich cof ohono; mae cylchred 'dysgu, anghofio, ailddysgu, cofio eto' yn cryfhau eich cof. Mae llawer iawn o astudiaethau wedi dangos bod y broses hon o ymarfer ysbeidiol yn gweithio'n well o lawer na gwneud y cyfan ar y funud olaf. Mae hefyd yn golygu gweithio am gyfnodau byrrach yn hytrach na chael sesiynau hir iawn ar y noson cyn arholiad. Byddwch chi ar eich ennill mewn dwy ffordd.

Ond sut rydych chi'n rhoi digon o fwlch rhwng cyfnodau o ymarfer ysbeidiol? Wel, mae hynny'n dibynnu faint o amser sydd tan eich arholiad. Gan ein bod ni'n rhoi'r gweithgaredd hwn yn adran mis Mawrth yn y llyfr, rydyn ni'n mynd i greu rhaglen ymarfer ysbeidiol sy'n tybio bod tri mis tan eich arholiad, ond os ydych chi'n defnyddio hwn ar adeg arall o'r flwyddyn, peidiwch â phryderu!

Mewn astudiaeth ym Mhrifysgol Caerefrog, gwelodd ymchwilwyr, 'i gadw rhywbeth yn y cof am gyfnod hir, fel rheol bydd rhaid i bobl astudio gwybodaeth ar sawl achlysur.'* (Mae 'cadw rhywbeth yn y cof am gyfnod hir' yn golygu cofio gwybodaeth!) Hynny yw – dydy astudio popeth ar y funud olaf ddim yn gweithio cystal ag edrych ar y deunydd nifer o weithiau i'w ddysgu, ei anghofio a mynd yn ôl i'w ddysgu eto. Mae llawer o astudiaethau wedi darganfod bod y bylchau rydych chi yn eu gadael yn y cyfnodau astudio hyn yn cyfrannu'n fawr at ba mor dda rydych chi'n cofio'r deunydd! Os oes gennych chi brawf mewn mis, dylai eich bylchau fod tua wythnos – pedwar prawf, ac wythnos rhwng pob un. Os yw'n dri mis – fel rydyn ni'n ei dybio – mae angen i'ch bylchau fod yn bythefnos o hyd.

Felly, at ein dibenion ni, mae angen i chi fod yn adolygu testunau bob pythefnos. Byddwch chi'n anghofio elfennau yn ystod y cyfnodau rhwng adolygu, ac yn adnewyddu eich gwybodaeth pan fydd y prawf nesaf ar y gweill.

* Gweler Cepeda, N. J., Vul, E., Rohrer, D., Wixted, J. T. a Pashler, H. (2008). Spacing effects in learning: a temporal ridgeline of optimal retention. *Psychological Science* 19: 1095–1102.

Does dim rhaid i chi wneud hyn ar gyfer pob arholiad. Dechreuwch drwy ddewis pwnc mae angen hwb arno, yn eich barn chi, a chynlluniwch sut i ymarfer yn ysbeidiol gan ddefnyddio'r grid isod. Rydyn ni wedi rhoi rhai enghreifftiau i'ch helpu chi i ddechrau arni.

Wythnos	1	2	3	4	5	6	7	8	9	10	11	12
Testun A	Diwygio		Adolygu manwl		Adolygu manwl		Adolygu manwl		Adolygu cyflym		Adolygu cyflym	
Testun B		Diwygio		Adolygu manwl		Adolygu manwl		Adolygu manwl		Adolygu cyflym		Adolygu cyflym
Testun C												
Testun Ch												
Testun D												
Testun Dd												

Sylwch: Diwygio – astudio'r testun i ddechrau i'w grynhoi; adolygu manwl – sesiwn adolygu fanwl, gan gofio popeth unwaith eto; adolygu cyflym – adolygu byrrach, ysgafnach i wirio eich cof.

Un peth arall: gwyliwch am ein tueddiad i allu galw ffeithiau i gof yn gyflym iawn yn syth ar ôl astudio. Efallai y byddwch chi'n meddwl, 'Rydw i wedi meistroli hyn. Galla' i wneud hyn!' Efallai na fydd hynny'n wir. Gadewch iddo syrthio i'ch isymwybod yn ystod y bwlch, yna ceisiwch ei alw i gof eto.

32. Gweithgaredd Ymarfer: Profwch eich Hun!

Darlithydd seicoleg ym Mhrifysgol Fetropolitan Manceinion yw Dr Jennifer McGahan. Mae ei hymchwil wedi canolbwyntio ar helpu disgyblion i wella'u cof, sy'n ddefnyddiol iawn i ddisgyblion TGAU. Mae hi wedi rhannu'r gweithgaredd hwn â ni – diolch yn fawr, Jennifer. Drosodd atoch chi!

Mae sefyll prawf yn gwneud mwy na dim ond asesu eich galluoedd, mae ymchwil wedi dangos y gall hefyd wella eich gallu i gofio'r wybodaeth sydd yn cael ei phrofi. Henry Roediger ym Mhrifysgol Washington sydd wedi arwain yr ymchwil yn y maes hwn, sef 'effaith profi'.

Mae'r term 'prawf' yn y cyd-destun hwn yn golygu adalw gwybodaeth o'ch cof tymor hir. Gall hyn ddigwydd ar sawl ffurf, fel adrodd ffeithiau am yr Ail Ryfel Byd neu gwblhau cwestiwn traethawd enghreifftiol. Mae fformat y prawf yn amherthnasol – cyn belled â'ch bod chi'n galw'r wybodaeth i gof, bydd cyfradd anghofio'r wybodaeth hon yn y dyfodol yn arafu. Mae hyn yn gwbl groes i astudio ailadroddus (darllen dros nodiadau/amlygu testun). Wrth ddefnyddio'r dechneg honno, byddwch yn anghofio'r wybodaeth yn gyflymach o lawer wedyn.

Er gwaetha'r holl ymchwil sy'n dangos yn glir bod profion yn fuddiol, mae'n well gan y rhan fwyaf o ddisgyblion adolygu ar gyfer arholiadau drwy ddarllen gwybodaeth dro ar ôl tro. Mae hyn oherwydd bod darllen rhywbeth yn aml yn gwneud i'r cynnwys deimlo'n gyfarwydd, sy'n gwneud i chi feddwl eich bod yn ei ddeall, er bod hyn yn deimlad ffug. Ar y llaw arall, mae profi eich hun yn gallu teimlo'n heriol ac achosi rhwystredigaeth, yn enwedig pan fyddwch chi'n dechrau adolygu testun newydd ac mae'n teimlo fel pe baech chi'n methu cofio fawr ddim. Peidiwch â gadael i hyn eich digalonni chi: mae chwilio am yr ateb cywir (hyd yn oed yn aflwyddiannus) yn cryfhau'r llwybrau yn eich ymennydd at y wybodaeth honno. Er bod profi eich hun yn gallu teimlo'n groes i'ch greddf, mae gwaith caled yn dda i'ch ymennydd ac yn arwain at ddysgu rhagorol yn y diwedd!

Cofiwch fod *pob* arholiad yn gofyn i chi alw gwybodaeth i gof; mae'n annhebygol y bydd arholiad yn profi eich gallu i ddarllen testun drosodd a throsodd. Bob tro rydych chi'n profi eich hun, rydych chi'n atgyfnerthu'r cysylltiadau yn eich ymennydd tuag allan. Mae hyn yn eu gwneud nhw yn haws eu defnyddio pan fydd eu hangen nhw arnoch chi fwyaf – mewn arholiad!

Awgrymiadau am sut i brofi eich hun:

» Cysylltwch wybodaeth newydd a'r hyn rydych chi eisoes yn ei wybod. Bydd hyn yn gwneud atgoffa eich hun yn ystod profion yn haws.

» Mae mapiau meddwl yn ffordd wych o brofi eich hun. Caewch eich llyfrau ac ysgrifennwch bopeth rydych chi'n gallu ei gofio. Rhifwch y pwyntiau i gadw golwg ar eich cynnydd.

» Mae adborth yn hanfodol wrth brofi eich hun i ofalu nad ydych chi'n dysgu unrhyw gamgymeriadau rydych chi wedi'u gwneud. Mae hyn yn arbennig o bwysig os ydych chi'n defnyddio profion aml-ddewis gan fod yr atebion cywir ac anghywir yn gallu bod yn debyg iawn.

Sut i greu prawf gwych

Cam 1: Dewiswch destun i'w astudio. Cynhyrchwch benawdau ac isbenawdau eich hun i'ch atgoffa chi.

Cam 2: Caewch eich llyfrau/diffoddwch y cyfrifiadur ac ysgrifennwch bopeth y gallwch ei gofio am y testun rydych chi wedi'i ddewis. Y tro cyntaf i chi wneud hyn, efallai na fydd llawer o wybodaeth, ond daliwch ati.

Cam 3: Adolygwch eich gwaith, gan chwilio am unrhyw gamgymeriadau a chywirwch nhw.

Cam 4: Ailadroddwch gamau 2 a 3 ddwywaith eto.

Cam 5: Newidiwch y testun. Bydd cymysgu'r testunau rydych chi'n eu profi yn gwella eich gallu i alw pethau i gof.

Cam 6: Ddwy awr yn ddiweddarach, ceisiwch alw'r wybodaeth i gof a ddewisoch chi ar gamau 2 a 5.

Cam 7: Ddiwrnod yn ddiweddarach, ceisiwch alw'r wybodaeth i gof a ddewisoch chi ar gamau 2 a 5.

33. Gweithgaredd Gweledigaeth: Beth sy'n eich Atal Chi?

Y peth hwn o'ch blaen chi. Y mater hwn. Y rhwystr hwn – y broblem, anffodus, broblemus, annisgwyl hon, sy'n achosi rhwystredigaeth ac yn eich atal chi rhag gwneud yr hyn yr hoffech chi ei wneud … Beth os na fyddai mor ddrwg? Holiday (2015), t. 1.

Yn eithaf aml, penderfynu beth yw eich nod a gwneud cynllun yw'r darn hawdd. Rydyn ni'n tueddu i ddechrau â bwriadau da ac yna – *bwm!* – mae un neu ragor o rwystrau yn ein harafu ni neu mewn rhai achosion yn ein hatal ni rhag cyflawni ein nod. Y peth cyntaf i'w gofio yw bod hyn yn hollol normal. Fel mae Ryan Holiday yn ei ddweud yn y dyfyniad uchod, os oes gennych chi nod sy'n werth ceisio'i gyflawni, mae'n debygol y bydd ambell rwystr ar y ffordd. Felly peidiwch â bod yn rhy galed arnoch chi'ch hun. Derbyniwch hyn fel rhan o'r daith a chynlluniwch ffordd drwyddo – efallai na fydd mor ddrwg â hynny!

Weithiau bydd y rhwystrau hyn y tu hwnt i'n rheolaeth ni yn llwyr – newid sydyn i amgylchiadau ein bywyd fel salwch neu broblemau teuluol, er enghraifft. Fodd bynnag, rydyn ni weithiau'n meddwl bod y rhwystrau hyn y tu hwnt i'n rheolaeth, er y bydden ni mewn gwirionedd yn gallu gwneud rhywbeth amdanyn nhw. Mae'r gweithgaredd hwn yn un i'w wneud os gwelwch chi fod eich cynnydd yn arafach nag roeddech chi wedi'i obeithio. Mae pedwar cam, ac mae'n debygol y bydd angen i chi dreulio tua phum munud ar bob cam.

Cam 1: Atgoffwch eich hun o'ch nod

Fy nod yw …

Rydw i'n gwybod y bydda' i wedi cyflawni'r nod pan …

Dylwn i fod wedi cwblhau'r nod erbyn …

Cam 2: Cylchoedd rheolaeth

Ar gyfer cam 2, bydd angen nodiadau gludiog (*sticky notes*). Ysgrifennwch yr holl rwystrau y gallwch feddwl amdanyn nhw fel nodiadau ar wahân, un i bob rhwystr. Daliwch i ysgrifennu, a meddyliwch am gymaint o rwystrau ag y gallwch chi. Y cam nesaf yw eu rhoi nhw ar y diagram cylchoedd rheolaeth ar y dudalen gyferbyn. Dyma sut mae'n gweithio. Cymerwch bob nodyn gludiog a gofynnwch i chi'ch hun yn gyntaf, faint o reolaeth sydd gen i dros hyn? Ai dim rheolaeth – rydych chi'n methu gwneud dim yn ei gylch (e.e. ffactorau allanol fel afiechyd neu broblemau teulu)? Neu a allech chi ddylanwadu ar y rhwystr – gallai deimlo fel eich bod chi'n methu ei reoli er bod ambell beth gallech chi ei wneud i'w wella? Yn olaf, ydy hyn yn rhywbeth rydych chi'n gallu ei reoli (e.e. efallai eich bod heb weithio'n ddigon caled, ond eich bod chi'n gwybod nad oes esgusodion am hyn, mewn gwirionedd)?

Cylchoedd rheolaeth

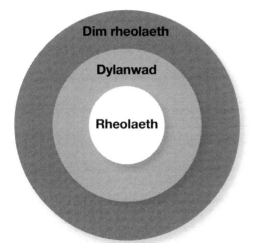

Ffynhonnell: Covey (1989), t. 82.

Ar ôl i chi benderfynu ble i roi eich nodiadau gludiog, weithiau bydd rhannu eich meddyliau â rhywun arall yn ddefnyddiol, os ydych chi'n teimlo'n gysurus yn gwneud hynny. Weithiau, rydyn ni'n gallu credu nad ydyn ni'n rheoli er ein bod ni'n rheoli mewn gwirionedd. Gall clywed safbwynt gwahanol helpu hyn weithiau.

Cam 3: Rhowch sgôr i'ch rhwystrau

Nesaf, cymerwch y nodiadau gludiog y gallwch eu rheoli neu ddylanwadu arnyn nhw a'u rhoi nhw yn y blychau ar y dudalen nesaf. Mae angen i chi roi sgôr i bob rhwystr ar gontinwwm o 'fy atal i ychydig bach' i 'fy atal i yn fawr' – meddyliwch amdano fel graddfa 1–10.

Os ydych chi'n methu rheoli eich nodiadau i gyd, bydd angen i chi ofyn am gefnogaeth allanol. Trefnwch weld eich tiwtor neu fentor a disgrifiwch y dasg rydych chi wedi'i gwneud.

Mis Mawrth

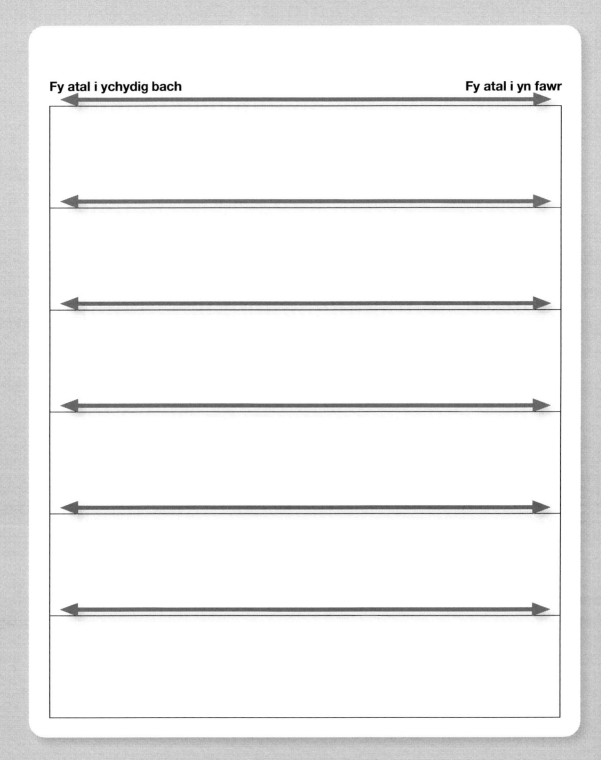

Fy atal i ychydig bach   **Fy atal i yn fawr**

Cam 4: Y cynllun gweithredu

Nawr mae'n bryd i chi weithredu. Cymerwch y tri nodyn gludiog sydd fel petai'n eich atal chi fwyaf, a rhowch nhw yn y blychau isod. Yna bydd angen i chi ateb y tri chwestiwn am bob rhwystr a phenderfynu beth rydych chi'n mynd i'w wneud.

Rhwystr	Beth gallwn i ei wneud i oresgyn y rhwystr hwn?	Pa opsiynau rydw i heb eu hystyried?	Pa gamau galla' i eu cymryd?

10. Mis Ebrill

Newid Lonydd, Canfod Llif

Anaml y bydd pobl yn teimlo cymaint o ofn cyn gwyliau â dosbarthiadau Blwyddyn 11 cyn gwyliau'r Pasg. Rydyn ni'n gwybod bod yr 17 diwrnod hynny yn gyfle amhrisiadwy i dorri cefn y gwaith o baratoi am yr arholiadau. Hyd yn oed os byddwn ni'n gwneud ein gorau glas i fod yn obeithiol ar ôl dod yn ôl ('Os cawsoch chi drychineb dros y gwyliau ac wedi methu gwneud llawer o ddim byd, peidiwch â phryderu. Mae digon o amser ar ôl i wneud iawn am hynny!'), y gwir yw ein bod ni'n gwybod bod Pasg gwael yn gadael mynydd i'w ddringo. Rydyn ni'n treulio llawer iawn o amser yn paratoi cyn y Pasg, ac mae llawer o'r dulliau rydyn ni wedi'u datblygu yn y bennod hon.

Mae'n bosibl addysgu hunanrcoleiddio – ymagwedd well, yn ein barn ni, na microreoli profiad disgyblion dros wyliau'r Pasg (cadw'r ysgol ar agor, cynnal dosbarthiadau ychwanegol, defnyddio cacennau a chyfeillach i demtio plant i mewn, sesiynau hir yn astudio'r cynnwys eto a chreu dysgwyr dibynnol nad ydyn nhw'n barod am Gyfnod Allweddol 5 a thu hwnt).

Os oes gennych chi ddiddordeb mewn defnyddio mis Mawrth a dechrau mis Ebrill i archwilio hunanreoleiddio, mae cyflwyno damcaniaeth llif yn lle da i ddechrau. Mae'r rhan fwyaf o bobl yn eithaf cyfarwydd â chysyniad 'cyflyrau llif', ond dyma'r hanes cryno i bawb arall. Mihaly (ynganu Mi-Hai) Csikszentmihalyi (Tshicsent-Mi-Hai) oedd y cyntaf i fathu'r term 'llif' yn yr 1960au. Roedd yn ei ddefnyddio i ddisgrifio cyflwr tebyg o weithio'n gwbl ymroddedig a hylifol, wedi ymgolli'n llwyr. Mewn cyfweliad â John Geirland yn 1996, mae Csikszentmihalyi yn disgrifio teimlad o ymgolli'n llwyr mewn gweithgaredd: 'Mae'r ego yn cilio. Mae amser yn hedfan … Mae eich holl enaid yn rhan o'r peth, ac rydych yn defnyddio eich sgiliau i'r eithaf.' Mae'n siŵr ein bod ni i gyd wedi cael y teimlad, efallai wrth redeg, peintio, chwarae gêm neu ysgrifennu. Ar ôl cynnal nifer helaeth o gyfweliadau â dawnswyr, cerddorion, dringwyr creigiau, artistiaid, llawfeddygon, chwaraewyr gwyddbwyll a phobl o bob disgyblaeth a diwylliant, roedd Csikszentmihalyi wedi'i argyhoeddi bod cyflyrau llif yn bodoli. Yn ddiweddarach yn ei yrfa, trodd ei sylw at y ffactorau sy'n cyfrannu at greu cyflyrau llif, a daeth i'r casgliad eu bod nhw'n tueddu i gyrraedd wrth gyflawni 'gweithgareddau poenus, mentrus, anodd sy'n estyn gallu'r unigolyn ac yn cynnwys elfen o newydd-deb a darganfod.' (Csikszentmihalyi, 1997, t. 110).

Aeth Csikszentmihalyi yn ei flaen i awgrymu'r deg cydran graidd sy'n diffinio cyflwr llif. I gadw pethau yn syml ac yn ymarferol, rydyn ni'n defnyddio pedair:

1 Nodau, disgwyliadau a rheolau clir: ymwybyddiaeth o beth sy'n gwneud perfformiad da, beth yw'r nodau, beth fydd yn cael ei farnu (mae hyn yn dod o gynlluniau marcio, adroddiadau arholwyr ac enghreifftiau o waith disgyblion).

2 Canolbwyntio ac ymgolli ar lefelau uchel: rydyn ni wedi archwilio sut mae'r amgylchedd yn cyfrannu at hyn.

3 Adborth ar unwaith: nid o reidrwydd gan athro/athrawes neu gynllun marcio. Meddyliwch am ansawdd adborth, a ydy pethau yn mynd yn dda neu a oes angen newid rhywbeth.

4 Cydbwysedd rhwng lefel gallu a'r her: mae'r dasg yn heriol ond, 'yn addas i sgiliau a galluoedd rhywun' (Kotler, 2014, t. 30), sy'n rhoi rhyw deimlad o reolaeth dros y sefyllfa, hyd yn oed os nad yw'n gyflawn ac yn hyderus.

Y pwynt olaf oedd y mwyaf heriol a diddorol i ni. Pe baen ni'n annog disgyblion i anelu at gyflyrau llif wrth baratoi am arholiadau, byddai angen i ni eu helpu nhw i daro'r cydbwysedd hwn wrth weithio; dod o hyd i'r union fan lle mae'r her a lefel y gallu yn cyfarfod. Yn ffodus, roedd y siart cyflyrau llif ar gael i'n helpu ni. Cafodd y siart ei gynnig gyntaf gan Csikszentmihalyi yn 1997, ac mae'n gweithio fel rhyw fath o fap (gweler Ffigur 10.1).

Mae'n ceisio disgrifio cyflwr emosiynol dysgwr, gan ddibynnu ar lefel her tasg o gymharu â lefel sgìl y dysgwr. Pan fydd athro/athrawes yn cynllunio gwers, caiff y disgybl ei symud o gwmpas y map gan gyfres o dasgau gwahaniaethol sy'n gwthio'r disgybl allan o'i fan cysurus tuag at waelod y map, ac yn ei wthio'n ysgafn o'r naill ran i'r llall. Nid y disgybl sydd o reidrwydd yn rheoli

Ffigur 10.1. Y model llif

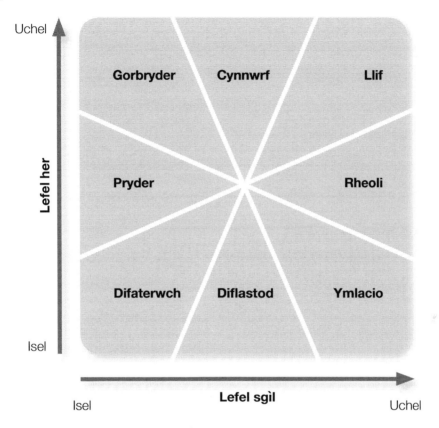

Ffynhonnell: Wedi'i addasu o Csikszentmihalyi (1997).

hyn (er y gall addasu i ryw raddau), ond yr athro/athrawes.

Yr hyn sy'n ddiddorol yw gweld pa fath o gwricwlwm mae'r disgyblion yn ei gynllunio iddyn nhw eu hunain pan fyddan nhw'n gweithio yn annibynnol. Gofynnwch i ddysgwr ddisgrifio sut mae'n teimlo wrth adolygu ar gyfer Almaeneg, Llenyddiaeth Gymraeg neu Hanes. Gwrandewch am ymateb, sut bynnag y caiff ei fynegi, a allai gyd-fynd ag un o'r cyflyrau ar siart Csikszentmihalyi. Mae

dysgwyr sy'n ddifater neu wedi syrffedu yn teimlo felly oherwydd, er enghraifft, eu bod nhw wedi cynllunio profiad dysgu heb ddigon o her. Efallai y bydd dysgwyr dan straen yn gweithio ar ddeunydd sydd y tu hwnt i'w galluoedd ar hyn o bryd.

Mae'n siart diddorol dros ben ac rydyn ni wedi'i astudio a'i rannu â disgyblion ers blynyddoedd. Ond, os ydyn ni'n onest, mae gwneud iddo weithio wedi bod yn anodd. Er gwaethaf llawer o gyflwyniadau sy'n archwilio llif ac yn rhoi cyngor i ddisgyblion am y ffordd orau o gyrraedd cyflyrau llif, rydyn ni wedi teimlo diffyg cyngor cadarn ynglŷn â sut yn union i roi'r gobaith gorau bosibl i chi o gael y profiad llif.

Yn ddiweddar, rydyn ni'n teimlo ein bod ni wedi dod yn nes. Rydyn ni wedi addasu'r diagram gan ddefnyddio trosiad wedi'i ysbrydoli gan Csikszentmihalyi ei hun – dŵr. Rydyn ni wedi gweld bod model meddyliol y pwll nofio yn un mae'r rhan fwyaf o ddisgyblion yn gallu ei ddeall (Ffigur 10.2). Sylwch ar y newid o *gynnwrf* i *botensial*.

Dyma pam mae'r trosiad yn gweithio i ni, ac i'r iaith rydyn ni'n ei defnyddio i'w drafod a'i esbonio.

Yn lôn 1, mae'r dŵr yn gynnes ac yn fas, a chynnydd yn gysurus ac yn araf. Fel mae dyfnder y dŵr yn ei awgrymu, yr unig ddysgu sy'n digwydd yw cofio nodweddion arwynebol deunydd, adolygu cynnwys syml neu weithio ar feysydd sydd eisoes yn gryfderau. Mae'r tymheredd cynnes yn awgrymu bod pethau yn gysurus ac yn hawdd. Dyma pryd mae gwaith ysgafn yn aml yn troi yn chwarae; gallen ni droi at sblasio yn y dŵr a sgwrsio. Byddwn ni'n nofio'n araf, neu hyd yn oed yn cerdded drwy'r dŵr, drwy ddifaterwch a syrffed hyd at ymlacio, ac yn aml yn aros yno.

I gyrraedd lôn 2, mae angen i chi ymdrechu, drwy godi lefel newydd o her a'i chynnal. Mae lôn 2 yn oerach ac mae'r nofwyr yn

Ffigur 10.2. Y model pwll nofio

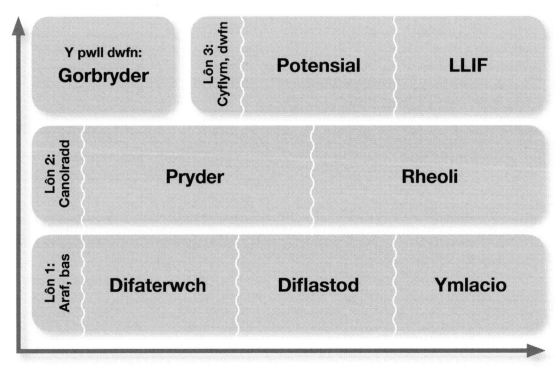

symud yn gyflymach. Mae'r dŵr yn ddyfnach hefyd; rydych chi'n methu cerdded yn y dŵr yma – mae'r dysgu yn anoddach, mae'r deunydd yn cael ei archwilio'n fanylach, mae cwestiynau yn cael eu gofyn, ac rydych chi'n canolbwyntio ar wendidau. Dydy symud o lôn 1 i lôn 2 ddim yn deimlad braf. Rydyn ni'n teimlo'r newid yn y tymheredd ac yn gwingo wrth ollwng ein hunain i'r dŵr. Rydyn ni'n teimlo tyndra a gorbryder wrth asesu cyflymder y nofwyr eraill. Mae mwy o ddyfnder a her yn golygu dysgu yn gyflymach … yn y pen draw. Ond i ddechrau, efallai y byddwn ni'n teimlo ein bod ni'n corddi'r dŵr yma ac acw ychydig, wedi blino'n lân, ac mae hynny'n normal. Mae'r ymdrech sy'n dod cyn y llif yn rhan o'r gylchred sydd wedi'i chydnabod. Cyn bo hir, byddwn ni wedi arfer ac yn dechrau teimlo'n dda. Mae lôn 1 yn teimlo'n rhyfedd o anghysurus ar ôl i ni dreulio cyfnod estynedig yn lôn 2.

Efallai na fyddwn ni'n cyrraedd lôn 3 mewn un sesiwn. Efallai y bydd llawer o nofwyr yn cymryd seibiant, yn dod i delerau ag ymdrech lôn 2 ac yn dadflino cyn cymryd yr her nesaf. Mae lôn 3 yn oer ac yn ddwfn, ac mae'r cam i fyny yn amlwg yn syth. Mae'r nofwyr yn symud yn gyflym, gan dorri drwy'r dŵr. Eto, efallai y byddwn ni'n teimlo pigyn o orbryder neu ofn wrth lithro i mewn i'r pwll ac ystyried yr her sydd o'n blaenau, ond mae lôn 2 wedi ein dysgu ni i gynnal teimlad o reolaeth hyd yn oed pan fydd anawsterau o'n blaenau. Wrth i ni ddechrau symud drwy'r dŵr dwfn (h.y. gwneud gwaith heriol, adolygu gwendidau, ateb y cwestiynau anoddaf gallwn ddod o hyd iddyn nhw), efallai y byddwn ni'n teimlo potensial; ein bod ni'n agos at rywbeth ond yn methu ei gyrraedd. Yn y pen draw, rydyn ni'n taro llif; dydy amser ddim yn golygu dim byd ac rydyn ni'n gweithio, yn llithro'n gyflym, yn addasu ein techneg fel ymateb i adborth ansoddol mewnol neu adborth meintiol allanol wrth i ni fynd.

Weithiau byddwn ni'n troi'r ffordd anghywir, yn colli ein ffordd ychydig ac yn diweddu yn y pwll dwfn – man llawn gorbryder, panig bron. Mae'n rhewllyd o oer yno; a'r dŵr yn corddi fel twba poeth rhewllyd. Rydyn ni'n cael trochfa yn y pwll dwfn oherwydd ein bod ni wedi camfarnu'r symudiad o lôn i lôn, wedi ceisio gwneud rhywbeth rhy heriol ac wedi colli ein synnwyr cyfeiriad. Mae'n brofiad cas ac felly mae rhai nofwyr yn aros yn eu lôn yn barhaol, gan wybod y gallen nhw fod yn gwneud mwy o gynnydd ond yn fodlon eu byd, gan eu bod nhw o leiaf wedi osgoi trochfa anghysurus. Y peth da am y pwll dwfn yw bod pob lôn yn teimlo'n gynhesach cyn gynted â'ch bod chi allan.

Ym mha lôn ydych chi?

Drwy ychwanegu'r llinellau llorweddol llydan hyn at y diagram a meddwl yn nhermau lonydd, rydyn ni wedi gweld ei bod hi'n haws i ddisgyblion asesu ble maen nhw. Felly maen nhw'n gallu barnu yn well effeithiolrwydd eu cwricwlwm dysgu annibynnol personol.

Mewn sefyllfa hyfforddi (coetsio), mae rhai cwestiynau yn helpu i wneud hyn:

» Pa mor gysurus ydych chi ar hyn o bryd? (Yn aml, ond nid bob amser, rydyn ni wedi gweld cysylltiadau cryf rhwng lôn 1 a chysur corfforol a meddyliol. Mae cwestiynau dilynol am ble yn union mae disgybl yn gweithio yn gallu rhoi lleoliadau fel: gorwedd ar y soffa, ar fy ngwely, o dan flanced, mewn cadair esmwyth. Rydyn ni wedi gweld, ar y cyfan, bod syniadau o gysur corfforol yn diflannu wrth i ddysgwyr agosáu at lif. Dim ond cadair syml a bwrdd sydd eu hangen.)

» Pa mor gynnes ydych chi ar hyn o bryd? Beth yw'r peth anoddaf rydych chi wedi'i wneud mewn sesiwn adolygu ddiweddar?

» Pa mor bryderus ydych chi ar hyn o bryd? Pa mor rheolaidd ydych chi'n methu cwblhau her rydych chi wedi'i gosod neu'n taro rhwystrau wrth weithio?

» Ydych chi erioed yn teimlo fel bod amser yn hedfan wrth i chi adolygu? Ydych chi'n gweld eich hun yn ymgolli mewn problem neu gwestiwn?

Os rhowch chi'r cyfle a'r dulliau i ddisgyblion allu asesu ym mha lôn y maen nhw'n treulio'r rhan fwyaf o'u hamser, byddan nhw'n gallu hunanreoleiddio dros bythefnos gwyliau'r Pasg. I rai, o leiaf, efallai y bydd yn annog asesiad beirniadol o dymheredd a dyfnder eu dŵr, a chynyddu eu her wedyn. Heb y wybodaeth am lif, yn aml fydd y disgyblion heb yr ymwybyddiaeth i newid sut maen nhw'n gweithio.

Newid lonydd: Pwysigrwydd pryder

Mae newid lonydd yn golygu cynyddu lefel yr her. 'Pryder' yw'r label ar ddechrau lôn 2, ac mae dechrau lôn 3 yn agos at bwll dwfn gorbryder. Mae'n werth esbonio

hyn i ddysgwyr. Gofalwch eich bod chi'n peidio â dweud dim byd cyffredinol fel 'mae pryder yn dda'. Rydyn ni wedi dysgu bod dweud rhywbeth fel hyn yn rhoi cysur ffug i ddisgyblion, gan eu bod yn aml yn pryderu am y pethau anghywir. Yr hyn rydyn ni'n ei olygu wrth bryderu yw teimlad anghysurus eich bod yn methu llwyddo i gwblhau'r her rydych chi newydd ei gosod i chi'ch hun. Hynny yw, pryderu'n benodol am y posibilrwydd o fethu gwneud y dasg. Gallai'r teimlad, 'Dydw i *wir* ddim yn siŵr y galla' i wneud hyn', fynegi hyn. Mae hwn yn fath da o bryder – mae'n arwydd eich bod chi wedi newid lôn. Yn aml rydyn ni'n dweud wrth ddisgyblion, dyma'r teimlad y dylen ni fod yn chwilio amdano.

Wrth gwrs, mae angen yr adnoddau ar ddysgwyr i allu cynyddu lefel eu her. Os ydych chi wedi rhoi cwestiynau arholiad iddyn nhw sydd wedi'u gwahanu yn dair lôn eang, er enghraifft, rydych chi wedi gwneud yn dda. Chwiliwch am nofwyr cysurus lôn 1 sy'n 'colli' cwestiynau anoddach neu'n 'methu llwytho i lawr' yr adnodd defnyddiol rydych chi wedi'i baratoi. Anaml y bydd disgyblion meddylfryd sefydlog yn cael profiad llif oherwydd mae'r daith ato yn golygu bod rhaid ymdrechu, mentro ac wynebu rhwystrau a methiant – a byddan nhw'n teimlo bod y pethau hyn i gyd yn cadarnhau eu cred gynhenid yn eu gallu sefydlog.

34. Gweithgaredd Ymarfer: Canfod Llif

Mae llawer o wyddonwyr cymdeithasol ac ymchwilwyr academaidd wedi dechrau dangos diddordeb yn syniad 'llif'.

Mae llif yn gyflwr o ganolbwyntio'n galed a pherfformio'n dda; gallwn ni i gyd ei brofi pan fydd y dasg iawn o'n blaenau, y lle iawn o'n cwmpas a'r cydbwysedd cywir o her a sgìl. Mae'n bosibl iawn y byddwch chi wedi cyrraedd yr hyn mae ymchwilwyr yn ei alw yn 'gyflwr llif' o'r blaen:

» Os ydych chi erioed wedi ymgolli cymaint mewn tasg nes ei bod hi'n teimlo fel bod amser yn hedfan – ysgrifennu, peintio neu chwaraeon, efallai.

» Os ydych chi erioed wedi eistedd i weithio ar rywbeth (nid gwaith ysgol o reidrwydd, efallai project personol) a'i bod hi'n teimlo fel petai oriau wedi mynd heibio heb i chi sylwi.

» Os ydych chi erioed wedi canolbwyntio cymaint nes bod arholiad dwy awr yn teimlo fel ei fod wedi mynd heibio mewn hanner awr.

» Os ydych chi erioed wedi teimlo eich bod yn gwbl 'bresennol' yn feddyliol ac yn gallu canolbwyntio'n llwyr ar rywbeth hynod ddiddorol ac anodd.

Gall pobl wneud gwaith anhygoel, mae'n debyg, pan fyddan nhw mewn cyflwr llif. Maen nhw'n gwneud cynnydd yn gyflymach, yn dysgu'n gyflym, yn ymestyn ac yn herio'u hunain, ac yn gweithredu ar lefel uwch. Maen nhw fel petaen nhw'n gwneud mwy o ymdrech feddyliol ac yn aml yn teimlo'n flinedig iawn wedyn.

Mae llawer o wyddonwyr cymdeithasol wedi astudio cyflyrau llif ac ysgrifennu ynglŷn â sut i'w cyrraedd nhw. Mae dau sylw wedi dod i'r amlwg:

1. Mae fel petai cysylltiad rhwng *llif* a *her*. Rydych chi'n methu cyrraedd llif wrth wneud rhywbeth sydd mor hawdd, does dim angen i chi ganolbwyntio yn llawn.

2. Mae cysylltiad rhwng *llif* a'ch *lefel sgìl*. Rydych chi'n methu cyrraedd llif wrth geisio gwneud rhywbeth sy'n rhy anodd o lawer i chi ar hyn o bryd.

Ond os yw'r cydbwysedd yn iawn rhwng her a sgìl, byddwch chi'n agosáu at lif. Mae un gwyddonydd cymdeithasol wedi cynhyrchu rhyw fath o fap emosiynol i ddangos i ni ble mae llif. Rydyn ni wedi atgynhyrchu fersiwn ohono yma.

Mis Ebrill

Meddyliwch am bwll nofio â thair lôn fel hyn:

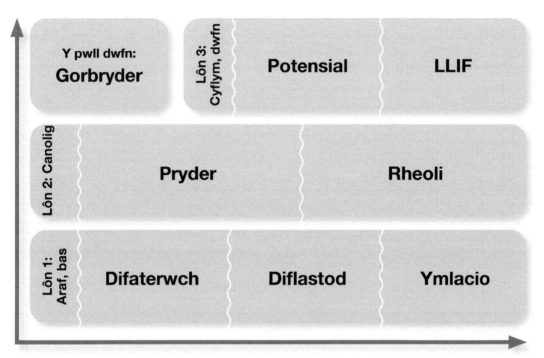

Yn lôn 1 mae'r dŵr yn gynnes. Hynny yw, mae'n lle braf, diogel a chysurus i fod ynddo. Dydy'r tasgau ddim yn heriol yma, ac mae'r gwaith yn hawdd. Hyd yn oed wrth i'ch lefel sgìl gynyddu, os ydych chi yn lôn 1 byddwch chi'n gallu ymlacio o hyd.

Yn lôn 2 mae'r dŵr yn ddyfnach ac yn oerach. Mae mynd i mewn iddi yn gwneud i chi deimlo'n anghysurus os ydych chi wedi arfer â dŵr cynnes lôn 1. Mae'r nofwyr yn symud yn gyflymach yma – hynny yw, mae'r gwaith yn anoddach. Mae'n aml yn achosi pryder, ond arhoswch yn ddigon hir a byddwch chi'n dechrau teimlo mai chi sy'n rheoli.

Yn lôn 3 mae'r dŵr yn ddwfn ac yn oer. Mae'n waith caled yma nes i chi ddod i arfer ag ef. Mae'r tasgau yn heriol ac mae'r nofwyr yn torri drwy'r dŵr yn gyflym. Mae llif yn digwydd yn lôn 3. Does dim ffordd arall o'i chyrraedd hi ond drwy symud o lôn 1, drwy lôn 2 i lôn 3.

Y pwll dwfn – o na! Weithiau byddwch chi'n ceisio symud o lôn i lôn yn rhy gyflym, yn colli eich ffordd ac yn mynd i bwll dwfn gorbryder. Mae'n ofnadwy o oer yno! Os ydych chi byth yn teimlo panig, os ydych chi'n teimlo wedi eich gorlethu neu'n ofnus, cymerwch gam bach yn ôl. Chwiliwch am lôn gynhesach, fwy diogel. Adeiladwch eich hyder yno ac yna ceisiwch newid lonydd eto.

Ym mha lôn ydych chi?

Mae'n bosibl eich bod chi mewn lonydd gwahanol ar gyfer pynciau gwahanol. Felly dewch i ni edrych ar eich adolygu mewn un pwnc yn unig.

Pwnc: _____

Sut rydych chi'n teimlo wrth adolygu ar gyfer y pwnc hwn? Ewch yn ôl at atgof o'ch sesiwn adolygu ddiwethaf. Nawr cymharwch yr atgof hwnnw â thair lôn y pwll nofio llif. Efallai na fydd eich gair chi yn un o'r geiriau yn y pwll, ond a oes un yn debyg iddo? Pa lôn ydych chi ynddi ar hyn o bryd, yn eich barn chi?

Newid lonydd

Mae newid lonydd yn fater o gynyddu'r her. Os oes gennych chi ddiddordeb mewn newid lonydd, cofiwch:

» Mae angen i chi ddewis tasgau adolygu anoddach i gynyddu eich lefel her a newid lonydd.

» Bydd hyn yn teimlo'n anghysurus i ddechrau. Efallai mai eich emosiynau cyntaf fydd pryder, gorbryder neu straen.

» Ond bydd y teimladau hyn yn diflannu os arhoswch chi yno am gyfnod hirach. Gallai rheolaeth neu botensial gymryd eu lle.

Beth am orffen drwy wneud rhestr o'r gweithgareddau adolygu posibl? Os ydyn nhw yn hawdd ac yn gysurus, rhowch nhw yn lôn 1. Os ydyn nhw'n gwneud i chi deimlo'n anghysurus neu i bryderu ychydig bach, rhowch nhw yn lôn 2. Os yw meddwl amdanyn nhw'n gwneud i chi deimlo ofn a braw, rhowch nhw yn lôn 3.

Mis Ebrill

Lôn	Emosiynau dangosol	Gweithgaredd
1	Cysur, esmwythdra, hyder, syrffed	
2	Pryder, anghysur, ansicrwydd	
3	Ofn, braw, straen	

Y tro nesaf rydych chi'n teimlo bod eich cynnydd yn araf a'ch bod chi'n teimlo'n gysurus ac wedi syrffedu, rydych chi'n gwybod ei bod hi'n bryd i chi newid lôn. Dewiswch weithgaredd o lôn ddyfnach, oerach yn y pwll!

35. Gweithgaredd Ymarfer: Mannau Llif Uchel

Mae'r mannau rydyn ni'n dewis gweithio ynddyn nhw yn aml yn cael effaith fawr ar effeithiolrwydd ein gwaith. Mae ein hamgylchedd yn gallu dylanwadu'n gadarnhaol ac yn negyddol ar ein gallu i ganolbwyntio. Fe welodd astudiaeth ddiddorol gan ddau ymchwilydd ym Mhrifysgol Reading, Derek Clements-Croome a Li Baizhan (2000), fod gweithwyr swyddfa yn y Deyrnas Unedig yn teimlo'n llai cynhyrchiol o lawer wrth i'w hamgylchedd gwaith fynd yn fwy gorlawn neu gyfyng, wrth i'r tymheredd amrywio neu wrth i ansawdd golau waethygu. Roedd mwyafrif mawr o'r gweithwyr a gafodd gyfweliad yn amcangyfrif y gallai eu cynhyrchedd gynyddu 10% pe bai eu hamgylchedd yn well.

Rydyn ni wedi gweld effeithiau tebyg ar filoedd o ddisgyblion dros ugain mlynedd o addysgu. Ac er syndod, rydyn ni wedi gweld disgyblion sy'n gweithio yn fwriadol mewn amgylcheddau swnllyd sy'n tynnu eu sylw fel bod pethau yn gallu tarfu arnyn nhw. Pan fyddwn ni'n cyfarfod i sôn am eu diffyg cynnydd, byddan nhw'n dweud yn aml wrthyn ni, 'Wel, fe wnes i drio gweithio, ond roeddwn i'n methu canolbwyntio,' neu, 'Rydw i'n hoffi gweithio â llawer o bobl o 'nghwmpas i.' Yn anochel, pan fyddwn ni'n gwirio ansawdd eu gwaith, byddan nhw wedi treulio llawer o amser ond heb gyflawni fawr ddim.

Sut le yw eich amgylcheddau gwaith chi, ac oes unrhyw gysylltiad rhwng hyn a'ch lefelau canolbwyntio a llif? Drwy benderfynu ar y man lle rydych chi'n gweithio orau, gallwch gynyddu eich lefelau canolbwyntio – a gwneud mwy o waith da mewn llai o amser.

Mannau yn yr ysgol

Cerddwch o gwmpas eich ysgol neu'ch coleg a mapiwch ble gallai eich mannau canolbwyntio da, llif uchel fod. Ewch i ystafelloedd astudio, mannau gwaith, eich llyfrgell ac ati. Chwiliwch am:

» Y lefelau sŵn yn yr ystafelloedd hyn.

» Nifer y bobl eraill sydd yno.

» Ymddygiad y bobl eraill sydd yno.

» Ansawdd y mannau eistedd (y byrddau, y cadeiriau a'r desgiau).

» Lefelau'r golau.

Yn fwy na dim byd arall, ceisiwch gael ymdeimlad – ydy hwn yn lle tawel ac yn eich galluogi i ganolbwyntio? Os felly, byddwch chithau hefyd.

Yna gwnewch restr o leoedd i fynd iddyn nhw pan fydd angen gwirioneddol arnoch chi i gyflawni rhywbeth – eich mannau llif uchel – a lleoedd i'w hosgoi, hyd yn oed os yw'r rhan waethaf ohonoch chi yn ceisio'ch perswadio chi i fynd yno!

Mannau llif uchel:	Rhinweddau:
Mannau llif isel:	**Gwendidau:**

Mannau yn y cartref

Nawr edrychwch ar y lle sydd gennych chi gartref. Gallai fod yn lle i chi'ch hun neu'n fan rydych chi yn ei rannu. Trïwch edrych arno o'r newydd. Sut olwg sydd ar eich desg? Beth am y lle o'ch cwmpas chi? Oes cornel o'ch ystafell yn lle tawel, distaw, llif uchel?

Os nad oes, mae angen i chi wneud un. Os ydych chi'n methu, mae angen i chi ddod o hyd i fan astudio arall heblaw am yr un yn yr ysgol a'ch cartref – man rhwng y ddau le.

Mannau rhwng y ddau le

Meddyliwch am y mannau cyhoeddus rhwng yr ysgol a'ch cartref. Mae llawer o ddisgyblion rydyn ni wedi gweithio gyda nhw dros y blynyddoedd wedi dod o hyd i'r siop goffi neu'r llyfrgell leol berffaith i fynd iddi i adolygu, i wneud gwaith annibynnol neu i baratoi am brofion. Mae eraill wedi gweithio ar deithiau hir ar y bws neu'r trên.

Lluniwch restr o leoedd i'w harchwilio. Gofalwch eu bod nhw'n hawdd eu cyrraedd fel y gallwch eu cynnwys nhw yn eich trefn arferol newydd.

Newid mannau

Mae Benedict Carey, yn ei lyfr *How We Learn*, yn trafod ymchwil diddorol dros ben am amgylchedd a'r cof. Mae ymchwil yn dangos bod newid y lle rydych chi'n astudio ynddo yn cynyddu eich siawns o gofio'r deunydd rydych chi wedi'i astudio. Mae rhywbeth am le newydd neu wahanol yn ei gwneud hi'n haws i chi gofio. Newidiwch eich mannau astudio llif uchel yn aml, ac mae'n bosibl iawn y cofiwch chi fwy o'r hyn rydych chi wedi'i astudio. Felly, y mwyaf o fannau astudio llif uchel sydd ar gael i chi, y gorau gwnewch chi!

36. Gweithgaredd Gweledigaeth: Nawr yn erbyn yr Angen Mwyaf

Dyma ddyfyniad enwog, sydd weithiau yn cael ei gysylltu ag arlywydd UDA, Abraham Lincoln: 'Disgyblaeth yw dewis rhwng beth mae ei eisiau arnoch chi nawr, a beth mae ei eisiau fwyaf arnoch chi.' Mae'n syniad defnyddiol i'w ystyried oherwydd dan lawer o amgylchiadau mae'n debyg y bydd beth mae ei eisiau arnon ni nawr (fel prynu pâr o esgidiau ymarfer) yn niweidio beth mae ei eisiau fwyaf arnon ni (bod â digon o arian i fynd ar wyliau).

Bydd llawer ohonon ni'n gweld ein hunain yn dewis beth mae ei eisiau arnon ni nawr dros ein hangen mwyaf. Mae gwneud y dewisiadau hyn weithiau yn rhan o'r natur ddynol. Yn wir, mewn rhai amgylchiadau dydy'r dewis 'nawr' (cymryd seibiant ac anghofio ein gofidiau am noson) ddim wir yn niweidio nod 'yr angen mwyaf' (cael graddau TGAU gwych), felly mae'n iawn i ni ei ddewis. Mae'n troi'n broblem os ydyn ni'n *gyson* yn blaenoriaethu 'nawr' dros 'yr angen mwyaf' – drwy wneud hynny, wnawn ni byth gyrraedd y nod rydyn ni wedi'i osod i ni'n hunain.

Mae'r ymarfer hwn yn gyfle i edrych ar y temtasiynau sy'n eich wynebu chi nawr, dadansoddi pa mor niweidiol fydden nhw ac ystyried pa mor aml rydych chi yn eu dewis nhw. Gall hyn eich helpu chi i gadw llygad ar eich tueddiad i flaenoriaethu 'nawr' dros 'yr angen mwyaf', nid drwy wrthod gwneud popeth sydd ei eisiau arnoch chi ond drwy daro cydbwysedd iach.

Cam 1

Dechreuwch yn y golofn ar y dde yn y tabl ar y dudalen gyferbyn. Nodwch yma *beth rydych chi eisiau mwyaf* yn eich blwyddyn TGAU olaf. Dylai gynnwys y graddau y byddech chi wrth eich bodd yn eu cael, ond hefyd goblygiadau'r graddau hynny: y balchder a'r hapusrwydd bydd pobl eraill yn eu teimlo, eich teimlad chi o lwyddiant a hyder, y cyrsiau gallwch eu hastudio o ganlyniad i'r graddau, yr ysgol neu'r coleg rydych chi'n gobeithio mynd iddo, y ffrindiau rydych chi'n gobeithio bod gyda nhw a'r rhinweddau personol yr hoffech chi eu datblygu erbyn i chi orffen eich cyrsiau.

Cam 2

Nawr y golofn ar y chwith. Yma, rhestrwch bopeth sy'n eich temtio chi o ddydd i ddydd: peidio â gwneud gwaith cartref neu adolygu, gwylio'r teledu am oriau lawer, treulio amser ar y cyfryngau cymdeithasol – unrhyw beth sy'n eich tynnu chi oddi wrth eich nod tymor hir bob dydd neu bob wythnos.

Beth rydych chi eisiau nawr	Beth rydych chi eisiau mwyaf

Cam 3

Nawr rydyn ni'n mynd i edrych i weld pa weithgareddau 'nawr' yw'r mwyaf niweidiol. Rhowch ddwy sgôr i bob gweithgaredd 'nawr':

1. Rhowch *sgôr* iddo o ran pa mor *reolaidd* mae'n digwydd: 0 = bron byth yn ei wneud, 1 = yn ei wneud weithiau, 2 = yn ei wneud yn aml, 3 = yn ei wneud bob amser, fwy neu lai.

2. Rhowch *sgôr niwed* iddo: 0 = bron ddim niwed i'r hyn rydych chi eisiau mwyaf, 1 = ychydig bach o niwed i'r hyn rydych chi eisiau mwyaf, 2 = rhywfaint o niwed i'r hyn rydych chi eisiau mwyaf, 3 = yn gwneud llawer o niwed i'r hyn rydych chi eisiau mwyaf.

Lluoswch y ddau rif â'i gilydd ar gyfer pob gweithgaredd 'nawr'. Ar ôl i chi wneud hynny, dylai sgôr rhwng 0 a 9 fod gan bob gweithgaredd yn y golofn honno.

Mae gweithgareddau sy'n cael sgôr o 4 neu fwy yn achosi her i chi. Rydych chi'n eu gwneud nhw yn lled reolaidd, ac maen nhw'n cael effaith anffafriol. Dyma'r rhai y dylech chi edrych arnyn nhw yn fanylach.

Os yw eich rhestr yn enfawr, peidiwch â phryderu – mae hynny'n eithaf normal. *Dewiswch un neu ddau fel eich blaenoriaethau.* Os ydych chi'n gallu dechrau drwy newid dim ond un ymddygiad neu ddau, gallwch weithio o'r man hwnnw. Os ydych chi'n teimlo bod eich cymhelliant ar i lawr, ewch yn ôl at eich rhestri ac edrychwch ar y golofn ar y dde – atgoffwch eich hun beth rydych chi eisiau mwyaf.

37. Gweithgaredd Systemau: Y Matrics Blaenoriaethu Gweithredu

Wrth i chi symud drwy dymor yr arholiadau, bydd amser yn brin a byddwch chi dan bwysau. Mae'n anochel y bydd gennych chi ormod i'w wneud ar rai adegau a dim digon o amser i'w wneud. Dyma pryd gall matrics blaenoriaethu gweithredu fod yn arbennig o ddefnyddiol. Mae hwn yn werth y byd oherwydd mae'n caniatáu i chi wahaniaethu rhwng tasgau yn ôl maint eu heffaith ar eich dysgu o gymharu â'r egni angenrheidiol i'w gorffen nhw.

Dyma'r grid:

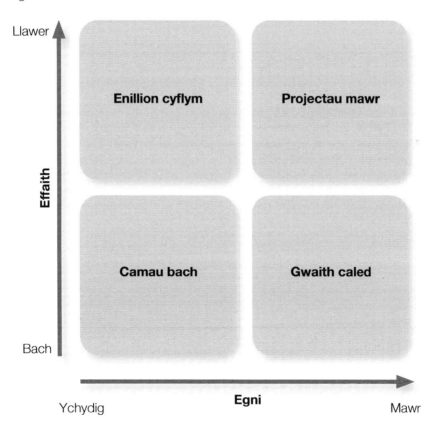

Os oes gennych chi ormod i'w wneud, plotiwch bopeth y gallech chi ei wneud ar y grid hwn. Rhestrwch bopeth y gallech chi fod yn ei wneud i baratoi am y ddau arholiad neu dri nesaf. Nawr pwysolwch nhw. Yn gyntaf, ystyriwch faint o egni fydd ei angen ar gyfer pob un. Mae egni yn golygu adeg pan fyddwch chi'n canolbwyntio'n llwyr. Os mai llawer yw'r ateb, rhowch y weithred tuag at yr ochr dde. Os gallech chi ei gwneud yn gyflym ac yn hawdd, rhowch y weithred tuag at yr ochr chwith.

Yn ail, ystyriwch yr effaith bosibl ar eich dysgu. Os yw'n fawr – eich bod chi'n teimlo y gallai'r weithred drawsffurfio eich gwybodaeth neu eich sgiliau – rhowch hi yn agos at y brig. Os ydych chi'n meddwl y bydd yn gwella eich dysgu ychydig bach, rhowch hi'n agos at y gwaelod.

Pan fydd eich opsiynau posibl i gyd ar y grid, edrychwch ar ba un o'r pedwar chwarter mae'r gweithredoedd ynddyn nhw a dilynwch y cyngor isod.

Buddugoliaethau cyflym

Mae'r rhain fel aur. Gwnewch nhw ar unwaith! Fyddan nhw ddim yn mynd â llawer o'ch amser, a gallen nhw drawsffurfio eich perfformiad mewn pwnc penodol. Os oes gennych chi brynhawn o'ch blaen (neu ddiwrnod llawn os ydych chi'n lwcus!), gwnewch y tasgau hyn tra ydych chi'n teimlo'n ffres ac yn fywiog. Dywedwch wrthych eich hun, 'Fe wna' i'r dasg hon mewn hanner awr' neu 'Fe ro' i awr i fy hun i orffen hyn.' Peidiwch ag ystyried unrhyw weithgareddau eraill ar y grid nes eich bod chi wedi gwneud y rhain i gyd.

Camau bach

Does dim angen llawer o ymdrech i wneud y tasgau hyn, ond fyddan nhw ddim yn cael effaith enfawr chwaith. Fodd bynnag, gallen nhw fod yn dasgau da i'w gwneud os ydych chi'n teimlo'n niwlog neu'n brin o egni. Efallai na fydd angen canolbwyntio'n llawn arnyn nhw, felly os oes angen rhywbeth i'w wneud arnoch chi i fynd i mewn i rythm gweithio, dewiswch un neu ddau. Yn yr un modd, os oes gennych chi hanner awr sbâr cyn cinio, neu 20 munud sbâr wrth ddisgwyl am eich bws, gallech chi wneud un o'r rhain yn sydyn. Ceisiwch wneud un ar y ffordd i'r ysgol ar gyfer arholiad – ar fws neu drên neu mewn amgylchedd ble mae'n anodd canolbwyntio'n llwyr.

Projectau mawr

Mae'r rhain yn mynd i roi hwb mawr i'ch dealltwriaeth a'ch sgìl mewn pwnc penodol, ond bydd angen canolbwyntio'n galed am gyfnod hir i'w cwblhau nhw. Dewiswch nhw os ydych chi'n gallu bodloni'r meini prawf canlynol:

» Mae gennych chi ddwy awr neu dair pan fydd dim byd yn tarfu arnoch chi.

» Gallwch ymrwymo i ddiffodd eich holl ddyfeisiau symudol am ddwy awr neu dair, heb edrych arnyn nhw o gwbl, waeth beth sy'n digwydd.

» Mae amgylchedd gwaith rhesymol o dawel a distaw ar gael i chi.

Os ydych chi'n methu bodloni'r meini prawf hyn, newidiwch bethau i wneud hynny'n bosibl (ffonio i ganslo cyfarfod, tynnu allan o ymrwymiad arall neu newid lleoliad) neu rhannwch y gweithgareddau yn ddarnau. Rydyn ni wedi gweld disgyblion yn cael llwyddiant go iawn drwy chwalu project mawr yn bump neu chwech o ddarnau llai. Felly yn lle 'ailddarllen y gwerslyfr cemeg i gyd' (sy'n sicr yn 'broject mawr'!), mae disgyblion wedi rhannu'r dasg yn 'ailddarllen pennod 1 a gwneud nodiadau' neu 'ailddarllen adrannau 4 a 5, gan nodi syniadau allweddol'. Yn sydyn, mae'r project mawr yn troi yn gyfres o dasgau llai a allai droi'n 'enillion cyflym' neu'n 'gamau bach'.

Gwaith caled

Os ydych chi'n wirioneddol brin o amser, mae'n debyg na fyddwch yn gwneud y rhain yn y pen draw. Dylech ddefnyddio eich holl egni yn cwblhau eich enillion cyflym, yn gwneud llwyth o weithgareddau mewn camau bach neu'n rhannu eich projectau mawr yn dasgau haws.

Ond byddwch yn ofalus – weithiau byddwn ni'n rhoi gweithgaredd o dan 'gwaith caled' oherwydd dydyn ni ddim am ei wneud. Ydy hi'n bosibl eich bod chi wedi diystyru effaith bosibl y dasg ar eich dysgu, yn isymwybodol? Gwnewch yn hollol siŵr fod y dasg yn perthyn o dan 'gwaith caled'.

Mae'n werth defnyddio'r grid hwn drwy gydol mis Mai a mis Mehefin i gadw llygad arnoch chi'ch hun, i benderfynu beth gallech chi ei wneud ac i ddewis y tasgau a fydd yn cael yr effaith fwyaf.

38. Gweithgaredd Agwedd: Gweld Manteision, neu Y Ffordd Garegog

Gofynnodd dau seicolegydd, Robert Emmons a Michael McCullough (2003) ym Mhrifysgol Miami, y cwestiwn hwn: beth pe baen ni'n ystyried eto gyfnodau anodd sy'n achosi straen ac yn troi ein sylw at y gwersi rydyn ni wedi'u dysgu o'r profiadau negyddol hynny?

Gofynnon nhw i dri chant o ddisgyblion feddwl am gyfnodau heriol yn eu bywydau: canlyniadau gwael, gorffen gyda phartneriaid, teimlo sarhad neu dramgwydd, neu gael eu gwrthod o gwrs penodol. O'r 300, gofynnwyd i 100 ganolbwyntio'n benodol ar y gwersi roedden nhw wedi'u dysgu – y manteision cadarnhaol a ddaeth o'r heriau hyn yn y pen draw. Y disgyblion hyn oedd wedi ymdopi orau â'u trychinebau a llwyddo i symud ymlaen. Gwelodd Emmons a McCullough fod manteision cadarnhaol yn gallu llifo o brofiadau negyddol.

Mae David Collins, athro hyfforddiant a pherfformiad ym Mhrifysgol Canol Swydd Gaerhirfryn (*Lancashire*), wedi hyfforddi ar y lefel uchaf, gan gynnwys bod yn gyfrifol am athletwyr y Deyrnas Unedig yng Ngemau Olympaidd Beijing. Mae Collins, gyda'i gyd-weithiwr Áine MacNamara, wedi gwneud gwaith tebyg i Emmons a McCullough. Mae wedi gweld bod yr athletwyr gorau wedi teithio ar yr hyn mae'n ei alw yn 'ffordd garegog'. Mae hyn yn golygu eu bod nhw fel rheol wedi wynebu eu siâr o rwystrau, methiannau a siomau ar hyd y ffordd. Yn aml, dydyn ni ddim yn cael clywed am y rhwystrau hyn – dim ond y llwyddiannau!

Y ffordd garegog

LLWYDDIANT

LLWYDDIANT

Mae rhai'n meddwl ei fod fel hyn

Dyma sut mae go iawn

Mae'r Athro Collins yn awgrymu y gallai'r ffordd garegog fod yn dda i chi, hyd yn oed, gan y byddwch chi'n datblygu sgiliau defnyddiol ar hyd y ffordd. Y peth allweddol yw peidio â meddwl gormod am y rhwystr a tharo'n ôl.

Bydd anawsterau a heriau yn ystod cyfnod yr arholiadau ond gallwch ddefnyddio'r rhain mewn ffordd adeiladol. Meddyliwch am brofiad negyddol diweddar ac edrychwch ar y deg awgrym isod. Does dim rhaid i chi roi sylw i bob un, ond ceisiwch wneud nodiadau o dan o leiaf bump ohonyn nhw.

1. Rhinwedd bersonol sydd wedi cryfhau oherwydd y profiad.

2. Rhinwedd bersonol roeddech chi hebddi, ond rydych chi wedi dechrau ei datblygu nawr.

3. Gwerthfawrogi rhyw ran o'ch bywyd yn well o ganlyniad i'r profiad.

4. Gwers werthfawr rydych chi wedi'i dysgu o'r profiad.

5. Rhywbeth rydych chi wedi'i sylweddoli am fywyd na fyddech chi efallai erioed wedi'i ystyried cyn y profiad.

6. Mwy o hyder ynghylch sut mae'r byd neu rai pobl benodol yn gweithio, oherwydd yr hyn ddigwyddodd i chi.

7. Sgil rydych chi wedi'i ddatblygu neu ei gyfnerthu (e.e. meddwl drwy broblemau, myfyrio a deall, cyfleu syniadau, dadlau'n hyderus) oherwydd y profiad.

8. Perthynas sydd wedi cryfhau, efallai gyda rhywun wnaeth eich helpu neu eich cefnogi chi drwy'r profiad, neu berthynas gryfach â rhywun sydd wedi'ch brifo chi.

9. 'Rheol' rydych chi wedi'i ffurfio o'r profiad ac y gallwch ei phrofi nawr mewn sefyllfaoedd newydd.

10. Ailasesu rhai o'ch blaenoriaethau, efallai oherwydd y profiad.

Bydd y darn rydych chi wedi'i ysgrifennu yn eich atgoffa ein bod ni'n tyfu o ganlyniad i gyfnodau anodd. Cadwch hwn yn agos atoch chi ac edrychwch arno pan fydd angen!

11. Mis Mai

Lles a Rheoli Straen

Wrth i dymor yr arholiadau agosáu, mae hyd yn oed y bobl sydd wedi paratoi orau yn gallu wynebu argyfwng personol ar adegau. I bobl lai ffodus, mae mis Mai yn ysgytwad sy'n digwydd yn araf. Mae llawer o asiantaethau ar gael i helpu eich disgyblion sydd â salwch meddwl go iawn; mae'r canlynol wedi'i gynllunio i helpu'r mwyafrif ffodus.

Rydyn ni wedi gweld bod bwlch eithaf mawr rhwng ymchwilio i egwyddorion rheoli'r meddwl a rhoi unrhyw beth effeithiol ar waith. Fel sawl ysgol, fe wnaethon ni ddechrau ceisio annog hunanreoleiddio cadarnhaol a strategaethau rheoli straen drwy gynnal sesiynau galw heibio. Ond ddaeth neb i'r rhain. Yna, yn rhwystredig, buon ni ar dân yn darparu gweithgareddau torfol i grŵp blwyddyn cyfan a oedd wedi ymddieithrio. Doedd y naill na'r llall ddim yn effeithiol iawn (rydyn ni'n siŵr y bydd llawer ohonoch chi wedi cael llawer mwy o lwyddiant).

Ers hynny, rydyn ni wedi defnyddio sgyrsiau hyfforddi (coetsio) un-i-un neu sesiynau ymyriad llai (tua chwech i wyth o ddisgyblion) i gyflwyno a thrafod rheoli gorbryder a straen. Hyd yn oed wedyn, rydyn ni wedi teimlo bod disgyblion yn ymwybodol o'r wybodaeth – mae pob disgybl Blwyddyn 11 yn gwybod y dylai gael wyth awr o gwsg bob nos – ond, am ba reswm bynnag, dydyn nhw ddim yn gweithredu i ddefnyddio'r wybodaeth yn eu bywydau eu hunain. Mae yma gymhlethdod ychwanegol: yn aml, rydyn ni wedi gweld bod angen tri diwrnod olynol o ymarfer cyn i ni deimlo bod pethau yn gwella. Dyna pam mae'r rhan fwyaf o'r gweithgareddau sydd wedi'u cynnwys yma yn ceisio bod mor ymarferol â phosibl – cyfres o gyfarwyddiadau y bydd y disgyblion yn methu gwyro oddi wrthi ac amserlen y mae'n rhaid iddyn nhw gadw ati. Y mantra yw bod cadw meddwl cadarnhaol yn golygu ymddwyn mewn modd sy'n canolbwyntio ar ddatrysiadau, yn hytrach nag ailadrodd trefnau ac arferion niweidiol.

Cyn y gweithgareddau, fodd bynnag, mae gennym gyfres o awgrymiadau ac arsylwadau byrrach, llai, sydd wedi dod o ffynonellau amrywiol. Rhyw fath o fag cymysg o gynghorion yw hwn – rydyn ni wedi bod yn ei ddatblygu a'i ddefnyddio ad hoc dros y cyfnod pan fuon ni'n datblygu'r system *VESPA*. Fodd bynnag, dydy'r cynghorion ddim yn briodol ar gyfer gweithgaredd cyfan.

Tywyllu a chwsg

Mae golau gwyrddlas sgrin yn hwyr yn y nos, fel mae pob ohonon ni'n gwybod yn ôl pob tebyg, yn annog cynhyrchu melatonin yn yr ymennydd, ac yn ein 'twyllo' ni i feddwl ei bod hi yn ddydd. Mae'n anodd cysgu, mae lefelau canolbwyntio yn gostwng ac mae'r gallu i reoli emosiynau anodd neu niweidiol yn dirywio'n sydyn iawn. Rydyn ni wedi gwneud llawer iawn o wasanaethau ar dywyllu, dadwenwyno digidol a hyrwyddo pwysigrwydd gosodiadau awyren ar ffonau (gydag enghreifftiau o ddisgyblion sydd wedi gwneud hyn). Rydyn ni wedi gweithio gyda chwaraewyr gemau i drefnu eu bod nhw'n dileu apiau a gemau cyn arholiadau, a rhoi dyddiad ar y calendr i'w llwytho nhw i lawr eto. Rydyn ni wedi sôn am negeseuon ffarwelio ar ffrydiau cyfryngau cymdeithasol (''Nôl mewn mis!' math o beth) ac yn y blaen. Mae llawer o'r rhain wedi bod yn effeithiol iawn.

Un cwestiwn effeithiol yw 'Beth rydych chi'n ei ddefnyddio fel cloc larwm?' Yr ateb, yn ddi-ffael y dyddiau hyn, yw 'fy ffôn'. Anogwch eich disgyblion, neu'r rhieni os yw'n bosibl, i fuddsoddi mewn cloc larwm analog rhad er mwyn i'r disgyblion adael eu ffonau yn gwefru i lawr y grisiau ar ddiwedd y dydd. Mae edrych ar sgrin o fewn awr i amser gwely yn gallu tarfu ar batrymau cysgu (mae'r rhan fwyaf o blant yn gwybod hyn) felly rydyn ni wedi gweithio i amserlennu amseroedd gwylio teledu gyda rhai sy'n tueddu i wylio'r teledu yn hwyr y nos. Yn aml, byddwn ni'n hybu defnyddio rhywbeth arall er mwyn newid arferion – llyfrau llafar neu ddarllen yn lle gwylio'r teledu, er enghraifft. Gwnewch yr arfer newydd mor sicr o lwyddo â phosibl drwy ddewis straeon yn fwriadol i wneud iddyn nhw deimlo'n gysurus ac yn hapus. Gallai hen ffefrynnau o Flwyddyn 8 neu 9 helpu (Beth am *Y Bancsi Bach* gan Tudur Dylan Jones?).

Rhaid i'r pwyslais fod ar ymddygiad sy'n canolbwyntio ar ddatrysiadau, fel rydyn ni wedi'i nodi. Mae'n werth nodi, heb ymrwymo i newid, y bydd y disgybl yn parhau i deimlo'n flinedig, dan straen ac yn methu rheoli'i hun.

Caffein, protein a chwsg

Mae codi ymwybyddiaeth o lefelau caffein mewn diodydd egni a diodydd meddal yn ddefnyddiol. Mae disgyblion yn eithaf gwybodus am faint o siwgr sydd mewn diodydd ond rydyn ni wedi gweld nifer sylweddol sy'n meddwl does dim byd mewn Diet Coke a'i fod felly yn ddiogel i'w yfed drwy'r amser. Mae llawer iawn o adnoddau ar-lein yn cael eu diweddaru'n gyson am gaffein mewn diodydd meddal, gan roi'r miligramau i bob 100ml o hylif (gwyliwch am wefannau o UDA lle mae lefelau uwch yn y diodydd). Yn y Deyrnas Unedig, mae gan Diet Coke tua 12mg, fel Lucozade; mae gan Pepsi tua 10mg. Mae Red Bull a Rockstar dros 30mg – tua gwerth hanner paned o goffi.

Mae bwydydd sy'n cynnwys llawer o brotein yn rhoi hwb o egni cyn mynd i'r gwely, a charbohydradau yn eich helpu i deimlo'n gysglyd. Rydyn ni wedi gweld bod pobl iach iawn sy'n hoff o ddefnyddio'r gampfa yn gwybod llawer am eu deiet isel ar garbohydradau, ond yn gwneud y camgymeriad o fwyta swper sy'n cynnwys llawer o brotein. Mae hyn yn eu hatal nhw rhag cysgu'n dda. Yn gyffredinol, dydy bwyta ac yfed yn hwyr ddim yn helpu; mae peidio â chael caffein ar ôl 4pm yn rheol gyffredinol eithaf safonol (er y dylai fod yn gynharach yn ein barn ni – 1 neu 2pm).

Eto, mae'n fater o gadw golwg ar ymddygiad presennol, dod o hyd i batrymau ac ymrwymo i addasiadau bach a gwneud eich gorau i sicrhau eu bod nhw'n digwydd.

Ymarfer corff

I bobl sy'n rhedeg, yn nofio ac yn defnyddio'r gampfa mae hwn yn un hawdd. I'r gweddill ohonon ni, gallwn gerdded.

Rydyn ni wedi arbrofi â helpu dysgwyr i gerdded ar gyfer ymwybyddiaeth ofalgar neu therapi yn y gorffennol. Os oes gennych chi ddiddordeb mewn archwilio gweithgareddau cerdded, gofynnwch i'ch disgyblion gadw awr yn rhydd a gofalu y byddan nhw ar eu pennau eu hunain heb ddim byd i darfu arnyn nhw.

Mae angen iddyn nhw wneud y canlynol:

» Dewis man sy'n waith 20 munud o gerdded o'u man cychwyn.

» Cerdded yno. Dywedwch wrthyn nhw mai dim ond am bethau cadarnhaol y maen nhw'n cael meddwl wrth gerdded. Y testun yw: pethau rydw i'n eu gwneud yn dda, pethau rydw i'n ddiolchgar amdanyn nhw. Chaiff dim byd arall ddod i mewn i'w meddwl. Os ydyn nhw'n gweld eu gallu i ganolbwyntio yn crwydro, dylen nhw ei droi'n ôl yn araf deg a dal i ganolbwyntio ar y ddau destun hyn. Pan fyddan nhw'n cyrraedd pen eu taith, neu wrth iddyn nhw fynd, gofynnwch iddyn nhw gofnodi eu meddyliau neu eu rhestru nhw yn gyflym ar bad ysgrifennu.

» Yna, bydd y disgybl yn dychwelyd i'r man cychwyn. Wrth gerdded yn ôl, caiff roi sylw i'w broblemau. Y testun y tro hwn yw: pethau y galla' i eu gwneud i ddatrys fy mhroblemau. Eto, y peth allweddol yw eu bod nhw'n gryf gyda'u hunain. Dyma'r unig beth maen nhw'n cael meddwl amdano.

Os bydd eu meddyliau yn crwydro, dylen nhw ddod â'u meddyliau yn ôl cyn gynted â'u bod wedi sylwi beth sydd wedi digwydd. Pan mae'n nhw'n cyrraedd yn ôl ar ôl cerdded, anogwch nhw i dreulio rhai munudau ar eu pennau eu hunain a nodi eu meddyliau a'u syniadau.

Mae rhai pobl yn gwneud y gweithgaredd hwn unwaith neu ddwy bob mis i'w helpu i ganolbwyntio eto. Rydyn ni'n adnabod rhywun sy'n defnyddio copa bryn fel cyrchfan – mae'n dweud bod cerdded i lawr yn ei helpu i ymlacio ar ôl y gwaith caled o gyrraedd y copa, a'i fod bob amser yn meddwl am bethau y gall eu gwneud i ddatrys problemau ar y ffordd i lawr.

Gallwch chithau hefyd ystyried cerdded meddylgar. Rydyn ni wedi darllen llawer iawn o gyngor am hyn ac wedi'i grynhoi i ffurfio ein fersiwn ni, pan fydd disgyblion yn mynd am dro byr bob dydd yn ystod mis Mai a mis Mehefin – gall fod cyn lleied â deng munud. Mae dewis taith sy'n cymryd tua'r amser hwnnw i'w gerdded yn rhan o'r drafodaeth a'r gwaith paratoi. Eu nod yw canolbwyntio, wrth gerdded, ar (1) ansawdd eu hanadlu – gallan nhw ddefnyddio anadlu 'ar ffurf blwch' (gweler Gweithgaredd 39 – Y Cit Cymorth Cyntaf) wrth gerdded os hoffen nhw, neu bydd rhai disgyblion yn cyfrif eu camau, a (2) ehangu eu sylw – hynny yw, mynd ati i edrych ar y byd o'u cwmpas nhw wrth iddyn nhw gerdded. Un ffordd anffurfiol a hwyliog o annog y disgyblion i ehangu eu sylw yw gofyn iddyn nhw nodi un peth newydd maen nhw yn ei weld bob dydd.

Eto, os gwelan nhw fod eu sylw yn crwydro, does dim angen pryderu. Mae hyn yn berffaith normal. Y cyfan mae'n rhaid iddyn nhw ei wneud yw troi eu sylw yn ôl, yn araf deg a heb feirniadu, at yr anadl ac at y gweithgaredd o wylio'r byd o'u cwmpas nhw; arsylwi'n wrthrychol yn hytrach na bod yn gwlwm myfyrgar o straen.

Pwyslais di-baid ar y gallu i wneud

Byddwch chi'n gwybod am un anhawster cynhenid wrth hyfforddi a chefnogi disgyblion ym maes ymwybyddiaeth ofalgar a lleihau straen: sinigiaeth siomedig pobl ifanc yn eu harddegau. Mae'r rhain yn gwybod y cyfan, felly mae awgrymu ffyrdd newydd o wneud pethau neu syniadau anarferol yn aml yn anodd.

Rydyn ni wedi dysgu dau beth. Yn gyntaf, y ffordd orau o addysgu cymeriad yw drwy ei fodelu. Peidiwch â diystyru grym, 'Rydw i wedi bod yn trio hyn yn ddiweddar, ac …' fel ffordd o normaleiddio ac egluro heriau newid arferion a threfnau dyddiol. Mae hynny yn golygu arbrofi â'ch rhai chi a rhannu eich hynt a'ch helynt wrth i chi fynd. Yn ail, pwysleisiwch pa mor hawdd yw arfer rydych chi yn ei hybu, yn hytrach na'i effeithiolrwydd. Mae, 'Bydd hyn yn mynd â munud neu ddau o'ch amser bob dydd' yn well o lawer na, 'Pe baech chi ond yn treulio awr bob bore …'

Felly, mae gweithgaredd cyntaf y bennod hon, Y Cit Cymorth Cyntaf, yn awgrymu tri gweithgaredd defnyddiol ar gyfer disgyblion sydd dan straen, ac mae pob un yn rhoi'r amser angenrheidiol i gwblhau'r gweithgaredd.

39. Gweithgaredd Agwedd: Y Cit Cymorth Cyntaf – Tri Ymarfer i Gael Gwared ar Straen

Anadlu 'ar ffurf blwch' *(Amser: 1–2 funud)*

I wneud yr ymarfer hwn, mae angen i chi anadlu bedair gwaith, ac wrth wneud hynny, dychmygwch eich bod chi'n adeiladu blwch. Rhowch gynnig ar hyn unwaith neu ddwy bob dydd, a thros gyfnod byr fe fyddwch chi'n dechrau teimlo'n fwy digynnwrf.

Anadl 1: Anadlwch i mewn drwy'r trwyn nes bod yr ysgyfaint yn llawn a'r frest wedi ehangu. Cymerwch bedair eiliad i lenwi eich ysgyfaint. Os hoffech chi air yn eich pen i'ch helpu i glirio eich meddyliau, gallwch ddefnyddio 'dde', gan ddychmygu beiro yn teithio i'r dde wrth dynnu llinell waelod y blwch. Pan fyddwch chi yn llawn, daliwch yr anadl am bedair eiliad.

Anadl 2: Anadlwch allan drwy'r geg sydd wedi'i hagor ychydig bach. Cymerwch bedair eiliad i wagio eich ysgyfaint yn llwyr. Gallwch ailadrodd y gair 'fyny/lan' yn eich pen yma os hoffwch chi, wrth ddychmygu llinell yn cael ei thynnu tuag i fyny i wneud ochr dde'r blwch. Pan fyddwch chi yn hollol wag, daliwch eich anadl am bedair eiliad.

Anadl 3: Anadlwch i mewn drwy'r trwyn nes bod yr ysgyfaint yn llawn a'r frest wedi ehangu. Cymerwch bedair eiliad i lenwi eich ysgyfaint. Os hoffech chi air yn eich pen i helpu i glirio eich meddyliau, gallwch ddefnyddio 'chwith', gan ddychmygu beiro yn symud i'r chwith wrth dynnu llinell uchaf y blwch. Pan fyddwch chi'n llawn, daliwch yr anadl am bedair eiliad.

Anadl 4: Anadlwch allan drwy'r geg sydd wedi'i hagor ychydig bach. Cymerwch bedair eiliad i wagio eich ysgyfaint yn llwyr. Gallwch ailadrodd y gair 'lawr' yn eich pen yma os hoffwch chi, wrth ddychmygu tynnu llinell tuag at i lawr i gwblhau'r blwch. Pan fyddwch chi yn hollol wag, daliwch am bedair eiliad. A dyna ni!

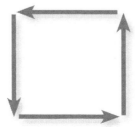

Anadl 3: I mewn drwy'r trwyn, pedair eiliad, yna dal am bedair eiliad.

Anadl 4: Allan drwy'r geg sydd ar agor ychydig bach am bedair eiliad, yna dal am bedair eiliad pan fyddwch chi'n wag. Yn ôl at eich diwrnod!

Anadl 2: Allan drwy'r geg sydd ar agor ychydig bach am bedair eiliad, yna dal am bedair eiliad pan fyddwch chi'n wag.

Anadl 1: I mewn drwy'r trwyn, pedair eiliad, yna dal am bedair eiliad.

Caredigrwydd bwriadol *(Amser: 30 eiliad–1 munud)*

Cafodd yr ymarfer caredigrwydd bwriadol hwn ei awgrymu gan un o arweinwyr Google. Ychydig iawn o amser mae'n ei gymryd, ond wrth ei ailadrodd mae'n cael effeithiau cadarnhaol dros ben. Gan fod straen neu bryder yn golygu canolbwyntio ar yr hunan, mae gweithgareddau fel hwn yn gweithio gan eu bod nhw yn eich gorfodi chi i ganolbwyntio ar bobl eraill.

Fersiwn 1

» Dewiswch dri o bobl – rhieni, ffrindiau, cyfoedion, tiwtoriaid neu athrawon, brodyr, chwiorydd, cefndryd neu gyfnitherod.

» Rhowch ddeng eiliad o'ch amser i bob un, gan eu dychmygu nhw, un ar y tro, mor fyw ag sy'n bosibl. Dywedwch yn eich pen: 'Rydw i eisiau i'r unigolyn yma fod yn hapus.' Dychmygwch yr unigolyn yn hapus. Ailadroddwch y frawddeg yn eich pen, os oes angen, am ddeng eiliad.

» Gwnewch hyn eto ar gyfer y tri rydych chi wedi'u dewis. Dyna ni.

Fersiwn 2

Rhowch gynnig ar hyn mewn man cyhoeddus – ystafell astudio, llyfrgell, caffi, gorsaf fysiau, wrth wylio torf drwy ffenestr yn rhywle.

» Edrychwch ar y torfeydd o'ch cwmpas chi a dewiswch dri o bobl ar hap.

» Rhowch ddeng eiliad o'ch amser i ganolbwyntio ar bob un, un ar y tro. Dywedwch yn eich pen: 'Rydw i eisiau i'r unigolyn yma fod yn hapus.' Dychmygwch yr unigolyn yn hapus. Ailadroddwch y frawddeg yn eich pen os oes angen am ddeng eiliad.

» Gwnewch hyn ar gyfer tri o bobl. A dyna ni.

Mae ailadrodd hwn yn hyfforddi eich ymennydd i ymarfer treulio ychydig bach o amser yn canolbwyntio ar bobl eraill. Mae'r awdur, yr athro a'r entrepreneur Tim Ferriss yn dweud y canlynol yn ei lyfr *Tools of Titans* (2017, t. 159): 'Rydw i'n tueddu i wneud un sesiwn 3–5 munud gyda'r nos, gan feddwl am dri o bobl yr hoffwn i iddyn nhw fod yn hapus – dau ffrind presennol, yn aml, ac un hen ffrind rydw i heb ei weld ers blynyddoedd. Ar ôl dim ond tri diwrnod o wneud hyn … fe wnes i deimlo fy hun yn meddwl drwy'r dydd "Pam rydw i mor hapus?" … mae mor hawdd i chi gael eich dal mewn trobwll wrth feddwl am eich "stwff" chi.

Mae'r ymarfer caredigrwydd cariadus hwn yn golygu peidio â chanolbwyntio arnoch chi'ch hun – ac i mi, mae hynny'n datrys o leiaf 90% o'r clebran yn fy mhen ar unwaith.'

Pryder yn erbyn rheolaeth *(Amser: 10 munud)*

Mae'r gweithgaredd hwn, sydd wedi'i addasu o lyfr rhagorol Stephen Covey, *The 7 Habits of Highly Effective People* (1989), yn gofyn i chi dreulio tua phum munud yn rhestru'r pethau sy'n llenwi eich meddwl ac yn defnyddio eich egni. Gwnewch hyn:

1. Gwrandewch ar eich pryderon a'ch gofidiau (eich 'clebran yn y pen' fel mae Tim Ferriss yn ei alw) a gwnewch nodyn o'r cyfan – er enghraifft, 'pryderu am y newyddion', 'poeni pa gwestiynau a allai fod yn fy arholiad nesaf', 'pryderu beth gallai pobl ei feddwl am fy neges ddiweddar ar y cyfryngau cymdeithasol', 'meddwl am hufen iâ'.

2. Rhowch nhw i gyd mewn un cylch mawr, fel eu bod nhw'n edrych fel petaen nhw i gyd yn gwthio'i gilydd o gwmpas yn eich pen. Nawr tynnwch lun ail gylch, i ffwrdd i'r dde neu i'r chwith, oddi wrth eich pen.

3. Nesaf, adolygwch bob eitem yn y cylch sy'n edrych fel eich pen, sy'n llawn meddyliau a phroblemau gwallgof, un ar y tro. Ar gyfer pob eitem, gofynnwch i chi'ch hun, 'Pa reolaeth sydd gen i dros hyn?'

4. Os ydych chi'n gallu gwneud rhywbeth i reoli canlyniad y pryder, mae'n aros yn y cylch cyntaf (eich pen). Labelwch y cylch hwn yn 'rheolaeth'. Os ydych chi'n methu gwneud dim neu prin ddim i reoli canlyniad y syniad neu'r pryder, mae'n gadael eich pen ac yn mynd i'r ail gylch. Byddwn ni'n galw hwn yn 'pryder' – y pethau rydych chi'n meddwl amdanyn nhw ond heb ddim neu brin ddim dylanwad drostyn nhw.

Mae pobl sy'n ymdopi'n dda â straen yn lleihau'r pethau yn y cylch 'pryder'. Maen nhw'n ymarfer anghofio amdano. Maen nhw'n defnyddio'u hegni ar y pethau yn y cylch 'rheolaeth' ac yn gwneud cynlluniau. Gorffennwch yr ymarfer drwy benderfynu ar *un peth syml* y gallech chi ei wneud i wella pob un o'r materion/sefyllfaoedd sydd yn eich cylch rheolaeth.

40. Gweithgaredd Ymdrech: Penderfyniadau Ymlaen Llaw

Mae bywyd yn llawn penderfyniadau. Bob dydd rydyn ni'n gwneud miloedd ohonyn nhw; mae'r amcangyfrifon yn amrywio rhwng 3,000 i blant ifanc i tua 35,000 i oedolion. Rydyn ni i gyd yn cael profiad o'r enw blinder penderfyniadau – pan fydd ansawdd ein penderfyniadau yn gwaethygu dros gyfnod hir o benderfynu. (Dyna pam dydyn ni ddim yn gwneud y penderfyniadau gorau am 10 o'r gloch y nos ar ôl diwrnod llawn yn yr ysgol!) Mae hyn yn rhannol oherwydd ein bod ni yn aml yn defnyddio llawer o'n hegni penderfynu drwy gydol y dydd ar benderfyniadau materol bach – prynu'r siocled hwn neu'r siocled arall, beth i'w fwyta i ginio a ble i eistedd, sut i wario ychydig o arian, pa fws i'w ddal adref ac yn y blaen.

Yn aml, bydd ein penderfyniadau materol wedi defnyddio llawer o egni meddyliol. Mae hyn yn golygu bod ein penderfyniadau o ran ymddygiad yn ymatebion heb eu cynllunio. Felly pan fydd athro/athrawes yn herio ansawdd eich gwaith cartref, mae'n teimlo'n annisgwyl ac efallai y byddwch chi'n ddig er eich bod chi'n gwybod na ddylech chi fod. Neu bydd ffrind yn gofyn i chi beidio â mynd i ddosbarth ar ôl ysgol a chithau yn ateb yn sydyn, 'Iawn!', er eich bod chi'n gwybod bod hyn yn syniad gwael.

Mae'r gweithgaredd hwn yn eich galluogi chi i ragweld rhai o'r penderfyniadau hyn a'u gwneud nhw ymlaen llaw. Defnyddiwch eich egni penderfynu i gynllunio eich ymateb i ddigwyddiadau. Gwnewch benderfyniadau nawr er mwyn eich dyfodol gorau posibl.

Yn gyntaf, ystyriwch y cwestiynau hyn:

» Pa fath o berson hoffech chi fod?

» Pa rinweddau fyddai gennych chi?

» Beth sy'n bwysig i chi?

» Beth hoffech chi i bobl eraill ei ddweud amdanoch chi?

» Pa egwyddorion byddech chi'n meddwl amdanyn nhw wrth wneud penderfyniadau cryf, hyderus?

Ysgrifennwch ychydig o nodiadau ar bapur. Cofiwch nhw wrth i chi eich rhoi eich hun mewn sefyllfaoedd anodd. Mae rhai o'r rhain yn digwydd i bawb ac rydyn ni wedi eu cynnwys nhw ar y dudalen nesaf. Efallai y bydd eraill yn benodol i'ch sefyllfa chi, felly mae lle gwag yn nes i lawr i chi ychwanegu eich sefyllfaoedd eich hun.

Sefyllfa	Penderfyniad wedi'i wneud ymlaen llaw
Rydych chi'n bwriadu gwneud ymchwil pwysig, ond does gennych chi ddim cysylltiad â'r rhyngrwyd.	
Rydych chi'n neilltuo amser i ddal i fyny â gwaith pwysig iawn ond mae ffrindiau yn cyrraedd ac mae eisiau cwmni a sgwrs arnyn nhw.	
Mae wythnos i fynd tan brawf pwysig ac rydych chi'n gwybod bod gennych chi lawer o adolygu i'w wneud.	
Rydych chi'n bwriadu gweithio ond mae ffrind yn ceisio eich perswadio chi i beidio.	
Mae gennych chi dasgau pwysig i'w gorffen ond mae rhywbeth gwych ar y teledu/cyfryngau cymdeithasol/rhyngrwyd.	
Mae cyd-ddisgybl yn gofyn i chi dwyllo mewn prawf.	
Mae ffrindiau yn gofyn i chi fethu dosbarth gyda nhw.	
Mae ffrind agos yn awgrymu nad yw graddau mor bwysig â hynny – bod adolygu yn ddiflas a'r ysgol yn ddiwerth. Mae'n gofyn i chi roi'r gorau i astudio a methu eich arholiadau i gyd yn fwriadol.	

Gallwch hyd yn oed ychwanegu sefyllfaoedd sy'n eich helpu chi i wneud penderfyniadau pwysicach fyth ymlaen llaw. Meddyliwch sut hoffech chi i'r fersiwn gorau ohonoch chi ymateb petai, er enghraifft, rhywun yn cynnig cyffuriau i chi neu petaech chi'n gweld grŵp o bobl yn cam-drin rhywun.

Efallai na fydd pob un o'ch penderfyniadau yn eich gwneud chi'n falch iawn, ond bydd ystyried penderfyniadau da ymlaen llaw yn fwy tebygol o ddigwydd!

12. Hyfforddi gyda *VESPA*

'Beth' hyfforddi

Mae'r gair hyfforddi (coetsio) yn cael ei ddefnyddio i ddisgrifio'r broses o gynnal sgyrsiau sydd wedi'u cynllunio ymlaen llaw. Eu nod, i ddefnyddio brawddeg John Whitmore (2009, t. 10), yw 'helpu [pobl] i ddysgu, yn hytrach na'u haddysgu nhw'. Does dim angen arbenigedd penodol i'r pwnc i hyfforddi. Felly gall tiwtoriaid a rheolwyr ymyriadau roi hyfforddiant heb wybodaeth am fanylion perfformiad mathemateg, cyfrifiadureg neu ddaearyddiaeth, er enghraifft, os ydyn nhw yn effeithiol o ran arwain a datblygu sut bydd dysgwyr yn ymateb i heriau neu rwystrau. (Eto, mae Whitmore yn mynegi hyn yn daclus: 'Dylai hyfforddi da fynd â'r perfformiwr y tu hwnt i gyfyngiadau'r hyn mae'r hyfforddwr ei hun yn ei wybod' (2009, t. 12).)

Mae hyfforddwr da yn creu amgylchedd lle mae disgyblion yn teimlo bod yr hyfforddwr yn ymddiried ynddyn nhw ac yn eu cefnogi; man diogel iddyn nhw drafod yn onest eu cryfderau a'u galluoedd personol, yn ogystal â'u ffaeleddau, eu gwendidau neu eu rhwystrau personol. Mae'n trosglwyddo'r cyfrifoldeb am gynhyrchu newid a'i roi ar waith i'r disgyblion – mae hyn yn hollbwysig. Mae hyfforddwr da, yn ôl Whitmore eto, yn ymddiried ynddyn nhw ac yn 'eu caniatáu, eu hannog a'u cefnogi i ddewis a phenderfynu drostyn nhw eu hunain' (2009, t. 19). Mae Whitmore yn dadlau bod cynnig mwy o ddewis i'r dysgwr yn ffordd allweddol o 'ddatgloi pob math o botensial cudd'. Mae'n mynd yn ei flaen i awgrymu bod yr ymagwedd hon yn 'cynyddu hunanddibyniaeth, hunan-gred a hyder, a hunangyfrifoldeb' (2009, t. 33, 35).

Yn y sgyrsiau hyfforddi rydyn ni wedi'u harsylwi – yn wir, mewn rhai rydyn ni wedi'u cynnal, yn enwedig yn nyddiau cynharach ein hymarfer – yr athro/athrawes sy'n siarad fwyaf a'r athro/athrawes fydd fel rheol yn cynnig barn am sut mae'r disgybl yn gweithio a sut dylai wella. Nid dyma sut mae hyfforddi i fod i weithio, wrth gwrs. Mae'n cymryd amser i'w feistroli, ond mae hyfforddiant da yn fater o ddylanwad, nid rheolaeth. Dylai helpu i gynyddu hunan-gred, hunanhyder a hunangyfrifoldeb y disgybl. Yn y pen draw, mae'n fater o gynyddu hunanymwybyddiaeth. Fel y nododd Whitmore (2009, t. 37), 'Pan fyddwn ni wirioneddol yn … gyfrifol am ein meddyliau a'n gweithredoedd, byddwn ni'n fwy ymroddedig iddyn nhw a bydd ein perfformiad yn gwella.'

Felly, egwyddor allweddol hyfforddi yw datgloi potensial y disgybl, ei annog i berchnogi ei berfformiad a bod yn gyfrifol amdano, a'i helpu i fod mor debygol â phosibl o lwyddo – hynny yw, ei arwain at gyfres o gamau gweithredu a fydd yn ei helpu i gyflawni ei nodau. Mae tystiolaeth yn awgrymu bod hyfforddi disgyblion yn gallu cael effaith gadarnhaol (Campbell a Gardner, 2005). Ond mae yna rybudd: mae'r Sefydliad Cenedlaethol er Ymchwil i Addysg yn dweud, 'Mae tystiolaeth o effaith uniongyrchol mentora a hyfforddi o fewn eu sefydliad ar bobl ifanc yn beth prin. Fodd bynnag, mae adroddiadau gan ymchwilwyr ac athrawon yn awgrymu y bydd diwylliant o fentora a hyfforddi, dros amser, yn cael effaith ar bobl ifanc ac ar eu dysgu.'*

'Sut' hyfforddi – gwneud amser

Rydyn ni wedi dod i ddeall mai dod o hyd i'r amser i gynnal sesiynau hyfforddi o ansawdd da yw un o'r rhwystrau mwyaf i hyfforddi mewn ysgolion. Mae hyn yn gallu bod yn anodd. Mae'r rhan fwyaf o'n llwyddiant wrth hyfforddi wedi dod o sgyrsiau un-i-un neu grwpiau ymyriad bach ar lefel TGAU a Safon Uwch. Os oes gennych chi ddiddordeb mewn rhoi cynnig ar sgwrs hyfforddi, dyma un ffordd o wneud hynny.

Rydyn ni'n awgrymu eich bod chi'n cynnal y gweithgaredd sy'n dilyn ar ôl pythefnos neu dair wythnos o addysgu, gan roi tua 20 munud o amser dosbarth i ddisgyblion i'w gwblhau.

---

* Gweler https://www.nfer.ac.uk/media/2003/mcm01.pdf

Gweithgaredd Systemau: Yr Adolygiad Wythnosol

Gallwch newid faint o waith effeithlon ac effeithiol rydych chi'n ei wneud yn sylweddol drwy ei wneud yn rheolaidd ac yn aml, yn hytrach na chlirio pentyrrau mawr ohono.

Dyma un arfer i'w ddatblygu – yr adolygiad dysgu. Dilynwch y camau hyn ac fe welwch chi'ch hun yn dysgu fesul tipyn yn rheolaidd – yn hytrach na cheisio'i wneud i gyd ar unwaith!

1. Mae gennych chi 20 munud i astudio ac i fyfyrio'n dawel. Yn ystod y 20 munud, rydych chi'n mynd i adolygu'r holl waith rydych chi wedi'i gwblhau yn y pythefnos neu dair wythnos diwethaf. Gofalwch fod y cyfan o'ch blaen chi nawr.

2. Nawr edrychwch drwy eich nodiadau, gan adolygu gwaith yr wythnosau diwethaf. Gwnewch y canlynol:

   » Gwiriwch fod eich nodiadau yn glir, yn ddarllenadwy ac yn drefnus.

   » Gwnewch grynodeb o'ch dysgu mewn diagram cyflym, map meddwl neu ychydig linellau o nodiadau.

   » Amlygwch bethau sydd wedi bod yn anodd i chi yn ystod y cyfnod hwn, neu rhowch gylch o'u cwmpas nhw. Dyma'r deunydd y bydd angen i chi weithio arno yn ystod eich amser astudio annibynnol.

   » Ewch drwy'r tasgau rydych chi wedi'u cael dros y pythefnos neu dair wythnos diwethaf, a'r terfynau amser sydd gennych chi. Gwnewch restr o flaenoriaethau ar gyfer y pythefnos nesaf.

Yn aml, bydd pobl sydd wedi arfer cynnal adolygiadau rheolaidd fel hyn yn teimlo'n fwy digynnwrf o lawer ac o dan lai o straen. Maen nhw'n gallu gadael yr ysgol ar ddydd Gwener yn gwybod eu bod nhw yn feistr ar eu gwaith ac wedi gwagio'r holl bryderon bach poenus o'u pennau a allai eu cadw nhw yn effro yn y nos.

Gallech chi fod fel yna hefyd! Ceisiwch gynnwys adolygiad dysgu bob wythnos i glirio eich meddwl a rhoi trefn ar bethau yn eich pen.

Paratowch y gweithgaredd hwn, a phan fydd yr ystafell ddosbarth yn dawel a'r disgyblion wedi ymgolli wrth adolygu eu dysgu eu hunain, gallwch ddewis grŵp bach o ddisgyblion i eistedd gyda chi a chymryd rhan mewn sgwrs hyfforddi. Rydyn ni wedi awgrymu model tair rhan sy'n cymryd cyfanswm o tua 15 munud i'w gwblhau.

Cam 1: Diagnosis

(Amser: 5 munud)

Fframiwch bwrpas y sgwrs. Gallwch ddechrau'r sgwrs mewn ffordd gadarnhaol: 'Rydw i'n sgwrsio â grwpiau o ddisgyblion i weld sut hwyl maen nhw yn ei gael. Hoffwn i ni archwilio – fel dosbarth – ystod o ffyrdd gwahanol o weithio fel ein bod ni i gyd yn dysgu gan ein gilydd ac yn gwneud cystal â phosibl! Yn benodol, hoffwn i ganolbwyntio ar rai o'r rhwystrau rydych chi yn eu hwynebu ar hyn o bryd, yn eich barn chi.' Neu gallwch ddewis ymyriad ar sail perfformiad: 'Yn ddiweddar, rydw i wedi bod yn poeni eich bod heb gyrraedd y safonau angenrheidiol i lwyddo eleni. Hoffwn eich helpu chi i wneud newidiadau a fydd yn effeithio'n gadarnhaol ar eich ffordd o astudio ar hyn o bryd.'

Yna sefydlu cymhelliant: 'Pa raddau hoffech chi eu cyflawni erbyn diwedd eich astudiaethau TGAU?' yn ogystal â'r sefyllfa bresennol: 'Beth sy'n anodd i chi wrth astudio TGAU yn y pwnc hwn?' Yn aml, bydd y cwestiwn hwn yn unig yn ddigon i annog trafodaeth. Os nad yw, defnyddiwch y tablau cwestiynau canlynol i fynd yn

ddyfnach. Cadwch y rhagenw fel 'chi'; does dim sôn am 'fi' yma gan fod y pwyslais i gyd ar y dysgwr. Mae bonion cwestiynau naratif yn aml yn gweithio'n dda: pan fydd dadansoddi yn anodd ('Pam mae'r pwnc hwn yn anodd i chi?'), mae adrodd stori yn fodd mwy naturiol ('Soniwch wrtha' i am wers anodd gawsoch chi'n ddiweddar …').

Gwyliwch am syndrom realiti ffug – tueddiad rhai disgyblion i ddweud beth maen nhw'n meddwl yr hoffech chi ei glywed. Byddwch yn ymwybodol o iaith emosiynol, hunanfeirniadol gan y disgyblion. Anogwch nhw i beidio â gweud hyn. Yn lle hynny, defnyddiwch ffeithiau a ffigurau. Ceisiwch adeiladu disgrifiad manwl ac anfeirniadol o berfformiad y disgybl. Pa feysydd mae angen eu datblygu?

Bydd ein sgwrs ymyriad yn tynnu sylw at un (mwy fel arfer – pump, weithiau!) maes sy'n destun pryder. Ar ôl rhoi diagnosis, mae'n rhaid i ni benderfynu ble i ddechrau. Mae sawl ffordd o ystyried hyn. Os yw disgybl mewn argyfwng, yn naturiol bydd angen i ni ddechrau ble bynnag mae'r tensiwn – y gwir achos. Yn aml, gweledigaeth fydd hyn. Gallai'r broses fod yn un hir, ond bydd hi'n werth y drafferth. Neu, os ydyn ni'n gwneud addasiadau bach cynyddol i berfformiad, efallai y bydden ni'n dechrau ble bynnag y gallwn wneud y newid cyflymaf neu'r newid sy'n cael yr effaith fwyaf am y gost isaf.

Rydyn ni'n argymell eich bod chi'n gweithio ar ddim ond un maes neu ddau yn eich sesiwn gyntaf. Os byddwch yn ceisio newid gormod o ymddygiadau ar yr un pryd, mae'n debygol y byddwch yn methu. Mae newid ymddygiad yn aml yn fater o newid arferion, ac mae'r rhain yn fwy tebygol o lynu os gwnewch chi nhw mewn camau bach. Mae'r broses ar ôl hynny yn ymwneud â dewis gweithgareddau *VESPA* sy'n gallu newid ymddygiad disgyblion yn ymarferol ac yn fesuradwy. Yn eithaf aml, bydd y dull rydych chi yn ei ddefnyddio yn dibynnu ar eich barn broffesiynol am beth allai weithio orau gyda'r disgybl unigol. Gallwch naill ai weithio drwy'r dulliau *VESPA* gyda'r disgybl neu ofyn iddo gwblhau tasg gartref a dod â hi i'r sesiwn nesaf.

Cam 2: Cynllunio ac addasu cynllunio

(Amser: 5–7 munud)

Symudwch y pwyslais o 'chi' i 'ni'. Rydych chi'n dîm nawr, yn cefnogi eich gilydd ac yn rhannu'r un nodau: 'Sut gallwn ni gydweithio i wella pethau?' 'Allwn ni feddwl am gynllun i wella pethau?' 'Beth gallen ni ei wneud i fynd heibio'r rhwystr hwn? Unrhyw syniadau?'

Y nod, i ddyfynnu Whitmore eto, yw 'nid dod o hyd i'r ateb cywir ond creu cymaint â phosibl o gamau gweithredu eraill a'u rhestru.' (2009, t. 79). Felly, heb farnu, dechreuwch roi camau gweithredu posibl ar bapur, gan roi hwb ac anogaeth ble bynnag mae'n bosibl. Gwrthodwch y demtasiwn i reoli a rhoi'r atebion i gyd. Gallai anogaeth dda yma gynnwys y canlynol: 'Pwy allai ein helpu ni, tybed?' 'Pwy rydyn ni yn ei adnabod a allai fod wedi goresgyn y broblem hon o'r blaen?' 'Beth am gymryd ychydig mwy o amser i feddwl am syniad neu ddau arall?' Os yw syniadau'r disgyblion yn mynd yn brin, cynigiwch eich syniadau eich hun, ond dim

ond â'u caniatâd nhw. Ceisiwch ddefnyddio: 'Rydw i'n meddwl bod gen i ychydig o atebion posibl eraill. Hoffech chi eu clywed nhw?'

Rydyn ni'n hoff o ddefnyddio'r Matrics Blaenoriaethu Gweithredu (Gweithgaredd 37) i asesu ein holl syniadau ar ôl eu cynhyrchu nhw. Ochr yn ochr â'r disgyblion, aseswch pa ddatrysiadau sy'n cael yr effaith fwyaf â'r lleiaf o ymdrech, a dewiswch yr un gorau. Mae'n llawer gwell gennym ni sesiynau hyfforddi sy'n argymell defnyddio gweithgaredd *VESPA* fel dull i roi ffurf ar gynllun ac ymrwymiad, ond dim ond ein barn ni yw hynny.

Cam 3: Ymrwymiadau

(Amser: 3–4 munud)

Mae'r pwyslais yn ôl ar yr unigolyn nawr, ac rydyn ni'n defnyddio 'chi' yn lle 'ni': 'Felly, pa un o'r atebion posibl hyn ydych chi'n mynd i'w ddewis?' 'Beth rydych chi'n mynd i'w wneud cyn i ni gyfarfod nesaf?' 'Sut rydych chi'n mynd i wneud hyn?' 'Beth bydd angen i chi ei wneud gyntaf?'

Er y demtasiwn i berchnogi'r atebion gyda'ch gilydd, mae'n *rhaid* i'r camau gweithredu berthyn i'r disgyblion. Peidiwch â lleihau cyfrifoldeb nawr ag amwyster fel 'efallai', 'gallai' neu 'o bosibl', neu â'r rhagenwau 'ni' neu 'ein'. Mae hyn yn ei gwneud hi'n llai clir pwy sy'n gwneud beth. Mae angen bod mor glir ac ymroddedig i weithredu â phosibl, felly mae angen osgoi'r math hwn o sylw: 'Felly cyn i ni gyfarfod eto, beth am ystyried ffyrdd o adolygu ein nodiadau yn fwy rheolaidd? Ac efallai y gallwn gyflwyno'r darn ychwanegol hwnnw o waith y gwnaethon ni sôn amdano?'

Cofnodi'r sgwrs

Mae safbwyntiau am gofnodi sgyrsiau hyfforddi yn amrywio. Dylech anelu at gofnod syml o'ch sgwrs. Bydd hyn yn bwysig pan fyddwch chi'n gwerthuso cynnydd y disgybl, oherwydd bydd gennych chi nodiadau a chofnod o'r camau gweithredu y cytunwyd arnyn nhw. Y mwyaf o bobl sy'n rhan o'r weithred, y mwyaf y bydd y disgybl yn teimlo'n atebol. Felly, mae cofnod ffurfiol o'r hyn y cytunwyd arno yn gweithio'n dda – efallai rhestr o gamau gweithredu y gellir eu

rhannu wedyn â rhieni neu, os yw'r ymyriad yn gynnar, â thiwtoriaid, penaethiaid blwyddyn neu benaethiaid adran.

Fel dewis arall yn lle'r Pedwar Cam Ymlaen, er ein bod ni'n hoff o hwn fel cofnod disgyblion er mwyn cofnodi datrysiadau a ffyrdd posibl ymlaen, bydd rhywbeth mor syml â'r ddalen gofnodi isod yn gymorth mawr i diwtoriaid ac athrawon.

Monitro, gwerthuso ac addasu

Fel unrhyw sgwrs hyfforddi dda, eich nod yw diweddu eich sesiwn gyntaf â thargedau

Nodiadau	Camau gweithredu/ dulliau	Blaenoriaeth
Gweledigaeth		
Ymdrech		
Systemau		
Ymarfer		
Agwedd		

cysylltiedig ag amser y gallwch eu trafod yn eich cyfarfod nesaf. Mae angen i ddisgyblion adael y cyfarfod â chofnod clir a phendant o'u camau gweithredu. Os na fydd hyn yn digwydd, rydych chi ddim ond 'wedi cael gair â nhw'!

Eich nod ar ôl hyn fydd dal y disgyblion yn gwneud pethau'n iawn a dechrau dathlu'r camau bach hynny ymlaen. Er mwyn gwneud hyn yn effeithiol, mae'n bwysig rhoi amser i'ch disgyblion newid eu hymddygiad. Drwy'r cyfnod hwn, dim ond cadw golwg ar eu perfformiad mae angen i chi ei wneud. Mae'n bwysig bod gennych chi ddull cywir a dibynadwy i gadw golwg ar gynnydd neu bydd hi'n anodd sylwi ar unrhyw newidiadau. Defnyddiwch bresenoldeb, prydlondeb, cofnodion ymddygiad, cyflwyno gwaith ac adborth gan athrawon.

Bydd yr amser rydych chi yn ei adael rhwng sesiynau hyfforddi yn dibynnu ar y materion sydd dan sylw gyda'r disgybl. Rydyn ni'n argymell pythefnos, o leiaf. Yn ystod yr ail sgwrs, rydych chi'n adolygu sut hwyl rydych chi wedi'i gael arni ac wedyn yn addasu'r cynllun. Os ydych chi wedi cael hwyl go dda arni, a'ch bod chi'n teimlo'n hyderus fod y mater wedi'i ddatrys, gallai'r disgybl adael yr ymyriad. Os nad ydych chi, byddwch chi'n adolygu'r camau gweithredu ac yn ailadrodd y broses gan ddefnyddio'r dulliau VESPA. Gan ddibynnu ar y disgybl, bydd hyn fel rheol yn pennu nifer eich sesiynau hyfforddi. Rydyn ni wedi cael llwyddiant gyda rhai disgyblion ar ôl un sesiwn, ond mae eraill wedi cymryd pedair neu bump.

Beth bynnag yw'r canlyniad, daliwch ati. Cofiwch fod hyfforddi, fel datblygu sgiliau ac arferion, yn gêm hir. Efallai na fydd yn gweithio'n well na microreoli yn llym i ddechrau, ond yn y tymor hir bydd y manteision yn niferus iawn. I ni, mae trobwynt yn digwydd bob amser – moment pan fydd pethau yn disgyn i'w lle, y disgybl yn meistroli elfen ar ei astudio ac yn cymryd cam mawr ymlaen. Mae Carol Dweck yn defnyddio'r gair 'yet' yn gyson yn ei haraith TED yn 2014, 'The Power of Believing That You Can Improve', sy'n ein hatgoffa ni i gyd bod meistrolaeth yn cymryd amser. Peidiwch â labelu person ifanc drwy ddefnyddio iaith nad yw'n caniatáu'r posibilrwydd o newid. Peidiwch â dweud, 'Rwyt ti'n anhrefnus'; yn lle hynny, dywedwch, 'Rwyt ti heb feistroli rhai o'r dulliau a fydd yn dy wneud di yn fwy trefnus eto.' Mae 'eto' yn cynnig byd o bosibiliadau. Dylai eich sgyrsiau hyfforddi chi wneud yr un peth.

Cwestiynau hyfforddi VESPA

Mae gofyn cwestiynau gwych yn allweddol i ddatgloi hunanymwybyddiaeth disgyblion. Drwy ofyn cwestiynau i ddisgyblion sydd yn gwneud iddyn nhw feddwl o ddifrif, y gobaith yw y gallwch chwalu rhwystrau a'u hannog nhw i gymryd cyfrifoldeb. Isod mae rhai esiamplau o gwestiynau VESPA y gallech eu defnyddio yn ystod unrhyw drafodaeth neu sgwrs hyfforddi. (Llawer o ddiolch i'r holl staff sydd, dros gyfnod, wedi ein helpu ni i ddatblygu'r rhain, yn enwedig staff Coleg Notre Dame yn Leeds a aeth ati'n frwdfrydig ac yn graff i ddechrau'r broses o gynhyrchu cwestiynau VESPA posibl a'u categoreiddio.)

Gweledigaeth

Beth hoffech chi ei wneud nesaf? Beth os na chewch chi'r graddau? Pa opsiynau eraill sydd ar gael?

Ble fyddwch chi ymhen deng mlynedd, yn eich barn chi?

Beth hoffech chi ei gyflawni yn ystod y flwyddyn nesaf?

Beth fyddai'n bwysig i chi mewn swydd?

Beth sydd bwysicaf i chi eleni?

Pa bethau dydych chi *ddim* eisiau bod yn eu gwneud ymhen dwy flynedd?

Dychmygwch eich bod chi'n 25 oed. Wrth i chi godi yn y bore, sut olwg sydd ar eich diwrnod perffaith chi?

Beth yw eich hoff bwnc/pa bwnc rydych chi yn ei fwynhau fwyaf?

Beth sy'n eich rhwystro chi yn yr ysgol, yn eich barn chi?

Beth hoffech chi ei gael mewn bywyd?

Beth fyddai eich llwyddiant mwyaf ar ôl gadael yr ysgol?

Faint ydych chi'n meddwl eich bod chi eisiau cyflawni er eich mwyn chi neu er mwyn pobl eraill?

Ydych chi'n eich cymharu eich hun â phobl eraill (cenfigen/eiddigedd)? Pwy hoffech chi fod?

Pa gyfnod yn eich bywyd ydych chi'n edrych ymlaen ato fwyaf?

Beth yw'r peth gwaethaf allai ddigwydd os na wnewch chi _____?

Pwy rydych chi'n ei edmygu fwyaf a pham?

Ymdrech

Faint o oriau yr wythnos o astudio annibynnol rydych chi yn eu gwneud ar hyn o bryd?

Am faint o oriau rydych chi wedi astudio *yr wythnos yma* y tu allan i'r ystafell ddosbarth?

Ydych chi'n meddwl eich bod chi'n gweithio'n ddigon caled?

Faint o waith byddai'n rhaid i chi ei wneud er mwyn teimlo'n fodlon?

Wrth weithio, sut rydych chi'n gwybod eich bod chi wedi gwneud digon?

Ydych chi'n meddwl y gallech chi dreulio mwy o amser yn astudio?

Ydych chi'n gweithio mwy neu lai na'ch ffrindiau?

Ydych chi'n meddwl eich bod chi'n gwneud digon o ymdrech yn _____?

Faint o ymdrech sy'n haeddu gwobr?

Pa adeg o'r dydd yw'r gorau i chi o ran gweithio?

Beth byddech chi yn ei wneud ag awr ychwanegol bob dydd?

Ar ba bwnc ydych chi'n gweithio galetaf? Beth yw'r rheswm dros hyn, yn eich barn chi?

Fyddwch chi'n gallu cyrraedd eich nod â'ch ymdrech bresennol?

Ydych chi'n gweithio mor galed ar gyfer eich TGAU ag y gwnaethoch chi ym Mlwyddyn 7, 8 neu 9?

Faint o amser byddwch chi'n ei dreulio ar weithgareddau eraill – pam?

Mewn wythnos arferol, am faint o oriau rydych chi'n astudio gartref? Faint o'r oriau hynny rydych chi'n eu treulio ar waith anodd/heriol/anghysurus?

Enwch ddisgybl sy'n gweithio yn galetach na chi. Beth mae'r disgybl yna yn ei wneud?

Ar raddfa o 1–10, faint o ymdrech rydych chi'n ei wneud?

Beth fyddai'n gwneud i chi wneud mwy o ymdrech?

Ar gyfer eich gwaith cartref diwethaf, ai eich amcan oedd (a) ei gwblhau'n gyflym, (b) cael y radd orau neu (c) peidio â'i wneud?

Systemau

Pe baech chi'n gallu newid un agwedd ar eich ffordd o weithio, beth fyddai hyn a sut byddech chi'n ei newid?

Sut rydych chi'n teimlo ar nos Sul – barod am y gwaith sydd o'ch blaen chi ai peidio?

Sut rydych chi'n blaenoriaethu gwaith?

Ar raddfa o 1 i 10, pa sgôr byddech chi yn ei roi i chi'ch hun am fod yn drefnus?

Beth mae angen i chi ei wneud i fod yn fwy trefnus, yn eich barn chi?

Oes gennych chi rywle penodol i weithio ynddo?

Disgrifiwch eich man gwaith.

Sut rydych chi'n sicrhau bod eich gwaith yn gyfredol?

Ydych chi'n treulio mwy o amser ar un pwnc na'r lleill? Pam?

Sut rydych chi'n parhau â'r gwaith dosbarth wnaethoch chi yn ystod y dydd?

Sut rydych chi'n paratoi am y wers nesaf?

Ble (yn y cartref neu yn yr ysgol) ydych chi fwyaf trefnus?

Dangoswch ffeil rydych chi'n teimlo'n falch ohoni.

Awgrymwch un peth sy'n eich atal chi rhag bod yn drefnus.

Sut rydych chi'n cofnodi tasgau gwaith cartref?

Sut rydych chi'n gwybod pa waith rydych chi heb ei wneud ar hyn o bryd?

Oes gennych chi gynllun astudio ar gyfer yr wythnos/mis/tymor?

Sut rydych chi'n gofalu eich bod chi'n cadw o fewn terfynau amser?

Sut gallech chi greu awr ychwanegol bob dydd i'w defnyddio mewn ffordd gynhyrchiol?

Meddyliwch am un peth y gallech chi ei wneud ar unwaith i fod yn fwy trefnus.

Ymarfer

Os ydych chi yn ateb cwestiynau o hen bapurau, fyddwch chi yn eu marcio nhw eich hun?

I ble rydych chi'n mynd i gael cefnogaeth?

Wrth astudio, sut rydych chi'n teimlo/ymateb ar ôl gwneud camgymeriad?

Ydych chi'n tueddu i ymarfer/canolbwyntio ar y pynciau rydych chi'n eu mwynhau?

Ydych chi'n edrych ar bapurau arholiad neu gynlluniau marcio fel rhan o'ch gwaith adolygu? Pa ddeunyddiau adolygu rydych chi yn eu defnyddio/eu cynhyrchu?

Ydych chi'n adolygu eich gwaith i'w wella?

Pryd oedd y tro diwethaf i chi brofi eich hun?

Pryd oedd y tro diwethaf i chi ofyn i rywun arall eich profi chi?

Sut rydych chi'n ymarfer eich sgiliau allweddol yn _____?

Sut rydych chi'n adolygu?

Disgrifiwch eich ymateb i'ch gradd siomedig ddiwethaf.

Beth rydych chi'n ei wneud â'ch gwaith cartref os yw wedi cael gradd isel?

Beth rydych chi'n ei wneud â'r adborth rydych chi'n ei gael ar waith wedi'i farcio?

Petaech chi'n cael dewis un gweithgaredd i adolygu ar gyfer arholiad, beth fyddai hwnnw?

Sawl gwaith ydych chi wedi darllen yr adborth ar waith yn _____?

Sut rydych chi'n ymateb i adborth?

Os oes gennych chi awr, heb waith cartref, beth byddech chi'n ei wneud i'ch helpu i ddysgu _____?

Ydy pob camgymeriad rydych chi'n ei wneud yn beth drwg? Beth rydych chi wedi'i wneud yn wahanol ar ôl gwneud camgymeriad?

Sut rydych chi'n gwella eich gwaith ar ôl iddo gael ei radd?

Sut byddech chi'n disgrifio sesiwn adolygu hanner awr o hyd yn eich tŷ chi?

Dewiswch un o'ch pynciau. Pa agweddau ar y pwnc hwn mae lleiaf o angen i chi eu hadolygu? Pam?

Agwedd
Sut rydych chi'n teimlo pan gewch chi rywbeth yn anghywir?
Beth rydych chi'n ei wneud ar ôl dod ar draws problem?
Ydych chi'n credu mai chi sy'n rheoli eich bywyd, neu ai ffawd/siawns yw popeth?
Sut rydych chi'n ymateb pan gewch chi waith yn ôl?
Ydych chi'n hidio sut olwg sydd arnoch chi o flaen disgyblion eraill?
Oes unrhyw un yn eich atal chi rhag cyflawni?
Pan aiff rhywbeth o'i le, beth rydych chi'n ei wneud?
Beth yw'r camgymeriad mwyaf rydych chi wedi'i wneud hyd yn hyn? Beth rydych chi wedi'i ddysgu/ sut gwnaethoch chi ddelio â'r camgymeriad?
Dywedwch wrtha' i am adeg pan fu'n rhaid i chi ailddechrau rhywbeth o'r dechrau. Sut roeddech chi'n teimlo ar y pryd? Ac ar ôl cwblhau'r gwaith?
Beth rydych chi'n falch o fod wedi'i wneud ers mis Medi?
Disgrifiwch eich pwnc mwyaf heriol. Pam? Beth rydych chi'n ei wneud am y peth?
Sut rydych chi'n ymateb i rwystrau?
Sut rydych chi'n ymateb i beidio â chael y radd yr hoffech chi ei chael?
Disgrifiwch foment pan oeddech chi'n teimlo'n falch.
Beth wnewch chi i deimlo'n well?
Beth yw'r gwahaniaeth rhyngoch chi a disgybl gradd A, yn eich barn chi? Rhestrwch bum gwahaniaeth.
Os cewch chi radd wael, beth rydych chi'n ei wneud i ofalu dydy hyn ddim yn digwydd eto?
Meddyliwch am rywbeth rydych chi'n gallu ei wneud yn dda. Dywedwch wrtha'i sut dysgoch chi ei wneud yn dda.
Sut byddech chi'n cynghori eich ffrind petai'n cael gradd isel iawn?
Os nad ydych chi'n cael y marc gorau, sut mae'n gwneud i chi deimlo?
Enwch rywbeth rydych chi wedi dyfalbarhau ag ef yn y gorffennol.
Sut rydych chi'n teimlo pan fyddwch chi'n methu prawf?
Beth byddech chi'n ei wneud petaech chi'n cael gradd E ar aseiniad?
Ydy hi'n bosibl gwella ar ôl gradd eich ffug arholiad?
Sut rydych chi'n dysgu o'ch camgymeriadau?
Pa gyngor fyddech chi'n ei roi i frawd neu chwaer iau sydd ddim yn cyrraedd ei nod?

13. Gweithredu

Rhoi *VESPA* ar Waith

Felly, yn hytrach na gofyn a ydy strategaeth addysg cymeriad yn digwydd mewn ysgol, dylen ni ofyn a ydy'r addysg honno yn fwriadol, wedi'i chynllunio, yn drefnus ac yn fyfyriol neu'n cael ei chymryd yn ganiataol, yn anymwybodol, yn ymatebol ac ar hap. Jubilee Centre for Character and Virtues (2017), t. 2

Mae'n werth myfyrio ar y dyfyniad uchod. Yn eich ystafell ddosbarth neu eich ysgol, ydy eich strategaeth i ddatblygu sgiliau anwybyddol, arferion ac ymddygiadau 'yn fwriadol, wedi'i chynllunio, yn drefnus ac yn fyfyriol' neu 'yn cael ei chymryd yn ganiataol, yn anymwybodol, yn ymatebol ac ar hap'? Mae llawer o ysgolion rydyn ni'n gweithio gyda nhw yn honni eu bod nhw'n datblygu sgiliau hanfodol eu disgyblion, ond pan fyddwn ni'n gofyn iddyn nhw ddweud yn glir 'pam', yn aml mae'n anodd iddyn nhw ddangos bod ganddyn nhw strategaeth â llawer o feddwl y tu ôl iddi.

Yn gyffredinol, mae dwy farn am ddatblygu sgiliau anwybyddol, ac un ffordd ddefnyddiol o fynegi'r rhain yw dal neu addysgu. Un farn yw eu bod nhw'n cael eu 'dal' drwy fodelu rôl a diwylliant yr ysgol. Y farn arall yw y dylid defnyddio gweithgareddau penodol i'w haddysgu nhw.

Rydyn ni'n teimlo bod adroddiad Demos y Ganolfan Jubilee wedi taro'r hoelen ar ei phen wrth ddadlau bod arferion a sgiliau anwybyddol '"yn bennaf yn cael eu dal drwy fodelu rôl a haint emosiynol" felly "mae diwylliant ac ethos yr ysgol yn ganolog"', ond – ac mae hyn yn hollbwysig – y '"dylid addysgu cymeriad hefyd" oherwydd "mae addysgu cymeriad yn uniongyrchol yn rhoi'r sail resymegol, yr iaith a'r dulliau i ddatblygu cymeriad"' (Birdwell et al., 2015, t. 11).

Felly sut gallwn ni addysgu arferion a sgiliau anwybyddol? I ni, mae dau brif gyfrwng wedi cyflwyno'u hunain ac rydyn ni wedi defnyddio'r ddau. Y cyntaf yw ail-lunio'r cwricwlwm bugeiliol yn sylfaenol er mwyn defnyddio tiwtorialau, sesiynau astudio a gwasanaethau i addysgu sgiliau anwybyddol ac arferion. Mae hyn yn addysg benodol, lefel macro, y gallai cyfnod allweddol cyfan gymryd rhan ynddi. Yr ail yw cynnal grwpiau ffocws, ymchwil gweithredu ac ymyriadau hyfforddi (coetsio) â charfanau wedi'u targedu neu mewn sefyllfaoedd un-i-un (h.y. y fersiwn micro). Mae'r ymagwedd micro ar gyfer athrawon dosbarth neu arweinwyr canol a hoffai roi cynnig ar ymyriad *VESPA* gyda grŵp bach. Mae'r ymagwedd macro wedi'i hanelu at yr uwch-arweinydd a allai fod yn gyfrifol am arwain y math hwn o broject ar draws ysgol gyfan. Byddwn ni'n sôn mwy am y ddwy ymagwedd yn nes ymlaen. (Rydyn ni wedi cadw'r ddwy ymagwedd yn eithaf clir a syml. Mae llyfrau llawer manylach am reoli projectau a newid ar gael petai eu hangen.)

Cyn i ni ystyried manylion am roi pethau ar waith, mae angen ystyried rhai cwestiynau allweddol yn fanylach.

Sut olwg sydd ar sesiynau sy'n archwilio sgiliau anwybyddol?

Dydy addysgu cyfres o arferion, sgiliau a strategaethau ddim fel addysgu mathemateg neu hanes. Os mai dim ond darparu gwybodaeth fyddai ei angen, byddai ein gwasanaethau sy'n rhoi sylw i feddylfryd twf, dycnwch a'r rheol 10,000 awr wedi trawsnewid disgyblion ar unwaith. (Allwn ni ddim siarad ar eich rhan chi, ond ddigwyddodd hyn ddim gyda'n rhai ni.)

Yn hytrach na thaflen drwchus yn rhoi manylion tystiolaeth o astudiaethau academaidd, mae angen amser a lle ar ddisgyblion i (efallai ddim yn y drefn hon!) wrthod deunydd yn sinigaidd, ei brosesu yn fwy isymwybodol, ei ailystyried, myfyrio ar eu harferion presennol, datblygu hunanymwybyddiaeth, arbrofi ag amrywiaeth o ddulliau a strategaethau newydd ac, yn olaf, dewis y dulliau a'r ymagweddau maen nhw'n teimlo fydd yn cael yr effaith gadarnhaol fwyaf arnyn nhw.

Gan ystyried hynny, bwriad y gweithgareddau yn y llyfr hwn yw rhoi hwb ysgafn sy'n ysgogi ffyrdd newydd o feddwl, ymddwyn a gweithredu. Does dim un a fydd yn ateb syml i drawsnewid pob disgybl yn eich carfan. Gall hyn fod yn brofiad anghyfarwydd i rai staff ac mae'n achosi rhwystredigaeth. Maen nhw wedi arfer ag addysgu testun a chadarnhau eu llwyddiant drwy brofi dealltwriaeth ('Mae pawb yn deall. Gwych!'). Dydy ymyriadau seicolegol ddim yn gweithio fel hyn. Yn lle hynny, mynegwch y peth fel hyn: 'Gallai pob un gweithgaredd rydych chi'n ei arwain wneud gwahaniaeth enfawr i ddau neu dri disgybl a newid eu bywydau. Efallai y gwnaiff y sesiwn ganlynol agor drws i ddau neu dri arall.' Mae angen i blant wybod hyn, ac mae angen i staff wybod hyn hefyd.

Eich nod, felly, yw cyflwyno nifer o ddulliau heb feirniadu a datblygu hunanymwybyddiaeth disgyblion drwy ganiatáu iddyn nhw arbrofi a phenderfynu beth sy'n gweithio orau iddyn nhw. Mae'n fater o ddarparu dulliau i ddysgwyr edrych arnyn nhw pan fyddan nhw'n mynd yn sownd, a'u cyflwyno nhw i rai o'r dulliau hyn, gan ddangos sut i'w defnyddio nhw. Yn aml bydd ymyriadau hyfforddi yn rhy fyr a phrin ar y naill law, neu'n cael eu hailadrodd mor aml ar y llaw arall nes bod disgyblion yn dechrau teimlo eu bod nhw yn achosion arbennig sy'n cael anhawster dod i arfer ag astudio yng Nghyfnod Allweddol 4. Mae David Yeager a Gregory Walton o Brifysgol Texas yn crynhoi 'ymyriadau seicolegol' yn dda wrth nodi, 'mae addysgu cynnwys academaidd yn yr ysgol yn sylfaenol wahanol i ddarparu ymyriadau seicolegol. Mae cynnwys academaidd yn gymhleth ac yn cael ei addysgu fesul haen: y mwyaf y caiff disgyblion mathemateg eu haddysgu, yn gyffredinol, y mwyaf o fathemateg y

byddan nhw yn ei ddysgu. I newid seicoleg disgyblion, ar y llaw arall, weithiau mae angen cyffyrddiad ysgafnach' (Yeager a Walton, 2011, t. 21).

Beth yn union yw ystyr 'cyffyrddiad ysgafnach'?

Ein hateb ni (o'n cyd-destun ni, wrth gwrs – y disgyblion y buon ni'n gweithio gyda nhw a'r systemau roedd rhaid i ni weithio oddi mewn iddyn nhw) oedd tua 20 munud yr wythnos ar weithgaredd wedi'i gynllunio (y macro), ac ymyriadau pwrpasol yn ôl yr angen (y micro).

Dyma oedd ein man cychwyn. Ryw bum mlynedd yn ddiweddarach, roedden ni'n agosáu at bwynt lle roedd VESPA wedi dod yn rhan o ddiwylliant yr ysgol. Gall hyn ddigwydd i chi hefyd; yn y pen draw, bydd athrawon yn defnyddio'r model wrth weithio gyda'u grwpiau tiwtor, wrth hyfforddi eu disgyblion a, gobeithio, mewn gwersi. Mae ei effaith yn esbonyddol; yn araf i ddechrau, ond yn cyflymu wrth i chi fynd yn eich blaen.

Cyffyrddiad ysgafn, gêm hir

Mae addysgu sgiliau bywyd hanfodol yn gêm hir. Byddwch chi'n wynebu rhai aelodau staff – uwch-arweinwyr hyd yn oed, efallai – sy'n chwilio am effaith fesuradwy ar unwaith. Rydyn ni wedi cael sgyrsiau fel hyn o'r blaen: 'Rydw i'n gallu deall sut mae VESPA yn gweithio a beth mae'n ei ddarparu. Ond beth mae'n mynd i'w wneud i'n canran A*–B yr haf yma?'

Mae hyn yn gwneud i ni deimlo'n rhwystredig ac yn methu'r pwynt. Dewch i ni astudio'r manylion am ennyd.

Yn gyntaf, rhan bwysig o'n cyfrifoldeb yn unrhyw gyfnod allweddol yw sicrhau pontio'n llwyddiannus i'r cyfnod nesaf. Yn ôl yr Asiantaeth Ystadegau Addysg Uwch, yn 2014/2015 cododd cyfraddau rhoi'r gorau i'r brifysgol yn ystod y flwyddyn gyntaf (eto) o 6% i 6.2%.* Mae cyfradd uwch o ddisgyblion o gefndiroedd difreintiedig yn rhoi'r gorau iddi, tua 8% y flwyddyn, ac adeg ysgrifennu'r llyfr hwn, roedd y ffigur hwn hefyd yn cynyddu. Mae'n bwysig ystyried y ffigurau hyn am ennyd: gallen nhw fod yn disgrifio ein gallu *ni* (neu ein hanallu) i baratoi disgyblion i fynd i'r brifysgol. Mae nifer o astudiaethau arbrofol wedi dangos bod ymyriadau seicolegol byr, hyd yn oed (byr iawn mewn rhai achosion) yn gallu arwain at newid meddylfryd sy'n para'n hir (Yeager a Walton, 2011) ac, o ganlyniad, newid ymddygiad. Felly efallai na welwn ni newidiadau mesuradwy ar unwaith mewn graddau Safon Uwch yn ystod blwyddyn gyntaf ymyriad seicolegol, ond yn lle hynny efallai y bydden ni'n gallu edrych ymlaen at weld pobl ifanc yn cael profiadau mwy llwyddiannus a chynhyrchiol yn y brifysgol.

Yn ail, mewn byd sy'n gaeth i effaith a boddhad ar unwaith, mae ysgolion yn aml yn cefnu ar ymyriadau gan ddweud eu bod nhw yn aflwyddiannus oherwydd eu bod nhw naill ai (a) heb eu cynnal nhw am ddigon hir i adael i'r effaith ddod i'r amlwg neu (b) wedi mesur y peth anghywir a ffurfio'r casgliadau camarweiniol.

Mae newid meddylfryd yn golygu golwg disgyblion ar eu hunain a'r byd o'u cwmpas nhw. Fel arfer, wnaiff un sesiwn ddim cyflawni hynny; mae ailadrodd y broses yn rhoi cyfle gwell o lawer iddyn nhw. Mae awgrym Cohen a Sherman (2014) ynglŷn â chynllunio ymyriadau seicolegol effeithiol yn ddefnyddiol yma. Maen nhw'n argymell defnyddio ymyriadau bach i newid y ffordd mae pobl yn eu deall eu hunain. Felly os ydych chi wir eisiau datblygu meddylfryd eich disgyblion, bydd angen dycnwch, dyfalbarhad a gwydnwch i gwblhau'r broses.

Mae'n bwysig cofio, yn ddigon aml, eich bod chi'n dechrau o'r dechrau â'r athrawon sy'n cymryd rhan yn y projectau hyn a bod angen amser arnyn nhw i ddatblygu eu sgiliau a mireinio'u dull o ddarparu'r ymyriadau. Mae seicolegwyr yn aml yn sôn am baradocs amser mewn chwaraeon. Dyma'r ddamcaniaeth bod y rhai sydd orau ym myd chwaraeon yn gallu darllen 'arwyddion cynnil eu gwrthwynebwyr, gan gasglu gwybodaeth am eu bwriadau o signalau rhybudd cynnar (cyfeiriad ystumiau, yr addasiadau lleiaf i iaith y corff ac ati)' (Syed, 2017, t. 87). Bydden ni'n dadlau bod hyn yr un fath i athrawon sy'n darparu'r mathau hyn o ymyriadau. Mae'n cymryd amser i ddatblygu'r lefel hon o ymwybyddiaeth. Yn y camau cynnar, ni fydd llawer o effaith ar raddau – y dull di-fin, ansensitif hwnnw sy'n methu gobeithio mesur y gwelliannau bach a graddol mae

---

* Gweler https://www.hesa.ac.uk/data-and-analysis/performance-indicators/non-continuation-summary.

newid arferion yn eu hachosi. Felly gwyliwch am yr aelod staff sy'n dweud, 'Fe wnaethon ni gynnal yr ymyriad hwn ar gyfer tymor yr haf a doedd dim newid i nifer y disgyblion a oedd yn cael y graddau uchaf,' ac sydd felly yn penderfynu nad oedd yr ymyriad wedi gweithio.

Mae hyn yn dod â ni at y trydydd mater: beth os ydyn ni'n mesur y peth anghywir? Beth am ddata ansoddol? Gofynnwch i'r disgyblion ydyn nhw'n teimlo eu bod nhw'n cael eu cefnogi'n well, yn gallu datrys problemau'n well, yn fwy hyderus wrth reoli amser, yn fwy cadarnhaol am eu haddysg, yn mwynhau heriau mwy, yn hapusach wrth feddwl am eu cynnydd. Mae'r rhain i gyd yn hollbwysig. Edrychwch ar bresenoldeb o ran amser dosbarth, prydlondeb, ymddygiad – unrhyw beth ond ceisio diffinio ymyriadau yn nhermau'r graddau y maen nhw yn eu cael. (Dydyn ni ddim yn dweud, gyda llaw, bod ein hymyriadau ni heb arwain at ganlyniadau gwell. Roedd y canlyniadau'n well, yn bendant; ond nid ar unwaith.) Dydy strategaethau ac ymyriadau meddylfryd ddim yn ateb syml, mae'n bwysig cofio hyn. Yn hytrach, maen nhw yn 'ddulliau i dargedu prosesau seicolegol pwysig mewn ysgolion' (Yeager a Walton, 2011, t. 293).

Dechrau arni: Yr ymagwedd micro

Pan fydd athrawon unigol yn profi rhywbeth yn eu hystafell ddosbarth neu eu hadran eu hunain, maen nhw fel rheol yn sôn am wneud darn o ymchwil gweithredol. Mae ymchwil gweithredol yn golygu arbrofi â strategaeth newydd ar gyfer addysgu neu ddysgu, fel rheol ar raddfa fach. Mae poblogrwydd yr ymagwedd hon yn cynyddu mewn ysgolion ac mae'n gallu rhoi tystiolaeth a dysg ddefnyddiol iawn cyn ceisio cyflwyno project ar raddfa fwy. Mae llyfr Wood a Smith, *Educational Research: Taking the Plunge* (2016), wedi gwneud argraff dda arnon ni â'i sylw cynhwysfawr i'r broses ymchwil, ond petai'n well gennych chi grynodeb byrrach, symlach, rhowch gynnig ar y canlynol.

Cam 1: Amlinellwch y broblem yn glir

Beth rydych chi'n bwriadu ei ymchwilio? Gallai treialu rhai o elfennau'r model *VESPA* nawr fod yn ddefnyddiol, yn hytrach na cheisio datblygu eich disgyblion ar bob un o'r graddfeydd. Gallech ddefnyddio'r holiadur *VESPA* i adnabod mannau gwan (mae'r holiadur llawn, 28 eitem, ar gael ym Mhennod 14). Mae'n bwysig defnyddio data i helpu i roi sail i'r cwestiwn ymchwil. Pe bai gennych chi rai mesurau ar ddechrau'r ymchwil er mwyn gallu edrych ar yr effaith ar ôl yr ymyriad, byddai hyn hefyd yn dda.

Cam 2: Cynlluniwch yr ymyriad

Does dim un dull penodol i ddarparu'r ymyriad *VESPA*, nac amser penodol pryd mae'n rhaid darparu'r ymyriad. Efallai y byddwch yn penderfynu canolbwyntio ar ryw agwedd benodol a'i phrofi dros chwe wythnos, neu'n penderfynu rhoi cynnig ar dair elfen ar y model dros nifer o fisoedd. Gall y naill ffordd neu'r llall weithio'n iawn. Gall fod yn ddefnyddiol cynnwys pobl eraill ar yr adeg hon. Rhannwch eich cynllun â chyd-weithwyr i weld a oes ganddyn nhw unrhyw awgrymiadau am ffyrdd o'i wella. Heddiw, mae gan lawer o ysgolion arweinwyr ymchwil neu gysylltiadau ag academyddion y gallwch ofyn iddyn nhw am gyngor.

Wrth gynllunio unrhyw ymyriad, rydyn ni wastad wedi gweld bod ystyried dau beth pwysig yn ddefnyddiol. Yn gyntaf, beth mae data'r disgyblion yn ei ddweud wrthyn ni? Oes problem â'u gweledigaeth, neu ai agwedd yw'r broblem? Yn ail, beth sy'n digwydd yng nghalendr yr ysgol yn ystod yr ymyriad? A fydd y plant yn cael eu hasesu ym mhob pwnc neu a fydd disgyblion yn cael adroddiadau yn ystod yr ymyriad? Os felly, gallwch gynnwys gweithgareddau a allai helpu disgyblion yn ystod y camau hyn. Ar ôl penderfynu beth fydd eich cynllun, peidiwch ag anghofio ei fynegi'n glir i'ch disgyblion. Gadewch iddyn nhw wybod beth sy'n digwydd a phryd – a pham. Hefyd, peidiwch ag anghofio ei fynegi'n glir i'r rhieni hefyd. Rydyn ni wedi gweld ein bod ni'n cael mwy o ddylanwad a chydweithrediad drwy anfon llythyrau adref at y rhieni i esbonio'r project.

Mae'r tabl canlynol yn gynllun syml i ddatblygu gweledigaeth ac agwedd gyda dosbarth dros floc o wyth wythnos (doedd dim digwyddiadau pwysig yng nghalendr yr ysgol yn ystod yr adeg hon).

Cam 3: Darparu

Yn ystod y cyfnod darparu, rydyn ni'n awgrymu eich bod chi'n cadw nodiadau maes. Beth sy'n gweithio? Beth sydd ddim yn gweithio? Beth byddech chi yn ei newid? Beth ddywedodd y disgyblion wrth i chi wneud y gweithgareddau? Ydych chi wedi sylwi ar ymddygiad yn newid o gwbl?

Wythnos 1: Cyn y prawf	Cwblhau'r holiadur *VESPA*. Cyflwyno'r model *VESPA* i'r disgyblion gydag amlinelliad o'r cynllun.
Wythnos 2: Gweledigaeth	Gweithgaredd 1
Wythnos 3: Gweledigaeth	Gweithgaredd 2
Wythnos 4: Agwedd	Gweithgaredd 3
Wythnos 5: Agwedd	Gweithgaredd 4
Wythnos 6: Gweledigaeth	Gweithgaredd 5
Wythnos 7: Agwedd	Gweithgaredd 6
Wythnos 8: Ar ôl y prawf	Cwblhau'r holiadur *VESPA*. Mesur y pellter a deithiwyd.

Cam 4: Gwerthuso

Wrth i chi symud tuag at gamau olaf eich ymchwil, bydd angen i chi ystyried rhywfaint o ôl-brofi – hynny yw, casglu data sy'n dangos faint mae'r grŵp wedi dod yn ei flaen (os yw wedi dod yn ei flaen o gwbl). Gall hyn gynnwys casglu data meintiol ac ansoddol, fel rydyn ni wedi'i drafod yn gynharach. Gofynnwch i'r disgyblion gwblhau'r holiadur *VESPA* eto ac edrych a yw'r grŵp wedi dod yn ei flaen o gwbl. Mae hefyd yn werth cael adborth gan y disgyblion, efallai gan grŵp ffocws bach neu holiadur. Gair o rybudd am lais y disgyblion: o ran gwaith ar feddylfryd, dydy disgyblion ddim bob amser yn gallu adnabod peth da o'i weld. Mae rhai disgyblion wedi dod aton ni ar ôl yr arholiadau a dweud mai dim ond yn y cyfnod hwn y gwelson nhw fod angen y strategaethau arnyn nhw a'u bod nhw yn falch iawn o'u cael nhw. Mae llawer o'r gweithgareddau wedi'u cynllunio i wthio disgyblion allan o'u man cysurus, a bydd hyn yn golygu eu bod yn teimlo'r boen neu'n gweld y gwaith yn heriol ar adegau.

Cam 5: Ysgrifennu adroddiad

Cam olaf eich ymchwil gweithredol yw ysgrifennu adroddiad byr. Peidiwch â chadw eich canfyddiadau i chi'ch hun – cofnodwch nhw a dosbarthwch nhw. Gall yr adroddiad fod yn ddefnyddiol, hyd yn oed os nad yw'r cynllun wedi llwyddo! Y cyfan mae ei angen arnoch chi yw dogfen dwy dudalen syml â'r penawdau canlynol:

» **Rhagarweiniad**: rhowch amlinelliad byr o'ch project. Gall fod yn ddefnyddiol sôn am unrhyw ymchwil rydych chi wedi'i ddefnyddio yma.

» **Dull**: rhowch amlinelliad o'ch cynllun. Pa ddulliau wnaethoch chi eu defnyddio? Am faint roedd yr ymyriad yn para?

» **Canlyniadau**: dangoswch eich canfyddiadau. Mae siartiau bar yn gallu bod yn ddefnyddiol i ddangos eich data cyn y prawf ac ar ei ôl. Peidiwch â phryderu gormod am ddadansoddi ystadegol ar hyn o bryd. Cofiwch mai dim ond cynllun peilot ar raddfa fach yw hwn.

» **Trafodaeth**: sut hwyl gawsoch chi ar yr ymyriad? Beth oedd eich pwyntiau dysgu?

» **Gwerthuso**: defnyddiwch yr adborth gan eich disgyblion yma. Beth oedd eu barn nhw? Ewch yn ôl at eich nodiadau maes a gwnewch ddadansoddiad cryno o'r cryfderau a'r gwendidau. Yn olaf, nodwch y camau nesaf. Sut gall yr adran/ ysgol symud hwn yn ei flaen? Oes angen addasu rhywbeth, neu gael gwared ar y cyfan? Mae'r rhan fwyaf o ymchwil heb ganlyniadau cadarnhaol yn tueddu i beidio â chael ei gyhoeddi mewn cyfnodolion academaidd; fodd bynnag, gallwch ddysgu llawer gan bethau sydd ddim yn gweithio!

Yr ymagwedd macro

Yn *Making Ideas Happen* (2011, t. 3) (un o'n hoff lyfrau am reoli projectau), mae Scott Belsky yn awgrymu pedair cydran graidd sy'n gwneud i syniad ddigwydd:

**Gwneud i syniadau ddigwydd =
Syniadau + Trefn +
Grymoedd cymunedol +
Y gallu i arwain**

Byddwn ni'n ceisio rhoi sylw i bob un o'r agweddau hyn wrth eich tywys drwy'r ymagwedd sy'n cael ei hawgrymu yma.

Cyn dechrau unrhyw ymyriad ar raddfa fawr, rydyn ni'n awgrymu eich bod chi'n edrych yn fanwl ar eich sefyllfa bresennol.

Cam 1: Ble rydyn ni? Gofyn i staff

Pan ddechreuon ni geisio darganfod sut i helpu ein disgyblion i gyflawni eu gorau personol, fe wnaethon ni ofyn, pam mae rhai disgyblion yn methu? Yma, mae methu yn golygu tanberfformio'n sylweddol (o gymharu â'u gradd darged fel rheol). Mae 'pam mae disgyblion yn methu?' yn swnio fel cwestiwn syml iawn ond mae'n dal i fod yn un o'n hoff gwestiynau ni, oherwydd mae'n datgelu cymaint am gysyniadau eich staff o lwyddo a methu. Mae hefyd yn rhoi cyfle iddyn nhw archwilio'r rhesymau gwybyddol ac anwybyddol dros danberfformio.

Rhowch eich staff yn ofalus mewn grwpiau, yna dosbarthwch lwyth o nodiadau gludiog (*sticky notes*) a gofynnwch iddyn nhw ysgrifennu arnyn nhw un rheswm pam mae disgyblion yn methu eu cyrsiau TGAU. Rhowch ddiffiniad clir o 'methu': naill ai radd benodol, neu tanberfformio'n sylweddol o gymharu â'u targed. Pan fydd eich byrddau yn llawn

nodiadau gludiog, gofynnwch i'r staff eu rhoi nhw gyda'i gilydd yn y categorïau canlynol:

» **Materion personol.** Rydych chi'n methu gwneud fawr o ddim am y rhain. Efallai y bydd angen i ddisgyblion ymwneud ag arbenigwyr o asiantaethau eraill neu gael gefnogaeth feddygol bwrpasol, er enghraifft. Bydd cyfran o'r rhain bob amser. Rhowch nhw i'r naill ochr.

» **Dyfarniadau gwybyddol.** Gwahanwch y rhai lle mae'r staff wedi mynegi barn bersonol am ddisgyblion, fel 'Dydyn nhw ddim yn ddigon clyfar'. Os mai meddylfryd y staff yw'r broblem, nodwch pwy mae angen i chi ei argyhoeddi a dechrau hyfforddiant meddylfryd yn ystod cyfarfodydd tîm.

Beth sy'n weddill? Yn ôl pob tebyg, sylwadau am feddylfryd disgyblion: disgyblion ddim yn gweithio'n ddigon caled, ddim yn drefnus, ddim yn gwybod pam maen nhw'n astudio cwrs neu beth yw ei ddiben, neu ddisgyblion sydd ddim yn adolygu'n iawn. Wrth ddarparu hyfforddiant i athrawon, rydyn ni'n tueddu i weld bod tua 90% o'r sylwadau yn ymwneud â meddylfryd. Os hoffech chi fynd â hyn gam ymhellach, gallech wneud yr ymarfer 'pum pam' â rhai o'r sylwadau. Dull syml yw hwn sy'n mynd yn ddwfn i'r broses datrys problemau. Dyma sut mae'n gweithio. Rydych chi'n cymryd un o'r nodiadau gludiog ac yn ei roi ar y bwrdd. Yna, rydych chi'n gofyn am esboniad 'pam' gallai hyn fod yn digwydd. Ar ôl i reswm gael ei fynegi'n glir (dydy'r disgyblion

Pam mae'r broblem hon yn bod?

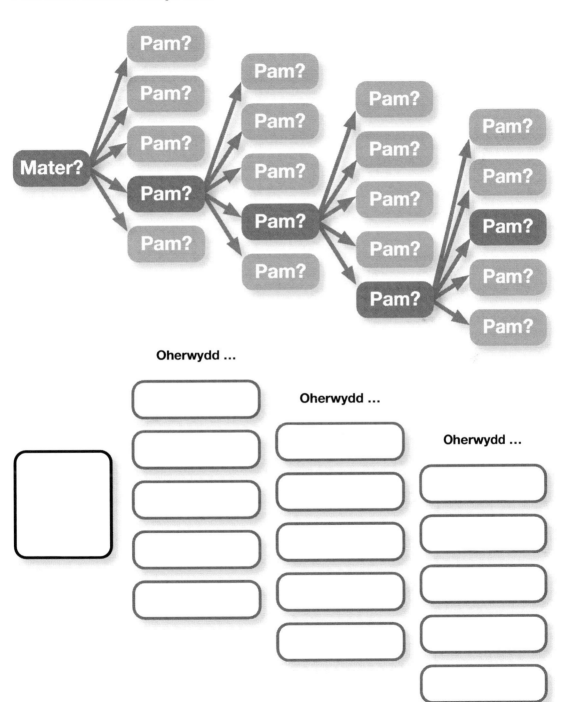

ddim yn ddigon trefnus) rydych chi'n gofyn yr un cwestiwn, 'pam?', yn seiliedig ar yr ateb rydych chi newydd ei gael. Efallai y byddech chi'n cael rhywbeth fel, 'Oherwydd dydyn ni ddim wedi modelu'r sgiliau hyn yn is i lawr yr ysgol!' Yn aml, rydyn ni wedi dechrau gweld wedyn beth mae angen ei wneud, ar ôl ateb y cwestiynau 'pam'. Rydyn ni'n ystyried bod gofyn pam bum gwaith yn ddigon i fynd at wraidd problem. Mae'r broses yn gallu bod yn eithaf anodd ond mae'n gwneud i bobl feddwl o ddifrif.

Cam 1: Ble rydyn ni? Gofyn i ddisgyblion

> Mae ymchwil yn dangos bod cyfranogi mewn llais disgyblion … yn gallu bod o fudd i'r bobl ifanc sy'n cymryd rhan. Gwelodd Rhaglen Gwella Ysgolion Manitoba gydberthyniad rhwng cynnydd mewn llais disgyblion … a chynnydd yn ymlyniad yr ysgol. Mitra (2004), t. 653

Mae gan Dana Mitra ym Mhrifysgol Penn State lawer o bethau diddorol i'w dweud am effaith gadarnhaol llais disgyblion ar ymgysylltiad a pherfformiad disgyblion. Mae hi'n edrych ar dair nodwedd – galluogedd, perthyn a chymhwysedd – ac yn awgrymu bod cymryd rhan mewn rhaglenni llais disgyblion yn hybu'r rhinweddau hyn (Mitra, 2004).

Mae'n werth trefnu a chynnal grwpiau ffocws i ddisgyblion. Mae ffyrdd gwahanol o wneud hyn, e.e. gwneud grwpiau ffocws bach, neu gyfweliadau un-i-un. Os ydych chi'n ystyried ymyriad meddylfryd penodol, mae'n well defnyddio mesur sy'n nodi hyn. Gallech ddefnyddio'r holiadur *VESPA* neu'r mesurau meddylfryd twf/dycnwch (gweler y rhagarweiniad). Mae'r egwyddorion sylfaenol mae Dr Julia Flutter ym Mhrifysgol Caergrawnt wedi'u hamlinellu yn rhestr wirio ddefnyddiol wrth gasglu data gan ddisgyblion (gweler Rudduck a Flutter, 2002). Mae Barbara MacGilchrist, Kate Myers a Jane Reed, yn *The Intelligent School* (2004), yn crynhoi rhai o'r egwyddorion sy'n ganolog i Flutter. Er mwyn i'r sesiwn gael effaith gadarnhaol (o'r math a awgrymodd Mitra), mae angen i chi roi sylw manwl i'r canlynol:

» dymuniad gwirioneddol i glywed beth sydd gan bobl ifanc i'w ddweud;

» nad yw'r testun yn ddibwys;

» eich bod chi'n esbonio i'r bobl ifanc beth yw pwrpas yr ymgynghoriad;

» bod y bobl ifanc yn gwybod beth fydd yn digwydd i'r data ac yn hyderus na fydd mynegi barn ddiffuant neu ddisgrifio teimlad neu brofiad yn achosi anfantais iddyn nhw;

» bod adborth yn cael ei gynnig i'r rhai sy'n cymryd rhan yn yr ymgynghoriad;

» bod y camau a gymerir yn cael eu hesbonio a'u cyfiawnhau pan mae angen. Felly bydd pobl ifanc yn deall cyd-destun ehangach y pryderon, ynghyd â'u cyfraniad eu hunain, sy'n arwain penderfyniadau (MacGilchrist et al., 2004, t. 67).

Yr archwiliad *VESPA*

	Canolbwyntio	Datblygu	Sefydlu	Gwella
Gweledigaeth				
Ymdrech				
Systemau				
Ymarfer				
Agwedd				

Yr archwiliad VESPA

Mae cam olaf casglu data yn cynnwys proses hunanwerthuso; bydd yn eich helpu i adolygu eich modd o ddatblygu sgiliau anwybyddol disgyblion ar hyn o bryd ac ystyried y cynnydd rydych chi'n ei wneud ar y graddfeydd gwahanol. Rydyn ni wedi defnyddio fframwaith gafodd ei awgrymu gan Ganolfan Cymeriad a Rhinweddau Jubilee yn ei *Character Education Handbook for Schools* (Harrison et al., 2017, t. 30) (llyfr defnyddiol i'w ddarllen os hoffech chi gynnal archwiliad mwy trwyadl nag rydyn ni wedi'i awgrymu yma). Mae'n siŵr mai'r ffordd orau o weithio ar y gweithgaredd hwn yw fel uwch dîm

rheoli. Ar gyfer y categoriau sydd wedi'u nodi isod, penderfynwch ble rydych chi arni ar hyn o bryd ac yna rhestrwch dystiolaeth ategol yn y tabl uchod.

» **Canolbwyntio.** Mae'r ysgol yn dechrau canolbwyntio ar faes yr is-bennawd hwn ac yn gwneud rhywbeth i gyflawni hyn ond mae naill ai yn annigonol, yn aflwyddiannus neu newydd ddechrau.

» **Datblygu.** Mae'r ysgol yn mynd ati i geisio datblygu maes yr is-bennawd hwn ac yn gwneud rhywbeth i gyflawni hyn. Mae'n bosibl bod ychydig o arwyddion o effaith y cyfnodau cynnar hyn i'w gweld.

» **Sefydlu.** Dros gyfnod penodedig, mae tystiolaeth gynyddol yn dangos bod maes yr is-bennawd hwn yn cael ei roi ar waith yn llwyddiannus o fewn darpariaeth yr ysgol.

» **Gwella.** Dros gyfnod penodedig, mae'r ysgol wedi sefydlu casgliad o dystiolaeth sy'n dangos bod maes yr is-bennawd hwn yn cael ei roi ar waith yn llwyddiannus o fewn darpariaeth yr ysgol. Mae'r broses werthuso yn nodi bod gwella a chyfoethogi'r ddarpariaeth yn ganolog i weithgareddau'r ysgol ac mae'r ysgol yn datblygu'n barhaus y dystiolaeth sydd ar gael ac yn ei gwerthuso. Mae'r ysgol wedi sefydlu ffyrdd newydd ac arloesol o fodloni'r is-bennawd hwn, neu yn eu datblygu.

Pacio eich bagiau

Ar ôl adolygu'ch sefyllfa bresennol yn drwyadl, byddwch am gadw rhai pethau a chael gwared ar rai eraill. Wrth gynllunio ymyriad *VESPA*, peidiwch â meddwl bod rhaid i chi ddechrau o'r dechrau a cholli'r holl waith gwych rydych chi wedi'i wneud eisoes. Mae gan bob ysgol rydyn ni wedi gweithio â nhw nifer o'u dulliau *VESPA* eu hunain sy'n gweithio'n wirioneddol dda gyda'r disgyblion.

Mae Pacio eich bagiau yn ddull syml a gafodd ei addysgu i ni am y tro cyntaf yn ystod gwaith datblygiad proffesiynol parhaus ar reoli. Er ei fod mor syml, roedd yn gymorth mawr i ni feddwl mewn ffordd wahanol, cofio ein safle rheoli a phenderfynu beth i'w gadw a beth i'w waredu. Rydyn ni hefyd wedi gweld ei fod yn ddull gwych i'w ddefnyddio gyda staff ar ôl cynnal ymyriad. Ar gyfer pob un o'r 80 a mwy o ddulliau rydyn ni wedi'u

datblygu ym *Meddylfryd ar gyfer TGAU* a *The A Level Mindset*, mae nifer (gormod i feddwl amdanyn nhw hyd yn oed) wedi'u gadael ar ôl.

Pacio	Gadael ar ôl

I ble hoffech chi fynd?

Bydd adolygu data cam 1 yn rhoi syniad da i chi o ble rydych chi arni ar hyn o bryd. Ydy eich staff o'r farn fod meddylfryd disgyblion yn broblem? Beth mae data'r disgyblion yn ei ddweud wrthych chi? A chithau nawr â darlun cliriach o'ch cyd-destun presennol, gall eich helpu chi i ffurfio'r cwestiwn ymchwil.

Cam 2: Y cwestiwn ymchwil

Wrth ddewis i ble hoffech chi fynd, rydyn ni'n awgrymu eich bod chi'n llunio cwestiwn ymchwil da. Bydd hyn yn helpu pawb i ddeall yn iawn yr hyn rydych chi'n ceisio'i gyflawni. Bydd hefyd yn eich helpu chi i adolygu'r effaith. Ar gyfer ymyriad meddylfryd ar gyfer TGAU, gallech chi ddefnyddio'r cwestiwn: 'Ydy dulliau *VESPA* yn cael unrhyw effaith ar feddylfryd ein disgyblion?'

Cam 3: Y mesurau

Mae defnyddio mesurau priodol yn allweddol i ganfod beth yw canlyniad y project. Wrth gynllunio'r holiadur *VESPA*, roedd gennym ni ddau nod mewn golwg. Yn gyntaf, roedden ni'n chwilio am ddull i'n helpu ni i ddeall sut roedd disgyblion yn meddwl ac yn ymddwyn. Yn ail, roedden ni'n chwilio am ddull i fesur faint mae disgyblion yn ei deithio ar y graddfeydd *VESPA*. Byddai'r holiadur *VESPA* yn fesur amlwg i'w ddefnyddio petaech chi'n darparu'r ymyriad hwn. Fodd bynnag, mae defnyddio mesurau eraill (yn ogystal) yn gallu bod yn ddefnyddiol hefyd er mwyn cael data o fwy nag un ffynhonnell. Rydyn ni wedi sôn am y rhan fwyaf o hyn eisoes. Gallech hefyd ddefnyddio mesurau eraill fel presenoldeb, cynnydd ac ymddygiadau. Mae ymchwil wedi awgrymu bod y ffactorau hyn yn ddangosyddion allweddol o ran sgiliau anwybyddol disgyblion.

Yn y bennod ddiwethaf, fe wnaethon ni drafod rhai o'r problemau sy'n codi mewn mesurau hunanadrodd. Fydd hi ddim yn anodd i chi ddod o hyd i'r beirniaid. Mae papur Dweck (2015) yn werth ei ystyried. Yn ein profiad ni, os caiff yr holiaduron hunanadrodd eu gweinyddu'n briodol, gallan nhw daro goleuni defnyddiol iawn ar bethau; fodd bynnag, does dim un mesur yn berffaith a dylech geisio dod o hyd i'r mesur mwyaf dilys ar gyfer y pwrpas dan sylw.

Cam 4: Y cynllun

Rydyn ni'n deall y bydd y rhan fwyaf o bobl sy'n darllen yr adran hon yn meddwl am ddatblygu ysgol gyfan; fodd bynnag, rydyn ni'n dal i argymell eich bod chi'n dechrau ag astudiaeth beilot. Mae hyn yn golygu profi, ar raddfa fach, yr hyn byddech chi'n hoffi'i wneud ar raddfa fawr. Bydd astudiaeth beilot yn caniatáu i chi adeiladu prototeip. Rydych chi'n rhoi cynnig ar rywbeth arloesol, yn ei wylio'n methu neu'n llwyddo ac yn dysgu'r gwersi. Gwnewch addasiadau os aiff popeth o'i le, a gwnewch hynny gyda gwên! Os nad yw rhywbeth yn gweithio, ac os ydych chi'n ddigon hyderus i nodi hynny a chael gwared arno neu ei newid, bydd eich cyd-weithwyr yn gweld rhywun sy'n greadigol ac yn hyblyg, rhywun nad yw'n ystyfnig neu'n bengaled am syniad penodol neu ffordd o wneud pethau. Mae'r syniad o greu prototeip wedi bod yn ddefnyddiol i ni oherwydd bod pawb yn tueddu (a ninnau hefyd) i lafurio yn y dirgel, ac aros nes bod rhywbeth bron yn berffaith cyn gadael i neb arall ei weld. Mae wythnosau'n troi'n fisoedd, misoedd yn troi'n flynyddoedd ac mae'r 'project hwnnw' rydych chi wedi bod yn sôn amdano yn dal i fod mewn drôr – mynwent mil o syniadau da. Mae maint eich peilot yn dibynnu ar beth sy'n briodol, yn eich barn chi.

Erbyn hyn, mae clywed am dreialon hapsamplu rheoledig (*RCTs: randomised control trials*) yn beth eithaf cyffredin ym maes addysg. Maen nhw'n cael eu hystyried yn 'safon aur' ymchwil ac wedi cael eu defnyddio ym maes ymchwil meddygol ers blynyddoedd. Efallai y byddech chi o'r farn nad oes angen gwneud hyn os nad ydych chi'n mynd i gyhoeddi eich ymchwil. Fodd bynnag, maen nhw'n werth eu hystyried er mwyn bod yn drwyadl. Un o gryfderau allweddol treial hapsamplu rheoledig (THRh) yw ei fod yn osgoi tuedd wrth ddethol (fel dewis eich athrawon mwyaf ymroddedig i ddarparu'r ymyriad). Felly, yn eich peilot mae hyn yn golygu dewis ar hap y grwpiau a fydd yn cymryd rhan yn yr ymyriad a defnyddio'r lleill fel grŵp rheolydd (yn cael eu mesur, ond heb ymyriad).

Mae sawl categori gwahanol o hapsamplu. Yng nghyd-destun ysgol, mae'n debyg ei bod hi'n well ystyried dau gategori yn unig: syml neu gyfyngedig. Hapsamplu syml yw rhoi'r grwpiau i gyd (grwpiau tiwtor Blwyddyn 11 i gyd, er enghraifft) mewn het a dewis ar hap pwy fydd yn cael yr ymyriad a phwy na fydd. Byddai'r ymagwedd hon yn iawn yn y rhan fwyaf o ysgolion. Fodd bynnag, os yw eich grwpiau blwyddyn (neu eich grwpiau addysgu os ydych chi'n darparu'r ymyriad o fewn adran) mewn grwpiau gallu, efallai y bydd angen i chi ystyried dyrannu cyfyngedig. Mae hyn yn golygu creu haenau mewn grwpiau er mwyn rhoi cydbwysedd cyn hapsamplu.

Felly, dyma'r fath sut olwg a allai fod arno:

Set 1		Set 2	
Set 3	Dewis dwy set ar hap	Set 4	Dewis dwy set ar hap
Set 5		Set 6	
Set 7		Set 8	

Mae digonedd o ddulliau ar-lein ar gael i helpu â hapsamplu. Mae'n ddefnyddiol sicrhau bod tyst yn arsylwi unrhyw broses, oherwydd yn aml bydd pobl yn cwyno am fod yn y grŵp rheolydd. Os dewiswch chi'r ymagwedd hon, efallai y bydd rhywun yn gofyn i chi 'Ydy hi'n deg bod rhai disgyblion yn y grŵp rheolydd?' Ein hymateb i hyn yw, nes byddwch chi wedi profi'r ymyriad yn eich cyd-destun chi, fyddwch chi ddim yn gwybod a fydd yn cael unrhyw effaith.

Os ydych chi dan bwysau i ddarparu ymyriad gyda'r disgyblion i gyd ac yr hoffech chi gynnal THRh, mae un ymagwedd arall yn bosibl. Rydyn ni wedi gwneud hyn o'r blaen mewn ysgolion ac mae'n gallu gweithio'n dda, ond mae angen cynllunio a monitro yn fwy trylwyr. Gallech ddewis gweithio gyda'r grŵp blwyddyn cyfan yn yr ymagwedd hon. Yn hytrach na chreu grwpiau rheolydd heb ymyriad, rydych chi'n dyrannu elfennau o'r model *VESPA* i bob grŵp. Er enghraifft, efallai y byddai rhai grwpiau yn gwneud gweithgareddau gweledigaeth ac ymdrech yn unig a rhai grwpiau yn gwneud gweithgareddau systemau ac agwedd yn unig. Mae hyn yn gwneud y dadansoddi ychydig bach yn anoddach, ond mae'n bosibl.

Cam 5: Y cynllun

Mae angen i bawb sy'n cymryd rhan wybod yn iawn beth yw'r camau. Rydyn ni wedi gweithio gyda nifer o ysgolion sydd wedi buddsoddi llawer o amser yn y camau cyntaf, ond yn methu cynllunio'n ddigonol. Mae'n bwysig rhoi rhywfaint o amser i hyn. Rydyn ni wedi gweld bod siartiau Gantt yn ffordd syml ac effeithiol o gynllunio. Maen nhw'n dangos yr amserlenni mewn modd gweledol clir, yn ogystal â'r tasgau i'w cwblhau. O ran cyfathrebu, yn ôl pob tebyg dydy hi ddim yn bosibl gwneud gormod o hyn. Mae diweddariadau drwy e-bost, cylchlythyrau a briffiau i gyd yn ddefnyddiol.

I ategu'r gweithgareddau sy'n cael eu cwblhau yn ystod amser tiwtora, efallai yr hoffech chi ystyried defnyddio ymagweddau ysgol gyfan eraill i atgyfnerthu'r negeseuon. Cofiwch, does dim angen rhoi'r un negeseuon dro ar ôl tro, ond mae eu hatgoffa nhw'n gynnil yn gallu helpu.

» **Gwasanaethau.** Dyma'r man amlwg i ddechrau. Mae'r rhan fwyaf o ysgolion wedi sefydlu rhaglen wasanaethau. Dydyn ni ddim yn awgrymu newidiadau ar raddfa fawr. Mae'n fwy o fater o ystyried ble gellid cynnwys negeseuon sy'n atgyfnerthu'r model *VESPA* – er enghraifft, straeon am bobl enwog sydd wedi dangos holl rinweddau *VESPA*.

» **Adnoddau gweledol.** Os ydych chi'n gaeth i Twitter fe welwch fod posteri/arddangosiadau meddylfryd twf yn tueddu i gael cryn dipyn o adborth negyddol. Rydyn ni'n hoff iawn o'r mathau hyn o arddangosiadau. Os ydych chi'n cynnwys yr ysgol gyfan yn eich model *VESPA*, gallwch ddefnyddio eich arddangosiadau fi bwysleisio syniadau a negeseuon allweddol. Dydy hyn ddim yn golygu posteri *VESPA* pwrpasol, wrth gwrs – mae digonedd o ddeunydd diddorol ar gael. Peidiwch â'i gor-wneud hi; yn aml bydd disgyblion

Ffigur 13.1. Siart Gantt syml

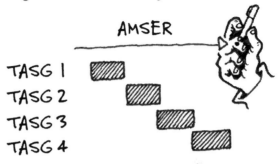

yn anwybyddu deunydd os ydyn nhw'n teimlo ei fod ym mhobman neu'n cael ei orddefnyddio.

» **Dathliadau.** Mae ceisio gwobrwyo disgyblion mewn perthynas â'r graddfeydd yn ddefnyddiol. Mae llythyrau adref i bwysleisio pwysigrwydd rhinwedd anwybyddol benodol yn gallu bod o gymorth mawr. Efallai yr hoffech chi roi cynnig ar rywbeth fel hyn: 'Fel rydych chi'n ei wybod, rwy'n siŵr, ymdrech sy'n arwain at lwyddiant mewn arholiadau. Y disgyblion sy'n gwneud yr oriau o waith diwyd ac optimistaidd sy'n gwneud orau. Gan gadw hyn mewn cof, rydw i wedi bod yn awyddus i ganmol y disgyblion sydd wedi gweithio'n galed iawn dros y chwe wythnos diwethaf. Mae _____ yn sicr wedi bod yn un o'r disgyblion hynny yn ystod yr hanner tymor hwn, ac wedi gwneud argraff dda iawn arna' i! Ga' i ofyn i chi atgyfnerthu'r ganmoliaeth hon gartref? Gallai gair cadarnhaol, rhodd neu wobr fach, helpu i atgyfnerthu'r ymagwedd hon at astudio yn ystod yr hanner tymor nesaf hefyd …'

» **Gwersi.** Safon aur unrhyw fodel yw atgyfnerthu'r negeseuon mewn gwersi. Mae rhaglen Addysgu Cymeriad Drwy Bynciau y Ganolfan Jubilee (gweler Harrison et al., 2016) yn enghraifft ardderchog o hyn. Fydden ni ddim yn eich annog chi i roi cynnig ar hyn yng nghyfnodau cyntaf y peilot, ond mae'n rhywbeth i'w gadw yn y cynllun tymor hir.

» **Rhieni.** Er mawr syndod i ni, dydy rhieni yn aml ddim yn cael gwybod am ymyriadau meddylfryd. Fe aeth blwyddyn neu ddwy heibio cyn i ni sylwi ar bwysigrwydd rhannu *VESPA* â rhieni. Roedd yn un o'r camau mwyaf adeiladol i ni eu cymryd. Roedd hi'n hawdd iawn i'r rhieni uniaethu â'r model, ac roedden nhw'n gallu gweld ar unwaith ble roedd gan eu meibion neu eu merched le i wella. Yn sydyn, roedd yr iaith rhwng athrawon/rhieni a disgyblion yn glir!

Cam 6: Dadansoddi a gwerthuso

Mae cyfrifo maint effaith eich project yn gallu ymddangos ychydig yn frawychus. Mae'r Sefydliad Gwaddol Addysg wedi gwneud y broses hon yn symlach o lawer drwy ddatblygu taenlen ragorol sydd ar gael i'w llwytho i lawr o'i wefan (mae canllaw gwerthuso rhagorol i fynd gyda hon hefyd).* Wrth ddadansoddi, mae'n bwysig eich bod chi'n archwilio pob un o'r graddfeydd. Peidiwch ag edrych ar y sgôr *VESPA* cyffredinol yn unig; gall hwn fod yn gamarweiniol.

Yn ogystal ag edrych ar y data meintiol, rydyn ni'n hoff iawn o gasglu data ansoddol hefyd. I ni, grwpiau ffocws staff a disgyblion sy'n darparu'r rhain fel rheol. Bydden ni'n dadlau bod hyn yn rhoi darlun mwy diddorol a chyflawn i chi.

P'un ai a ydych chi'n dilyn yr ymagwedd macro neu ficro, mae pob math o ymchwil mewn ysgolion yn anodd ac yn anhrefnus. Mae disgyblion yn wynebu amrywiaeth o ysgogiadau yn ystod eu diwrnod ac mae'n anodd nodi beth yn union yw effeithiau unrhyw ymyriad unigol. Fodd bynnag, dylen ni ymdrechu'n galed i fesur effaith unrhyw ymyriad rydyn ni'n ei ddefnyddio gyda'n disgyblion.

Gwyliwch rhag y saith rhwystr hyn!

I ailadrodd: os ydych chi'n disgwyl newidiadau rhyfeddol y tro cyntaf i chi roi cynnig ar unrhyw ymyriad meddylfryd, rydych chi'n debygol o gael eich siomi. Mae'n cymryd amser: *wnewch chi ddim ennill ar unwaith drwy ddatblygu ymagwedd eich dosbarth neu eich ysgol at feddylfryd!* Rydyn ni fel rheol yn dweud wrth ysgolion eu bod nhw'n dechrau ar daith dair blynedd i roi'r ymyriadau ar waith.

Mae'n werth amlinellu rhai o'r problemau mwyaf cyffredin sy'n wynebu'r ysgolion rydyn ni wedi gweithio gyda nhw wrth weithredu rhaglen meddylfryd, er mwyn i chi allu eu hosgoi nhw.

---

* Gweler https://educationendowmentfoundation.org.uk/public/files/Evaluation_Guide/EEF_Evaluation_DIY_ Evaluation_Guide.pdf.

1 **Diffyg fframwaith cysyniadol.**
Gallwch ddefnyddio'r model *VESPA*
neu unrhyw fodel arall, ond rhaid i chi gael
model cysyniadol i arwain eich ymyriad.
Os yw athrawon yn darparu 'dulliau'
neu 'weithgareddau' yn unig sydd i fod
i ddatblygu meddylfryd, heb ddeall y
ddamcaniaeth sy'n eu huno nhw, mae hyn
yn tueddu i arwain at ganlyniadau gwael. Yn
eithaf aml, mae angen i athrawon wneud y
cysylltiadau clir â'r ddamcaniaeth er mwyn
datblygu dealltwriaeth y disgyblion yn ystod y
gweithgareddau.

2 **Diffyg rheolwr project.** Os ydych chi'n
cynnal unrhyw ymyriad i ysgol gyfan,
mae angen rheolwr project – rhywun sydd,
gobeithio, wedi gwirfoddoli ac yn rheoli
pob agwedd ar y project. Er nad yw hyn
yn hanfodol, yn ein profiad ni mae'n helpu
os yw'r rheolwr project yn arweinydd canol
neu'n uwch-arweinydd. Un o gyfrifoldebau'r
rheolwr project rydyn ni wedi'i weld yn cael ei
ddiystyru ar adegau yw gwirio cydymffurfiad.
Yn hytrach nag arsylwi sesiynau i wneud yn
siŵr eu bod nhw'n cadw at y cynllun a gwirio
ansawdd a rhannu llwyddiannau, rydyn ni
wedi eu gweld nhw'n tybio y bydd y staff yn
cydymffurfio heb wirio hyn. Os caiff rhywbeth
ei fesur, caiff ei reoli; heb ei wirio, gall project
fel hwn syrthio oddi ar waelod rhestri
athrawon o bethau i'w gwneud. Allwch chi
ddim ffurfio casgliadau ystyrlon o broject os
ydych chi'n methu profi'n hyderus ei fod wedi
digwydd mewn gwirionedd.

3 **Meddylfryd sefydlog athrawon.** Cyn
i chi allu dechrau gweithio ar feddylfryd
disgyblion, mae'n rhaid i'ch staff fod yn
meddwl yn y ffordd iawn. Fel unrhyw gyfran
o'r boblogaeth, mae nifer o athrawon yn
tueddu i fod â meddylfryd sefydlog. Rydyn
ni wedi gweld digon ohonyn nhw, yn sicr, ac
wedi eu clywed nhw'n mynegi hyn mewn
sylwadau am y disgyblion maen nhw'n
gweithio gyda nhw. Cadwch lygad am
sylwadau fel y rhain:

» Mae'r canlyniadau yn weddol oherwydd
bod y plant yn weddol.

» Rhowch blant da i mi, ac fe ro' i ganlyniadau
da i chi.

» Mae'r plant hyn mor wan.

» Mae gofynion y maes llafur TGAU newydd
yn *fy mhwnc i* yn enfawr.

» Y gwir yw, dydy e ddim yn _____ (llenwch y
bwlch fel y bo'n briodol: ieithydd,
gwyddonydd, cerddor, ac ati).

» Mae rhai yn gallu gwneud hyn; eraill yn
methu. Dydy'r plentyn hwn ddim.

» Mae eu cefndiroedd mor heriol. Allwn ni
ddim disgwyl llawer ganddyn nhw.

Yn anffodus, os bydd diwylliant yn datblygu
lle mae sylwadau fel hyn yn esboniad arferol
ar gyfer disgyblion sy'n tanberfformio, fydd hi
ddim yn bosibl gwneud rhagor o gynnydd heb
ymdrechion sylweddol a pharhaus i newid
y diwylliant. Yn lle hynny, yr ymateb arferol
i berfformiad siomedig gan ddisgyblion yw
cyfiawnhad allanol nad yw hi'n bosibl ei herio
na'i newid. 'Mae hyn y tu hwnt i fy rheolaeth,'
yw'r neges. 'Biti na fyddai'n plant ni yn fwy
deallus.' Bydd angen DPP sylweddol yma.

4 **Hyfforddiant staff.** Mae angen hyfforddiant ar athrawon ynglŷn â'r ddamcaniaeth a'r dulliau. Mae angen iddyn nhw ymarfer defnyddio'r dulliau gyda'i gilydd a gyda nhw eu hunain – eu haddasu nhw, eu hail-lunio nhw a'u perchnogi nhw – cyn gallu eu defnyddio nhw'n wirioneddol effeithiol gyda'u disgyblion.

5 **Cyfathrebu gwael.** Mae angen i chi gyfathrebu â staff yn aml ynghylch beth sy'n digwydd a phryd. Rydyn ni wedi gweld bod mynd dros y fframwaith eto mewn gwahanol sesiynau yn helpu i blannu'r ddamcaniaeth, yn ogystal ag anfon negeseuon yn rheolaidd i'r ysgol gyfan yn y bwletin staff neu bapurau briffio.

6 **Diffyg cefnogaeth.** Peidiwch â disgwyl i'r holl staff ymrwymo'n llawn a darparu sesiynau anhygoel. Mae rhai athrawon yn teimlo'n eithaf anghysurus yn darparu'r mathau hyn o ymyriadau; mae'n mynd â nhw oddi wrth eu gwybodaeth am eu pwnc ac maen nhw'n gallu teimlo'n eithaf nerfus wrth eu darparu nhw. Mae'n syniad da rhoi hyfforddiant i grŵp o hyrwyddwyr sy'n gallu helpu i gefnogi athrawon sydd yn y sefyllfa hon.

7 **Diffyg gwaith dilynol.** Ar gyfer unrhyw ymyriad, dylid nodi'r ddolen adborth lawn cyn dechrau. Mae angen i'r holl staff sy'n ymwneud ag ef wybod beth sydd i'w ddisgwyl ganddyn nhw, sut mae ymyriadau yn gweithio a beth oedd y canlyniadau.

14. Defnyddio Profion Seicometrig i Fesur Meddylfryd

Neil Dagnall ac Andrew Denovan,
Prifysgol Fetropolitan Manceinion

Yr holiadur *VESPA*:
Nodyn gan Steve a Martin

Rydyn ni wedi datblygu'r holiadur *VESPA* fel dull ar gyfer athrawon i gefnogi'r broses hyfforddi (coetsio) gyda disgyblion unigol neu i adnabod meysydd i'w datblygu gyda charfanau mawr. Mae nifer o gryfderau a gwendidau i ddefnyddio'r math hwn o fesur gyda disgyblion, wrth gwrs. I ni, un pwynt allweddol yw cofio bod y math hwn o holiadur yn rhoi'r man cychwyn i drafodaeth. Dylid ei gwneud hi'n glir i ddisgyblion bod yr holiadur yn cael ei ddefnyddio i'w cefnogi nhw a'u helpu nhw i gael y canlyniadau gorau posibl. Os yw disgyblion yn teimlo eu bod nhw'n cael eu mesur am ryw reswm arall, maen nhw'n annhebygol o gynnig atebion gonest. Ac wrth gwrs, cofiwch hyblygrwydd cymeriad. Bydd yr holiadur yn rhoi cip ar sut mae'r disgyblion yn teimlo amdanyn nhw eu hunain ar y pryd. Dydy hwn ddim yn gyflwr parhaol sy'n mynd i beidio â datblygu na newid.

Wrth ddatblygu'r holiadur, rydyn ni wedi bod yn ffodus iawn i gael cefnogaeth Dr Neil Dagnall a Dr Andrew Denovan ym Mhrifysgol Fetropolitan Manceinion. Mae eu gwybodaeth a'u dealltwriaeth o'u pwnc wedi bod yn amhrisiadwy ac rydyn ni'n ddiolchgar iddyn nhw am gyfrannu'r bennod hon. Mae Neil ac Andrew yn arbenigwyr o fri; mae rhai adrannau yn y bennod hon yn ddwfn a chymhleth iawn.

Mae Dr Neil Dagnall yn ddarllenydd seicoleg wybyddol gymhwysol. Mae ei ddiddordebau ymchwil yn cynnwys paraseicoleg, seicoleg anomalaidd, gwahaniaethau unigol a gwybyddiaeth.

Mae Dr Andrew Denovan yn uwch-ddarlithydd seicoleg. Mae ei ddiddordebau ymchwil yn cynnwys straen, gwahaniaethau unigol, seicoleg gadarnhaol, lles, credoau paraseicolegol a phrofiad disgyblion addysg uwch. Mae ganddo ddiddordeb hefyd mewn dulliau ymchwil fel dadansoddi ffenomenolegol deongliadol, seicometreg, modelu ystadegol a chynlluniau dulliau cymysg.

Beth yw profion seicometrig a pham eu defnyddio nhw?

Mae'r term seicometrig yn cyfeirio'n gyffredinol at unrhyw gangen seicoleg sy'n ymwneud â mesuriadau seicolegol. Mae profion seicometrig yn ffyrdd safonol o fesur galluoedd meddyliol ac arddull ymddygiadol. Mae'r profion yn asesu gwahaniaethau unigol pwysig, fel deallusrwydd (gallu), sgiliau (dawn) a phersonoliaeth. I gyflawni hyn, mae profion seicometrig yn defnyddio gweithdrefnau systematig, safonedig i samplu ymddygiad – 'ciplun' (*snapshot*) – a'i ddisgrifio â sgorau neu gategorïau. Un o nodweddion pwysig profi seicometrig yw ein bod yn gallu cymharu ymddygiad dau neu fwy o bobl yn uniongyrchol drwy'r canlyniadau.

Mae traddodiad hir o seicometreg ym maes seicoleg. James McKeen Cattell a sefydlodd y labordy pwrpasol cyntaf, Labordy Ffiseg Cavendish ym Mhrifysgol Caergrawnt, yn 1887. Heddiw, mae defnyddio profion seicometrig yn beth cyffredin sy'n digwydd ar raddfa eang. Mae addysgwyr, seicolegwyr ac ymarferwyr yn defnyddio profion mewn amrywiaeth o feysydd galwedigaethol a chlinigol, fel addysgu, hyfforddiant, recriwtio, galwedigaethol, clinigol a niwroseicoleg. Yn hanesyddol, mae sefydliadau addysg wedi defnyddio profion seicometrig am amrywiaeth o resymau, ond yn benodol i asesu dawn (arholiadau mynediad), gallu (cryfderau a gwendidau disgyblion) a photensial (posibiliadau gyrfa).

Yn fwy cyffredinol, mae seicolegwyr yn defnyddio profion seicometrig i wneud y canlynol:

» Dosbarthu (dethol neu osod pobl mewn categorïau penodol).

» Rhoi diagnosis (canfod rhesymau dros ymddygiad anarferol, â'r bwriad o bennu ymyriadau priodol).

» Darparu mewnwelediad (i ddatblygu gwybodaeth a dealltwriaeth disgyblion unigol amdanyn nhw eu hunain).

» Gwerthuso rhaglenni addysgol/cymdeithasol a datblygu damcaniaeth addysgol/seicolegol.

Yr ymagwedd proffilio

Mae profion seicometrig yn cyfrannu at ddatblygu proffiliau disgyblion. Mewn proffiliau, mae angen casglu a threfnu gwybodaeth bwysig am alluoedd disgyblion unigol. Yn y cyd-destun hwn, mae proffilio effeithiol yn dilyn cynnydd disgyblion drwy gydol eu gyrfa academaidd. Mae addysgwyr yn defnyddio proffiliau i roi sail i benderfyniadau addysgol, yn enwedig fel dull i adnabod ffyrdd o wella datblygiad disgyblion. Trwy broffilio effeithiol mae hi'n haws i addysgwyr a disgyblion reoli dysg drwy feithrin gwell dealltwriaeth o allu'r disgybl. Yn benodol, mae profion yn adnabod cryfderau a gwendidau sy'n caniatáu i addysgwyr werthfawrogi anghenion disgyblion unigol.

Yn hyn o beth, mae athrawon yn defnyddio proffiliau i gynyddu potensial disgyblion a'u cynorthwyo nhw i fynd drwy gyfnodau pontio anodd, fel newid blwyddyn, paratoi am TGAU a symud o TGAU i Safon Uwch. Hefyd, mae proffilio seicometrig yn caniatáu i ni gymharu gallu disgyblion drwy eu cymharu nhw â grwpiau cymharu (norm) perthnasol. Mae hyn yn caniatáu asesu gallu/potensial cymharol disgyblion o gymharu â'u cyfoedion. Mae hyn yn amhrisiadwy o ran egluro nodau, anghenion datblygu a dyheadau gyrfa disgyblion unigol. Yn olaf, mae proffilio yn gallu rhoi arwydd o sut mae disgybl yn debygol o gyflawni mewn lleoliadau addysg penodol. Gall y wybodaeth hon helpu i wella hunanreolaeth mewn cyd-destunau addysgol ac allanol.

Profion seicometrig da

Mae profion seicometrig da yn arddangos nifer o briodweddau hanfodol – yn benodol, rhaid iddyn nhw fod wedi'u safoni ac yn wrthrychol. I sicrhau eu bod nhw wedi'u safoni, bydd gweinyddwyr profion hyfforddedig yn dilyn cyfarwyddiadau a phrotocolau manwl a bennir ymlaen llaw. Mae'r rhain yn sicrhau bod profion yn cael eu darparu mewn modd diduedd ac nad yw credoau na gwerthoedd y profwr yn effeithio ar berfformiad. Un gofyniad cysylltiedig yw nad yw profion yn cael gwahaniaethu yn erbyn grwpiau (ar sail rhywedd, ethnigrwydd ac ati).

Un arall o nodweddion allweddol profion seicometrig da yw eu bod nhw yn ddibynadwy ac yn ddilys. Mae bod yn ddibynadwy yn cyfeirio at gysondeb y profion (y gallu i'w hailadrodd). Er mwyn rhoi arwydd ('ciplun') cywir o allu'r disgybl, rhaid i sgorau profion unigol aros yn sefydlog dros gyfnodau

rhesymol. Er enghraifft, bydd clorian fanwl gywir yn rhoi darlleniadau tebyg o bwysau unigolyn ar adegau gwahanol o'r dydd.

Mae dau brif fath o ddibynadwyedd:

» Mewnol (i ba raddau mae eitemau'r prawf yn mesur yr un cysyniad).

» Allanol (tuedd prawf i gynhyrchu canlyniadau tebyg pan gaiff ei ailadrodd).

Mae dibynadwyedd mewnol ac allanol yn hanfodol bwysig.

Dibynadwyedd mewnol yw i ba raddau mae mesur yn gyson oddi mewn iddo'i hun. Mae dulliau gwahanol i sefydlu dibynadwyedd mewnol (h.y. cysondeb dau hanner a chysondeb rhwng eitemau). Mae'r dull dau hanner yn cymharu perfformiad disgyblion yn un hanner o'r prawf â'u perfformiad yn yr hanner arall. Mae'n bosibl creu haneri mewn ffyrdd gwahanol (e.e. odrifau ac eilrifau, hanner cyntaf ac ail hanner). Os yw'r ddwy adran yn rhoi canlyniadau cymeradwy, mae hyn yn dangos dibynadwyedd mewnol. Yn yr un modd, mae cysondeb rhwng eitemau yn asesu'r berthynas rhwng eitemau'r prawf i sicrhau eu bod nhw'n mesur yr un cysyniad. Yn yr un modd, mae seicometregwyr yn defnyddio nifer o dechnegau i asesu dibynadwyedd allanol (h.y. profi ac ailbrofi a ffurfiau paralel). Mae profi ac ailbrofi yn golygu cymharu perfformiad mewn prawf ar ddwy adeg wahanol. Os yw'r sgorau yn debyg ar adeg 1 ac adeg 2, mae hyn yn arwydd o gysondeb. Pan fydd disgyblion yn sefyll yr un prawf fwy nag unwaith efallai y byddan nhw'n cofio eitemau, felly mae rhai profion yn defnyddio ffurfiau dadansoddi paralel. Mae ffurfiau paralel yn cymharu fersiwn prawf A â fersiwn prawf B, a bydd sgorau tebyg yn arwydd o ddibynadwyedd.

Dilysrwydd yw i ba raddau mae prawf yn mesur mewn gwirionedd y cysyniad y mae'n bwriadu ei asesu. Mae nifer o ffyrdd o weld a ydy prawf yn ddilys. Un dangosydd pwysig yw dilysrwydd wyneb prawf – hynny yw, ydy hi'n ymddangos bod y prawf yn mesur y cysyniad y mae'n honni ei fod yn ei asesu. Mae dilysrwydd cynnwys yn gysyniad tebyg. Dilysrwydd cynnwys yw i ba raddau mae offeryn prawf yn samplu cynnwys y maes. Mae hyn yn cynnwys ystyried a ydy'r prawf yn cynnwys digon o eitemau i samplu holl ehangder y cysyniad.

Un arall o nodweddion pwysig profion seicometrig yw y dylen nhw ragfynegi perfformiad. Os yw prawf yn rhagfynegi perfformiad yn gywir ar fesurau maen prawf perthnasol, mae ganddo ddilysrwydd maen prawf. Gall y gymhariaeth hon fod yn gyfamserol (presennol) neu'n rhagfynegol (dyfodol). Os yw prawf yn ddilys, mae'n rhaid iddo fod yn ddibynadwy. Fodd bynnag, dydy profion dibynadwy ddim o reidrwydd yn ddilys; gallen nhw gynhyrchu sgorau cyson heb fesur y cysyniad sydd dan sylw yn gywir.

Manteision defnyddio mesur wrth weithio gyda phobl ifanc

Mae defnyddio profion seicometrig gyda phobl ifanc yn gallu helpu eu datblygiad. Mae profion seicometrig yn helpu disgyblion i werthfawrogi eu galluoedd (cryfderau/ gwendidau), eu hanghenion datblygu a'u

meysydd o ddiddordeb. Mae canlyniadau profion sydd wedi'u darparu gan addysgwyr â chymwysterau addas yn gallu helpu i wella perfformiad academaidd ac ymddygiad. Mae hyn yn arbennig o wir am brofion sy'n canolbwyntio ar hoff arddull dysgu a gweithio. Hefyd, mae darparu adborth personol yn annog disgyblion i ymgysylltu â'u dysgu a myfyrio yn ei gylch. O ganlyniad, mae profion seicometrig yn cynyddu ymwybyddiaeth o allu nodweddion penodol i ddylanwadu ar lwyddiant posibl. Gall myfyrio ar ôl hyn roi sail i strwythuro gweithgareddau dysgu dilynol. Wedi'u defnyddio'n briodol, mae profion seicometrig yn hybu deall gwahaniaethau unigol o safbwynt athrawon a disgyblion.

Gall profion seicometrig fod yn eithriadol o ddefnyddiol o ran gyrfa; mae'r canlyniadau yn galluogi disgyblion i adnabod meysydd dawn a chryfder. Yna, gall y wybodaeth hon helpu wrth osod nodau a rhoi ffocws a phwrpas i ddisgyblion. I gael canlyniadau cadarnhaol, dylai addysgwyr sicrhau bod disgyblion yn cael adborth cywir ac addas. Yn y cyd-destun hwn, mae angen i'r adborth fod yn adeiladol ac yn amserol. Mae defnyddio adborth i ystyried dewisiadau addysgol/galwedigaethol ac agor eu llygaid i bosibiliadau gyrfa yn fuddiol ac yn gynhyrchiol i ddatblygiad disgyblion. Mae proses adolygu ac ymarfer yn helpu disgyblion i ymgysylltu â'r broses ddysgu ac yn eu symud nhw o fod yn ddysgwyr ymylol anweithredol i fod yn ddysgwyr gweithgar yng nghanol y broses addysgol.

Dylai disgyblion hefyd fod yn ymwybodol o gyfyngiadau posibl profion seicometrig.

Yn bennaf, dylen nhw sylweddoli mai dim ond offer a dangosyddion datblygiadol yw profion. Gall perfformiad wella wrth ymarfer ac aeddfedu. Hefyd, mae angen i addysgwyr beidio â labelu; ni ddylai canlyniadau profion siapio disgwyliadau o gyflawniad disgyblion.

Cyflwyniad i'r Holiadur Meddylfryd ar gyfer TGAU

Lluniodd Steve Oakes a Martin Griffin y system *VESPA* i helpu disgyblion i lwyddo. Fe wnaethon nhw nodi mai ymddygiadau, arferion ac agweddau at astudio oedd orau am ragweld llwyddiant disgyblion. I benderfynu pa nodweddion oedd bwysicaf, fe wnaethon nhw ystyried ffactorau a oedd yn effeithio ar eu disgyblion a chynnal arolwg o'r maes ar yr un pryd. Nododd yr arolwg nifer o sgiliau ac ymddygiadau. Y peth allweddol oedd defnyddio'r rhain i adeiladu model addysgu cyflym, diddorol a hawdd ei ddeall; ei ddiben fyddai newid ffordd disgyblion o feddwl, ymddwyn a gweithio. Ar ôl treialu gwahanol fodelau, daeth y model *VESPA* i'r brig. Roedd hwn yn canolbwyntio ar bump ymddygiad a nodwedd sy'n gysylltiedig â llwyddiant academaidd:

» **Gweledigaeth (*V*ision)** – mae angen i ddisgyblion wybod beth maen nhw'n dymuno'i gyflawni.

» **Ymdrech (*E*ffort)** – mae angen astudio'n annibynnol a rhagweithiol am lawer o oriau er mwyn cyflawni.

» **Systemau (*S*ystems)** – i fod yn effeithiol, mae'n rhaid i ddisgyblion drefnu eu hamser a'u hadnoddau dysgu.

» **Ymarfer (*P*ractice)** – i ddysgu'n effeithiol, mae angen ymarfer i ddatblygu sgiliau.

» **Agwedd (*A*ttitude)** – i lwyddo, mae angen i ddisgyblion ymateb yn adeiladol i adborth.

Cafodd y system *VESPA* ei rhoi ar waith yn llwyddiannus yn chweched dosbarth The Blue Coat School yn Oldham lle bu Oakes a Griffin yn addysgu. Dros gyfnod estynedig, gwelwyd gwelliant o ran graddau, presenoldeb a'r gallu i gofio. Nid y system *VESPA* oedd yn gyfan gwbl gyfrifol am hyn – roedd yr ysgol yn amgylchedd cefnogol, meithringar, wedi'i reoli'n dda yn gyffredinol – ond gwnaeth *VESPA* gyfraniad sylweddol.

Gan nodi llwyddiant y system *VESPA*, datblygodd Oakes a Griffin eitemau hunanadrodd i fesur lefelau disgyblion o fewn pob un o'r pum ymddygiad a nodwedd graidd. Yn nhraddodiad profion seicometrig, bydd gan y mesur hwn, ar ôl ei fireinio a'i brofi, y potensial i hwyluso perfformiad a chyflawniad disgyblion. I asesu priodweddau seicometrig y system *VESPA*, cynhaliwyd peilot o holiadur â 28 wyth eitem i fesur pob un o'r sgiliau craidd gyda 1,669 o ddisgyblion yn y Deyrnas Unedig (719 o fechgyn a 950 o ferched 16–18 oed). Roedd yr holiadur yn cynnwys graddfa ymateb pum pwynt Likert o 1 (e.e. byth) i 5 (e.e. yn aml iawn). I roi sylw digonol i bob agwedd ar y system *VESPA*, lluniwyd pedwar cwestiwn yn ymwneud â gweledigaeth, pedwar cwestiwn ar gyfer ymdrech, pum cwestiwn ar gyfer systemau, chwe chwestiwn ar gyfer ymarfer a naw cwestiwn ar gyfer agwedd (mae'r raddfa *VESPA* gyflawn i'w gweld yn Ffigur 14.1).

Cafodd priodweddau ystadegol y raddfa *VESPA* eu harchwilio gan ddefnyddio technegau dadansoddi seicometrig a gefnogir. Yn gyntaf, cafodd dibynadwyedd mewnol y mesur ei asesu. Wedyn, defnyddiwyd gweithdrefnau modelu ystadegol i archwilio strwythur *a priori* y raddfa o gymharu â sgorau'r 1,669 o ddisgyblion.

Cafodd y dibynadwyedd mewnol ei asesu gan ddefnyddio ystadegyn o'r enw alffa Cronbach. Mae'r ystadegyn hwn yn feincnod cyffredin i fesur cysondeb mewnol holiaduron ym maes seicometreg, ac ystyrir bod canlyniad alffa o 0.7 neu fwy yn golygu bod y dibynadwyedd mewnol yn ddigonol. Yn gyntaf, cafodd alffa'r raddfa *VESPA* gyfan ei gyfrifo, â chanlyniad boddhaol o 0.85. Nesaf, cafodd yr is-raddfa gweledigaeth ei hasesu ag alffa o 0.60, sy'n is na'r sgôr a ddymunir, ond yn ddigon uchel i gael ei hystyried yn dderbyniol. Cafwyd alffa boddhaol ar gyfer ymdrech, agwedd ac ymarfer (0.76, 0.78 a 0.73) ac roedd dibynadwyedd ymarfer ychydig bach yn is na 0.7 ag alffa o 0.67.

Y cam nesaf oedd profi a oedd y model *VESPA a priori* â'i bump is-gydran (ffactorau) yn 'ffitio' mewn perthynas ag ymatebion y cyfranogwyr. Cafodd hyn ei wneud drwy ddefnyddio gweithdrefn dadansoddi ystadegol uwch, sef dadansoddi ffactorau cadarnhau. I fesur 'ffit' y model *VESPA* pum ffactor, cafodd ystadegau casgliadol eu hystyried, sy'n cael eu cofnodi a'u defnyddio'n gyffredin yn y llenyddiaeth seicometreg. Enw arall ar yr ystadegau casgliadol hyn yw indecsau ffit, ac mae angen i'r canlyniadau gyrraedd trothwy sydd ym mhob indecs ffit (yn debyg i alffa Cronbach). Yr indecsau ffit oedd yr indecs ffit cymharol (*CFI: comparative fit index*), yr indecs ffit cynyddol (*IFI: incremental fit index*), isradd sgwâr cymedrig y cyfeiliornad brasamcanu (*RMSEA: the root mean square error of approximation*) a'r isradd sgwâr cymedrig gweddillol safonedig (*SRMR: the standardised root mean square residual*). Er mwyn i fodel fod yn dderbyniol, mae angen i'r CFI a'r IFI fod yn hafal i 0.90 neu'n fwy, ac mae angen i'r RMSEA a'r SRMR fod yn is na 0.08. Mae'r model *VESPA* pum ffactor yn ffitio'r data yn dda ar y cyfan: CFI = 0.90, IFI = 0.90, RMSEA = 0.05, SRMR = 0.05.

Yn olaf, cafodd pob un o'r pum ffactor ei archwilio o ran cydberthyniad pob cwestiwn â'i briod ffactor. At ei gilydd, roedd y canlyniadau yn awgrymu y gallwn ystyried bod y *VESPA* 28 eitem yn fesur mewnol dibynadwy sy'n cynnwys pum maes ar wahân, sef gweledigaeth, ymdrech, systemau, ymarfer ac agwedd.

Tabl 14.1. Y raddfa *VESPA* 28 eitem

	Cwestiwn	Graddfa ymateb				
		1	2	3	4	5
1	Rydw i wedi penderfynu bod mynd i goleg/prifysgol yn ddewis da i mi.	Anghytuno'n gryf	Anghytuno	Ddim yn cytuno nac yn anghytuno	Cytuno	Cytuno'n gryf
2	Rydw i'n cynllunio ac yn trefnu fy amser er mwyn gwneud fy ngwaith. G	Yn aml iawn	Gwir fel rheol	Weithiau	Yn anaml	Byth
3	Dydw i ddim yn rhoi llawer o sylw i gynllunio fy ngyrfa. G	Anghytuno'n gryf	Anghytuno	Ddim yn cytuno nac yn anghytuno	Cytuno	Cytuno'n gryf
4	Rydw i'n cwblhau fy ngwaith cartref i gyd mewn pryd.	Anghytuno'n gryf	Anghytuno	Ddim yn cytuno nac yn anghytuno	Cytuno	Cytuno'n gryf
5	Dydw i ddim yn cynhyrfu mewn sefyllfaoedd anodd.	Byth	Yn anaml	Weithiau	Yn aml	Yn aml iawn
6	Rydw i'n defnyddio fy nghyfnodau astudio i gyd yn effeithiol.	Anghytuno'n gryf	Anghytuno	Ddim yn cytuno nac yn anghytuno	Cytuno	Cytuno'n gryf
7	Rydw i'n cymharu atebion enghreifftiol â fy ngwaith i fy hun.	Byth	Yn anaml	Weithiau	Yn aml	Yn aml iawn
8	Mae gen i farn gadarnhaol amdanaf i fy hun.	Anghytuno'n gryf	Anghytuno	Ddim yn cytuno nac yn anghytuno	Cytuno	Cytuno'n gryf
9	Rydw i'n ddisgybl sy'n gweithio'n galed.	Anghytuno'n gryf	Anghytuno	Ddim yn cytuno nac yn anghytuno	Cytuno	Cytuno'n gryf
10	Rydw i'n hyderus yn fy ngallu academaidd.	Anghytuno'n gryf	Anghytuno	Ddim yn cytuno nac yn anghytuno	Cytuno	Cytuno'n gryf

	Cwestiwn	Graddfa ymateb				
		1	**2**	**3**	**4**	**5**
11	Rydw i'n cwblhau fy ngwaith mewn pryd bob amser. G	Yn aml iawn	Gwir fel rheol	Weithiau	Yn anaml	Byth
12	Rydw i'n cyflwyno gwaith arholiad ychwanegol i'w farcio.	Byth	Yn anaml	Weithiau	Yn aml	Yn aml iawn
13	Rydw i'n dod dros siom neu fethiant yn gyflym.	Anghytuno'n gryf	Anghytuno	Ddim yn cytuno nac yn anghytuno	Cytuno	Cytuno'n gryf
14	Rydw i'n ymdrechu i gyrraedd y nod rydw i'n ei osod i mi fy hun.	Anghytuno'n gryf	Anghytuno	Ddim yn cytuno nac yn anghytuno	Cytuno	Cytuno'n gryf
15	Rydw i'n crynhoi gwybodaeth bwysig mewn diagramau, tablau neu restri.	Byth	Yn anaml	Weithiau	Yn aml	Yn aml iawn
16	Rydw i heb feddwl am beth hoffwn i ei wneud ar ôl gadael yr ysgol. G	Anghytuno'n gryf	Anghytuno	Ddim yn cytuno nac yn anghytuno	Cytuno	Cytuno'n gryf
17	Rydw i'n ceisio gwneud fy ngwaith ysgol mewn cyn lleied o amser â phosibl.	Yn aml iawn	Gwir fel rheol	Weithiau	Yn anaml	Byth
18	Rydw i'n gwneud nodiadau da yn y dosbarth, sy'n ddefnyddiol ar gyfer adolygu.	Byth	Yn anaml	Weithiau	Yn aml	Yn aml iawn
19	Os nad ydw i'n deall gwaith dosbarth, rydw i'n siarad â'r athro/athrawes.	Byth	Yn anaml	Weithiau	Yn aml	Yn aml iawn
20	Rydw i'n edrych ymlaen at y profion.	Anghytuno'n gryf	Anghytuno	Ddim yn cytuno nac yn anghytuno	Cytuno	Cytuno'n gryf

	Cwestiwn	Graddfa ymateb				
		1	**2**	**3**	**4**	**5**
21	Yn y rhan fwyaf o ddosbarthiadau, fy mhrif nod yw gwneud cyn lleied ag sy'n bosibl fel nad oes rhaid i mi weithio'n galed iawn. G	Anghytuno'n gryf	Anghytuno	Ddim yn cytuno nac yn anghytuno	Cytuno	Cytuno'n gryf
22	Dydy fy llyfrau/ffeiliau ddim yn drefnus. G	Anghytuno'n gryf	Anghytuno	Ddim yn cytuno nac yn anghytuno	Cytuno	Cytuno'n gryf
23	Rydw i'n defnyddio diagramau/mapiau meddwl i adolygu.	Byth	Yn anaml	Weithiau	Yn aml	Yn aml iawn
24	Mewn prawf, rydw i'n meddwl am fy mherfformiad gwael. G	Anghytuno'n gryf	Anghytuno	Ddim yn cytuno nac yn anghytuno	Cytuno	Cytuno'n gryf
25	Rydw i'n defnyddio amlygu/ codio â lliw i adolygu.	Byth	Yn anaml	Weithiau	Yn aml	Yn aml iawn
26	Rydych chi'n methu newid eich deallusrwydd ryw lawer. G	Anghytuno'n gryf	Anghytuno	Ddim yn cytuno nac yn anghytuno	Cytuno	Cytuno'n gryf
27	Does dim ots pwy ydych chi, gallwch newid eich deallusrwydd yn fawr.	Anghytuno'n gryf	Anghytuno	Ddim yn cytuno nac yn anghytuno	Cytuno	Cytuno'n gryf
28	Does dim ots pa mor galed rydych chi'n gweithio – os nad ydych chi'n glyfar, wnewch chi ddim yn dda. G	Anghytuno'n gryf	Anghytuno	Ddim yn cytuno nac Yn anghytuno	Cytuno	Cytuno'n gryf

Sylwch: mae G yn golygu y dylid gwrthdroi'r eitem cyn cyfrifo sgorau i'w defnyddio.

I gael cyfansymiau ar gyfer pob is-raddfa, gwnewch y canlynol: gweledigaeth – adiwch 1, 3, 14, 16; ymdrech – adiwch 6, 9, 17, 21; systemau – adiwch 2, 4, 11, 18, 22; ymarfer – adiwch 7, 12, 15, 19, 23, 25; agwedd – adiwch 5, 8, 10, 13, 20, 24, 26, 27, 28.

Cofnod disgyblion

Ar ôl cwblhau'r holiadur, gall disgyblion ddefnyddio'r tabl isod i gyfrifo eu canlyniadau. Mae angen newid sgorau'r cwestiynau gwrthdro; eglurwch hyn i'r disgyblion os ydyn nhw'n gwneud eu cyfrifiadau eu hunain.

Tabl 14.2. Cyfrifo sgorau *VESPA*

Gweledigaeth (*V*)	Sgôr
Cwestiwn 1	
Cwestiwn 3: 5 = 1, 4 = 2, 3 = 3, 2 = 4, 1 = 5	
Cwestiwn 14	
Cwestiwn 16: 5 = 1, 4 = 2, 3 = 3, 2 = 4, 1 = 5	
Sgôr = 1 + 3 + 14 + 16 ÷ 4	
Ymdrech (*E*)	**Sgôr**
Cwestiwn 6	
Cwestiwn 9	
Cwestiwn 17	
Cwestiwn 21: 5 = 1, 4 = 2, 3 = 3, 2 = 4, 1 = 5	
Sgôr = 6 + 9 + 17 + 21 ÷ 4	
Systemau (*S*)	**Sgôr**
Cwestiwn 2: 5 = 1, 4 = 2, 3 = 3, 2 = 4, 1 = 5	
Cwestiwn 4	
Cwestiwn 11: 5 = 1, 4 = 2, 3 = 3, 2 = 4, 1 = 5	
Cwestiwn 18	
Cwestiwn 22: 5 = 1, 4 = 2, 3 = 3, 2 = 4, 1 = 5	
Sgôr = 2 + 4 + 11 + 18 + 22 ÷ 5	

Ymarfer (*P*)	Sgôr
Cwestiwn 7	
Cwestiwn 12	
Cwestiwn 15	
Cwestiwn 19	
Cwestiwn 23	
Cwestiwn 25	
Sgôr = 7 + 12 + 15 + 19 + 23 + 25 ÷ 6	
Agwedd (*A*)	**Sgôr**
Cwestiwn 5	
Cwestiwn 8	
Cwestiwn 10	
Cwestiwn 13	
Cwestiwn 20	
Cwestiwn 24: 5 = 1, 4 = 2, 3 = 3, 2 = 4, 1 = 5	
Cwestiwn 26: 5 = 1, 4 = 2, 3 = 3, 2 = 4, 1 = 5	
Cwestiwn 27	
Cwestiwn 28: 5 = 1, 4 = 2, 3 = 3, 2 = 4, 1 = 5	
Sgôr = 5 + 8 + 10 + 13 + 20 + 24 + 26 + 27 + 28 ÷ 9	
Sgôr *VESPA*	**Sgôr**
Gweledigaeth	
Ymdrech	
Systemau	

Ymarfer	
Agwedd	
Sgôr = G + Y + S + Y + A ÷ 5	

Os ydych chi'n gweithio gyda grŵp mawr o ddisgyblion (a bod gennych chi rywfaint o gefnogaeth weinyddol), gall rhoi'r data mewn taenlen fod yn ddefnyddiol iawn. Bydd hyn yn caniatáu i chi ddadansoddi elfennau penodol o'r model – er enghraifft, pwy yw eich disgyblion ymdrech isel? Mae hyn yn helpu i dargedu ymyriadau penodol os oes eu hangen. Yna, gallwch ddechrau dadansoddi mewn modd eithaf soffistigedig. Mae cynnwys data eraill fel cofnodion presenoldeb, cynnydd ac ymddygiad wedi bod yn ddefnyddiol i ni.

Ffigur 14.1. Enghraifft o daenlen sgorau *VESPA*

Enw	Rhyw	Gweledigaeth (V)	Ymdrech (E)	Systemau (S)	Ymarfer (P)	Agwedd (A)	Sgôr VESPA
Steffan	g	1	3	1	2	5	3
Sue	b	1	3	2	2	4	2
Aisha	b	2	4	2	3	2	2
Phoebe	b	3	2	3	4	3	3
Jane	b	3	2	3	4	3	3
Amir	g	4	2	3	4	3	3

Casgliad

Deg Syniad Terfynol

Mae llawer llai o gysylltiad arwyddocaol rhwng cynnydd ar ddiwedd un cyfnod allweddol a chynnydd yn y nesaf nag y bydden ni yn ei dybio. Dydy'r gorffennol ddim yn hafal i'r dyfodol. Mae hynny'n wir am ddisgyblion cyrhaeddiad cymedrol sy'n troi'n ddysgwyr torri drwodd. Mae'n fwy gwir fyth am ddysgwyr cyrhaeddiad uchel sy'n disgwyl i'r un peth ddigwydd eto ond sy'n taro'r nenfwd.

Rydyn ni'n credu bod pum maes sgiliau anwybyddol yn bodoli a bod y pum elfen hyn – bod â gweledigaeth, dod i arfer â gwneud ymdrech, creu systemau effeithiol, ymarfer dan bwysau a dangos yr agwedd gywir – yn rhai y gellir eu hymarfer a'u dysgu. Dyma drosiad defnyddiol i arwain eich meddwl: rydyn ni wedi arfer â rhithffurfiau (*avatars*) o gemau cyfrifiadurol. Mae gemau yn gofyn i ni gymryd hunaniaeth cymeriad arall – yn aml, cymeriad â chryfderau a gwendidau penodol y bydd angen eu huwchraddio ac adeiladu arnyn nhw er mwyn llwyddo. Os oes pellter seicolegol rhwng y chwaraewr a'r rhithffurf, rydyn ni'n hapus i fynd ati i wella ein cymeriad – mwy o gryfder yma, adeiladu deallusrwydd fan draw neu ddatblygu sgiliau a rhinweddau wrth i'r gêm fynd yn ei blaen. O ran gwella ein hunain, fodd bynnag, rydyn ni'n fwy cyndyn ac amddiffynnol o lawer. Mae'n anodd i ddysgwyr gydnabod eu gwendidau a rhoi sylw iddyn nhw. Ein gwaith ni yw creu amgylchedd heb farnu lle bydd disgyblion yn gallu eu hasesu eu hunain yn feirniadol, a'u cefnogi nhw i wneud gwelliannau.

Gweledigaeth:

1 Mae gweledigaeth yn ganolog i lwyddiant. Ond does dim rhaid i'r weledigaeth fod yn swydd, yn yrfa na hyd yn oed yn radd – er bod hyn yn bosibl. Ffurfiwch nodau hyblyg drwy ganolbwyntio ar bwrpas a phroblem: Sut galla' i helpu? Sut hoffwn i adael y byd yn lle gwell? Beth mae angen ei gyflawni? Beth sy'n gwneud i mi deimlo'n fyw ac yn gadarnhaol ac yn llawn pwrpas? Mae cynyddu hunanwybodaeth, hyd yn oed dim ond teimlad o 'beth sy'n fy ngyrru i', 'beth rydw i'n hoffi ei wneud' neu 'beth sy'n ddiddorol iawn i mi' yn meithrin gweledigaeth. Fel athrawon, mae angen i ni atgoffa disgyblion pam maen nhw'n astudio'u cyrsiau a sut mae gwybodaeth neu sgìl yn galluogi ein disgyblion i ymdrin â'r byd o'u cwmpas nhw.

2 Mae nodau tymor hir yn fagnetig, ond gallwn wneud nodau tymor byr yn fagnetig hefyd. Peidiwch â theimlo bod angen i bob disgybl wybod beth yw diben popeth ar unwaith. Ceisiwch osod nod bob mis neu bob pythefnos (Sut olwg fyddai ar berfformiad perffaith mewn ffug arholiad? Beth gallwn ni ei wneud yn ystod y tair wythnos nesaf i wneud y canlyniad hwnnw yn fwy tebygol?) a gwobrwywch y cerrig milltir hynny pan fyddan nhw'n digwydd.

Ymdrech:

3 Mae ymdrech yn gynnyrch trefn ac arfer. Mae angen sylweddoli bod gwelliannau bach iawn parhaus yn well o lawer na chwyldroadau ymdrech enfawr mae'n amhosibl eu cynnal. Wrth i ni sefydlu arferion newydd, cofiwch mai hunanddifrod yw'r gelyn. Mae'n debygol y bydd disgyblion sy'n priodoli problemau i ffactorau allanol, hyd yn oed, yn disgrifio rhwystrau mewnol; mae astudio yn gymaint o fater o feistroli'r hunan â meistroli'r pwnc. Penderfynwch ymlaen llaw ac ystyriwch sefyllfaoedd fel bod disgyblion yn gwybod pwy ydyn nhw a pha fath o unigolyn yr hoffen nhw fod. Dydy hyn ddim yn sicrhau penderfyniad da, ond mae'n gwneud un yn fwy tebygol!

4 Mae disgyblion rhagweithiol, ymdrech uchel wedi sefydlu (yn aml yn isymwybodol) cyfres o ddangosyddion rhagfynegi iddyn nhw eu hunain (rydyn ni'n galw'r rhain yn weithgareddau mesurydd camau ym Mhennod 5) ac yn gweithio ar y rhain drwy'r amser, hyd yn oed heb gyfarwyddyd gan athrawon. Lluniwch restr o arferion astudio sy'n ddangosyddion rhagfynegi ar gyfer eich cwrs chi, modelwch sut gellid eu cwblhau, cadwch olwg ar gydymffurfiad disgyblion a gwobrwywch y rhai sy'n ymgysylltu.

Systemau:

5 I feithrin disgyblion sy'n gallu dilyniannu gwaith a'i flaenoriaethu, dangoswch iddyn nhw sut i ddefnyddio cynllunwyr wythnosol a'i fodelu (mae nifer o enghreifftiau yma). Bydd unrhyw un sydd wedi llwyddo i gwblhau'r broses o gynllunio a darparu project mawr, wrth fynd yn ei flaen, wedi datblygu ei systemau a'i brosesau ei hunan i ofalu y bydd popeth yn cael ei wneud mewn pryd. Ond does neb yn ein haddysgu ni sut i wneud hyn. Edrychwch yn unrhyw siop lyfrau ac fe welwch chi silffoedd o ganllawiau

hunangymorth am gynhyrchedd a bod yn drefnus; hyd yn oed fel oedolion proffesiynol, rydyn ni weithiau yn teimlo bod popeth y mae'n rhaid i ni ei wneud yn ein gorlethu ni. Mae wythnosau gwaith sydd wedi'u cynllunio'n glir yn gallu gwneud gwahaniaeth enfawr. Bydd y disgyblion yn dawelach eu meddyliau ac yn hapusach, ac yn byw bywydau mwy trefnus.

6 Mae rhestri o bethau i'w gwneud yn gallu achosi problemau. Bydd pob tasg ar y rhestr yn llenwi'r un faint o le ffisegol (llinell ar dudalen) ac felly yr un faint o le meddyliol. Mae blaenoriaethau'r tasgau yn gyfartal, hyd yn oed pan fyddwn ni yn eu trefnu nhw. Drwy ddefnyddio matricsau, rydyn ni'n annog disgyblion i weld y tasgau sy'n gysylltiedig â phynciau sy'n bell ar y blaen i'r amserlen a'r tasgau sy'n gysylltiedig â phynciau sydd mewn argyfwng. Mae angen cyfeirio mwy o amser ac ymdrech at yr olaf o'r rhain; gall y cyntaf gael eu gorffen yn gyflym.

Ymarfer:

7 Mae paratoi'n dda at arholiadau yn broses dri cham: dysgu'r cynnwys, datblygu'r sgiliau a cheisio adborth gan arbenigwyr. I fod ymysg y goreuon mewn arholiadau, yn gyntaf mae angen i ddisgyblion wybod pa sgiliau sy'n cael eu profi. Felly byddan nhw'n gallu ymarfer dan amodau amrywiol, gan fagu ystwythder a hyblygrwydd. Mae ymarfer yn gallu golygu neilltuo'r sgìl a'i gryfhau dro ar ôl tro, heb yr holl bwysau sy'n gysylltiedig â pherfformio mewn amodau arholiad.

8 Fel athrawon rydyn ni'n addasu'r her yn y dosbarth, gan symud disgyblion allan

o 'gysur', 'ymlacio' neu hyd yn oed 'syrffed' i dir mwy ansicr – 'pryder', 'rheolaeth' neu 'botensial'. Ond wrth ymarfer ar eu pennau eu hunain, dim ond y disgyblion gorau fydd yn gwneud hyn. Bydd y mwyafrif yn cynllunio ymarfer cysurus nad yw'n eu herio nhw, sy'n achosi syrffed. Mae angen i ni ddangos i ddisgyblion y gallan nhw gyrraedd parthau potensial a llif drwy gynyddu'r her yn raddol. Brwydr ddeallusol yw astudio. Fe ddylai deimlo'n anodd!

Agwedd:

9 Mae disgyblion llwyddiannus yn wynebu'r un nifer o rwystrau ac yn cael yr un nifer o brofiadau dysgu gwael â rhai aflwyddiannus – ond maen nhw wedi datblygu set o driciau, dulliau a thactegau seicolegol i'w helpu nhw drwy gyfnodau anodd. Bydd rhannu mapiau her emosiynol a seicolegol yn helpu dysgwyr i ragweld cyfnodau anodd a llywio drwyddyn nhw. Anogwch nhw i ddod o hyd i fanteision – hynny yw, asesu profiadau anodd a chanolbwyntio ar y gwersi maen nhw wedi'u dysgu o ganlyniad iddyn nhw.

10 Mae disgyblion ag agwedd wael yn meddwl bod gofyn am help yn rhagor o dystiolaeth eu bod nhw'n methu llwyddo mewn pwnc neu destun. Yn eu barn nhw, dylen nhw allu ei wneud yn ddiymdrech ar eu pennau eu hunain. Rhan o swyddogaeth y tiwtor yw helpu pobl ifanc i archwilio holl hyd a lled eu rhwydwaith cefnogaeth a'u helpu nhw i ofyn am ffafrau. Defnyddiwch gymaint o gefnogaeth cyfoedion â phosibl, a dywediad Seth Godin, 'Mae'r llwybr wedi'i oleuo'n dda', – trosiad byw ac effeithiol i ddangos bod

miloedd o ddysgwyr yn teithio'r ffyrdd hyn yn llwyddiannus bob blwyddyn. Yn hytrach na chyflenwi atebion, dylen ni fod yn annog ymgynghori, trafod a datrys problemau drwy rannu modelau sy'n annog disgyblion i ystyried nifer o ffyrdd ymlaen.

Wrth i atebolrwydd gynyddu, felly hefyd mae ein tueddiad i ficroreoli profiad disgyblion. Am lu o resymau da, efallai y gwelwn ein hunain yn cwtogi ar amser astudio annibynnol, yn staffio dosbarthiadau ar ôl ysgol, yn gosod fframweithiau caeth ar dasgau, yn ailaddysgu darnau mawr o feysydd llafur, yn llunio contractau – hynny yw, yn datrys pob problem bosibl ymlaen llaw dros ein dysgwyr.

Ond drwy weithio fel hyn, mae perygl i ni drosglwyddo diffygion. Ac wrth edrych yn bellach ymlaen, ar gyfer pob myfyriwr sy'n rhoi'r gorau i'r brifysgol neu'n methu cwblhau cwrs, rydyn ni'n creu person ifanc sy'n gorfod ad-dalu cyfran o'i ffioedd dysgu a'i fenthyciad cynnal. A gan fod cyfran fwy o'r rhai sydd ddim yn cwblhau eu cyrsiau yn dod o gefndiroedd difreintiedig, mae hyn yn achosi i rai fynd i ddyled – rhai sydd â'r lleiaf o allu i'w fforddio. Yn hytrach na chael gwared ar ansymudedd cymdeithasol, mae hyn yn achosi iddo fwrw gwreiddiau.

Addysgu disgyblion 14–18 oed yw ein *cyfle olaf* i roi'r nodweddion i ddysgwyr a fydd yn eu galluogi i ymdrin â dysgu ar y lefelau ar ôl hyn. Dydy'r rhinweddau hyn ddim yn ymddangos drwy hud a lledrith, waeth pa mor daer y byddwn ni'n gobeithio neu'n disgwyl iddyn nhw wneud hynny. Yn hytrach, yr hyn y mae ei angen ar ddisgyblion yw arweiniad ymarferol, cefnogaeth amyneddgar, parch cadarnhaol a chred ddiwyro yn eu gallu i gyrraedd eu potensial. Gobeithio y bydd y llyfr hwn wedi gallu rhoi ychydig o ddulliau i chi i'ch galluogi i ddechrau'r broses.

Cyfeiriadau

Azevedo, R., Ragan, S., Cromley, J. G. a Pritchett, S. (2002). Do different goal-setting conditions facilitate students' ability to regulate their learning of complex science topics with RiverWeb? Ar gael ar: http://files.eric.ed.gov/fulltext/ED482509.pdf.

Bandura, A. (1997). *Self-Efficacy: The exercise of control* (Efrog Newydd: Freeman).

Belsky, S. (2011). *Making Ideas Happen: Overcoming the obstacles between vision and reality* (Efrog Newydd: Penguin).

Berkowitz, M. W. a Bier, M. C. (2005). *What Works in Character Education: A report for policy makers and opinion leaders* (Washington, DC: Character Education Partnership). Ar gael ar: https://www.yumpu.com/en/document/view/38858872/what-works-in-character-education-a-report-for-policy-makers-and.

Berkowitz, M. W. a Bier, M. C. (2006). *What Works in Character Education: A research-driven guide for educators* (Washington, DC: Character Education Partnership). Ar gael ar: http://c001af38d1d46a976912-b99970780ce78ebdd694d83e551ef810.r48.cf1.rackcdn.com/orgheaders/2523/what%20works%20in%20character%20education.pdf.

Binet, A. a Simon, T. (1916). *The Development of Intelligence in Children (The Binet–Simon Scale)* (Baltimore, Maryland: Williams & Wilkins).

Birdwell, J., Scott, R. a Reynolds, L. (2015). *Character Nation: A Demos Report with the Jubilee Centre for Character and Virtues* (Llundain: Demos). Ar gael ar: https://www.demos.co.uk/files/476_1505_characternation_web.pdf?1433340847.

Bull, S. (2006). *The Game Plan: Your guide to mental toughness at work* (Chichester: Capstone Publishing Limited).

Campbell, M. A. a Gardner, S. (2005). A pilot study to assess the effects of life coaching with Year 12 students. Yn M. Cavanagh, A. Grant a T. Kemp (goln), *Evidence-Based Coaching* (Brisbane: Australian Academic Press), tt. 159–169.

Canfield, J. (2005). *The Success Principles: How to get from where you are to where you want to be* (Llundain: HarperCollins).

Canfield, J., Hansen, M. J. a Kirberger, K. (1999). *Chicken Soup for the Teenage Soul: Stories of life, love and learning* (Efrog Newydd: Vermilion).

Carey, B. (2015). *How We Learn: Throw out the rule book and unlock your brain's potential* (Efrog Newydd: Random House).

Cyfeiriadau

Cepeda, N. J., Vul, E., Rohrer, D., Wixted, J. T. a Pashler, H. (2008). Spacing effects in learning: a temporal ridgeline of optimal retention. *Psychological Science* 19: 1095–1102.

Chambliss, D. F. (1989). The mundanity of excellence: an ethnographic report on stratification and Olympic swimmers. *Sociological Theory* 7: 70–86.

Cirillo, F. (2017). *The Pomodoro Technique: Do More and Have Fun with Time Management* (Llundain: Ebury Publishing).

Clements-Croome, D. a Baizhan, L. (2000). Productivity and indoor environment. *Proceedings of Healthy Buildings 2000* 1: 629–634. Ar gael ar: https://www.researchgate.net/publication/237699305_Productivity_and_indoor_environment.

Cohen, G. a Sherman, D. (2014). The psychology of change: self-affirmation and social psychological intervention. *Annual Review of Psychology* 65: 33–71.

Collins, D. a MacNamara, A. (2012). The rocky road to the top: why talent needs trauma. *Sports Medicine* 42(11): 907–914.

Collins, J. (2001). *Good to Great* (Llundain: Random House Business).

Cooper, H. a Good, T. (1983). *Pygmalion Grows Up: Studies in the Expectation Communication Process* (Efrog Newydd: Longman).

Covey, S. R. (1989). *The 7 Habits of Highly Effective People* (Llundain: Simon & Schuster).

Csikszentmihalyi, M. (1997). *Finding Flow: The Psychology of Discovery and Invention* (Efrog Newydd: Harper Perennial).

Csikszentmihalyi, M. (2003). *Good Business: Leadership, Flow and the Making of Meaning* (Efrog Newydd: Penguin).

Dilts, R. B. (1994). *Strategies of Genius*. Cyfrol 1: *Aristotle, Sherlock Holmes, Walt Disney, Wolfgang Amadeus Mozart* (Capitola, California: Meta Publications).

Duckworth, A. L. (2013). Grit: The Power of Passion and Perseverance [fideo]. *TED.com*. Ar gael ar: https://www.ted.com/talks/angela_lee_duckworth_grit_the_power_of_passion_and_perseverance.

Duckworth, A. L. (2016). *Grit: The Power of Passion and Perseverance* (Llundain: Penguin Random House).

Duckworth, A. L., Peterson, C., Matthews, M. D. a Kelly, D. R. (2007). Grit: perseverance and passion for long-term goals. *Journal of Personality and Social Psychology* 92: 1087–1101.

Duckworth, A. L. ac Yeager, D. S. (2015). Measurement matters: assessing personal qualities other than cognitive ability for educational purposes. *Educational Researcher* 44(4): 237–251.

Dweck, C. (2012). *Mindset: How You Can Fulfil Your Potential* (Llundain: Constable & Robinson).

Dweck, C. (2014). The Power of Believing That You Can Improve [fideo]. *TED.com*. Ar gael ar: https://www.ted.com/talks/carol_dweck_the_power_of_believing_that_you_can_improve.

Dweck, C. (2017). *Mindset: Changing the way you think to fulfil your potential* (Llundain: Robinson).

Emmons, R. A. a McCullough, M. E. (2003). Counting blessings versus burdens: an experimental investigation of gratitude and subjective well-being in daily life. *Journal of Personality and Social Psychology* 84(2): 377–389.

Ericsson, A. a Pool, R. (2016). *Peak: Secrets from the New Science of Expertise* (Llundain: Penguin Random House).

Farrington, C. A., Roderick, M., Allensworth, E., Nagaoka, J., Keyes, T. S., Johnson, D. W. a Beechum, N. O. (2012). *Teaching Adolescents to Become Learners: The role of non-cognitive factors on shaping school performance: A Critical Literature Review* (Chicago, Illinois: University of Chicago Consortium on Chicago School Research).

Ferriss, T. (2017). *Tools of Titans: The tactics, routines, and habits of billionaires, icons and world-class performers* (Efrog Newydd: Houghton Mifflin Harcourt).

Flavell, J. H. (1979). Metacognition and cognitive monitoring: a new area of cognitive-developmental inquiry. *American Psychologist* 34(10): 906–911.

Flutter, J. a Rudduck, J. (2004). *Pupil Consultation: What's In It For Schools?* (Abingdon: Routledge).

Geirland, J. (1996). Go with the flow [cyfweliad â Mihaly Csikszentmihalyi]. *Wired*, (4 Medi). Ar gael ar: https://www.wired.com/1996/09/czik.

Gladwell, M. (2008). *Outliers: The story of success* (Llundain: Penguin).

Glaser, B. a Strauss, A. (1967). *The Discovery of Grounded Theory: Strategies for qualitative research* (Llundain: Transaction).

Godin, S. (2015). *Poke the Box* (Llundain: Portfolio Penguin).

Goldberg, L. R. (1990). An alternative 'description of personality': the big-five factor structure. *Journal of Personality and Social Psychology* 59(6): 1216–1229.

Gross-Loh, C. (2016). How praise became a consolation prize [cyfweliad â Carol Dweck]. *The Atlantic* (16 Rhagfyr). Ar gael ar: https://www.theatlantic.com/education/archive/2016/12/how-praise-became-a-consolation-prize/510845.

Gutman, L. M. a Schoon, I. (2013). *The Impact of Non-Cognitive Skills on Outcomes for Young People: Literature Review* (Llundain: Sefydliad Gwaddol Addysg).

Harrison, T., Arthur, J. a Burn, E. (goln) (2017). *Character Education Handbook for Schools: Guidance, approaches and methods for the self-evaluation of taught and caught character education provision* (Birmingham: Jubilee Centre for Character and Virtues). Ar gael ar: http://www.jubileecentre.ac.uk/1721/ character-education/resources/evaluation-handbook-for-schools.

Harrison, T., Bawden, M. a Rogerson, L. (2016). *Teaching Character Through Subjects: Educating the virtues through and within 14 secondary school subjects* (Birmingham: Jubilee Centre for Character and Virtues). Ar gael ar: https://www.jubileecentre.ac.uk/userfiles/jubileecentre/pdf/TeachingCharacterThroughSubjects/Teaching_Character_Through_Subjects_2016.pdf.

Hassanbeigi, A., Askari, J., Nakhjavanic, M., Shirkhodad, S., Barzegar, K., Mozayyan, M. R. a Fallahzadehg, H. (2011). The relationship between study skills and academic performance of university pupils. *Social and Behavioral Sciences* 30: 1416–1424.

Heckman, J. J. a Kautz, T. (2012). Hard evidence on soft skills. *Labour Economics* 19: 451–464.

Heckman, J. J. a Rubinstein, Y. (2001a). *The Importance of Non-Cognitive Skills: Lessons from the GED and cognition* (Cambridge, Massachusetts: National Bureau of Economic Research).

Heckman, J. J. a Rubinstein, Y. (2001b). The importance of non-cognitive skills. *American Economic Review* 91: 145–149.

Holiday, R. (2015). *The Obstacle is the Way: The ancient art of turning adversity to advantage* (Llundain: Profile Books).

Ivcevic, Z. a Brackett, M. (2014). Predicting school success: comparing conscientiousness, grit and emotion regulation ability. *Journal of Research in Personality* 52: 29–36.

Jubilee Centre for Character and Virtues (2017). *A Framework for Character Education in Schools* (Birmingham: Jubilee Centre for Character and Virtues). Ar gael ar: https://www.jubileecentre.ac.uk/userfiles/jubileecentre/pdf/TeachingCharacterThroughSubjects/Teaching_Character_Through_Subjects_2016.pdf.

Jung, Y., Leung, A. a Miller, J. (2016). Do smart students study harder? An investigation of efficient effort among undergraduate university students. *Journal of Economics and Economic Education Research* 17(1): 25.

Khine, M. S. ac Areepattamannil, S. (goln) (2016). *Non-Cognitive Skills and Factors in Educational Attainment* (Boston, Massachusetts: Sense Publishers).

Kotler, S. (2014). *The Rise of the Superman: Decoding the science of ultimate human performance* (Llundain: Quercus).

KPMG (2015). Connected cars to deliver huge UK jobs boost, finds first UK study [datganiad i'r wasg]. *KPMG* (26 Mawrth). Ar gael ar: https://www.fleetnews.co.uk/news/2015/3/26/connected-cars-to-deliver-huge-uk-jobs-boost-finds-first-uk-study/55275.

Landsberg, M. (1996). *The Tao of Coaching: Boost your effectiveness at work by inspiring and developing those around you* (Llundain: Profile Books).

Landsberg, M. (2003). *The Tao of Coaching: Boost your effectiveness at work by inspiring and developing those around you* 2il argraffiad (Llundain: Profile Books).

MacCann, C., Duckworth, A. a Roberts, R. D. (2009). Empirical identification of the major facets of conscientiousness. *Learning and Individual Differences* 47(3): 174–179.

McGeown, S., St Clair-Thompson, H. a Clough, P. (2015). The study of non-cognitive attributes in education: proposing the mental toughness framework. *Educational Review* 68(1). DOI: 10.1080/00131911.2015.1008408.

MacGilchrist, B., Myers, K. a Reed, J. (2004). *The Intelligent School*, 2il argraffiad (Llundain: SAGE).

McLeod, S. (2013). Kolb – learning styles. *Simply Psychology*. Ar gael ar: https://www.simplypsychology.org/learning-kolb.html.

Margolis, H. a McCabe, P. (2006). Improving self-efficacy and motivation: what to do, what to say. *Intervention in School and Clinic* 41(4): 218–227.

Martin, A. J. (2011). Personal best (PB) approaches to academic development: implications for motivation and assessment. *Educational Practice and Theory* 33: 93–99.

Martin, A. J. a Marsh, H. W. (2008). Academic buoyancy: towards an understanding of pupils' everyday academic resilience. *Journal of School Psychology* 46: 53–83.

Mischel, W., Ebbesen, E. B. a Raskoff Zeiss, A. (1972). Cognitive and attentional mechanisms in delay of gratification. *Journal of Personality and Social Psychology* 21(2): 204–218.

Mitra, D. L. (2004). The significance of students: can increasing 'student voice' in schools lead to gains in youth development? *Teachers College Record* 106(4): 651–688.

Moriarity, J., Pavelonis, K., Pellouchoud, D. a Wilson, J. (2001). Increasing student motivation through the use of instructional strategies. Ar gael ar: https://eric.ed.gov/?id=ED455962.

Muijs, D. a Reynolds, D. (2011). *Effective Teaching: Evidence and Practice*, 3ydd argraffiad (Llundain: SAGE).

Multon, K. D., Brown, S. D. a Lent, R. W. (1991). Relation of self-efficacy beliefs to academic outcomes: a meta-analytic investigation. *Journal of Counselling Psychology* 38: 30–38.

Oakes, S. a Griffin, M. (2016). *The A Level Mindset: 40 activities for transforming pupil commitment, motivation and productivity* (Caerfyrddin: Crown House Publishing).

Oettingen, G. (2014). *Rethinking Positive Thinking: Inside the new science of motivation* (Efrog Newydd: Penguin Random House).

Poropat, A. E. (2009). A meta-analysis of the five-factor model of personality and academic performance. *Psychology Bulletin* 135: 322–338.

Price, A. a Price, D. (2011). *Psychology of Success: A practical guide* (Llundain: Icon Books).

Reiss, S. (2000). *Who Am I? The 16 Basic Desires That Motivate Our Actions and Define Our Personalities* (Efrog Newydd: Tarcher/Putnum).

Rohn, J. (1981). Success Leaves Clues [fideo]. Ar gael ar: https://www.youtube.com/watch?v=lCXdTMB4qs8.

Rosenthal, R. a Jacobson, L. (1968). *Pygmalion in the Classroom* (Efrog Newydd: Holt, Rinehart & Winston).

Rudduck, J. a Flutter, J. (2002). *Consulting Young People in Schools*. ESRC Teaching and Learning Research Programme (Caergrawnt: Homerton College).

Schunk, D. H. (1981). Modelling and attributional effects on children's achievement: a self-efficacy analysis. *Journal of Educational Psychology* 73(1): 203–213.

Schunk, D. H. (2003). Self-efficacy for reading and writing: influence of modelling, goal setting and self-evaluation. *Reading and Writing Quarterly* 19: 159–172.

Schwarzer, R. a Jerusalem, M. (1995). Generalized self-efficacy scale, yn J. Weinman, S. Wright ac M. Johnston (goln), *Measures in Health Psychology: A User's Portfolio. Causal and Control Beliefs* (Windsor: NFER-Nelson), tt. 35–37.

Seelig, T. (2012). *inGenius: A crash course on creativity* (Llundain: Hay House).

Smith, S. Glenberg, A. a Bjork, R. A. (1978). Environmental Context and human memory. *Memory and Cognition* 6(4): 342–353.

Stafford, T. a Dewar, M. (2014). Tracing the trajectory of skill learning with a very large sample of online game players. *Psychological Science* 25(2): 511–518.

Stankov, L. a Lee, J. (2014). Quest for the best non-cognitive predictor of student success in college. *College Pupil Journal* 46(3): 642–652.

Stankov, L., Morony, S. a Lee, Y. P. (2014). Confidence: the best non-cognitive predictor of academic achievement? *Educational Psychology* 34: 9–28.

Strauss, L. a Volkwein, F. (2002). Comparing student performance and growth in 2- and 4-year institutions. *Research in Higher Education* 43(2): 133–161.

Syed, M. (2017). *The Greatest: The quest for sporting perfection* (Llundain: Hodder & Stoughton).

Tangney, J. P., Baumeister, R. F. a Boone, A. L. (2004). High self-control predicts good adjustment, less pathology, better grades, and interpersonal success. *Journal of Personality* 72(2): 271–324.

Tough, P. (2016). *Helping Children Succeed: What works and why* (Llundain: Penguin Random House).

Treadaway, M. (2015). Why measuring pupil progress involves more than taking a straight line. *Education Datalab* (5 Mawrth). Ar gael ar: https://educationdatalab.org.uk/2015/03/why-measuring-pupil-progress-involves-more-than-taking-a-straight-line/.

Trouilloud, D., Sarrazin, P., Martinek, T. a Guillet, E. (2002). The influence of teacher expectations on students' achievement in physical education classes: Pygmalion revisited. *European Journal of Social Psychology* 32(5): 591–607.

Whitmore, J. (2009). *Coaching for Performance, GROWing Human Potential and Purpose: The principles and practice of coaching and leadership*, 3ydd argraffiad (Llundain: Nicholas Brealey).

Wiley, L. S. (1998). *Comprehensive Character-Building Classrooms: A handbook for teachers* (Manchester, New Hampshire: Character Development Foundation).

Wiseman, R. (2015). *59 Seconds: Think a little, change a lot* (Llundain: Pan Macmillan).

Wood, P. a Smith, J. (2016). *Educational Research: Taking the plunge* (Caerfyrddin: Independent Thinking Press).

Yeager, D. S. a Walton, G. M. (2011). Social-psychological interventions in education: they're not magic. *Review of Educational Research* 81: 267–301.

Yeager, D. S., Walton, G. M. a Cohen, G. L. (2013). Addressing achievement gaps with psychological interventions. *Phi Delta Kappan* 94(5): 62–65.

Zimmerman, B. J. (2000). The impact of self-efficacy, achievement motivation, self-regulated learning strategies on pupils' academic achievement. *Procedia – Social and Behavioural Sciences* 15: 2623–2626.

Zimmerman, B. J. (2001). Theories of self-regulated learning and academic achievement: an overview and analysis, yn B. J. Zimmerman a D. H. Schunk (goln), *Self-Regulated Learning and Academic Achievement: Theoretical perspectives*, 2il argraffiad (Mahwah, New Jersey: Lawrence Erlbaum), tt. 1–38.

Zimmerman, B. J. a Ringle, J. (1981). Effects of model persistence and statements of confidence on children's efficacy and problem solving. *Journal of Educational Psychology* 73(4): 485–493.

Mynegai

Mynegai